MICHAEL EHN • HUGO KASTNER

Schicksalsmomente der Schachgeschichte

Dramatische Entscheidungen und historische Wendepunkte

AF125864

humboldt

INHALT

VORWORT

Unter allen Spielen nimmt das Schachspiel in seiner Stellung zwischen Kunst, Wissenschaft und Sport eine besondere Position ein. Das Schachspiel entwickelte sich aus indischen Protoformen etwa im 6. Jahrhundert in Persien und gelangte zu Beginn des 9. Jahrhunderts nach Europa. Seit dem Ende des 15. Jahrhunderts spielt man es mit einigen Modifikationen in unserer heutigen Form. Sein Regelwerk bildet ein Zeichensystem von hoher Dynamik und Komplexität; auf semantischer Ebene repräsentiert es als Weltsymbol die Idee eines berechenbaren, mit den Mitteln der Vernunft beherrschbaren und zugleich unendlich spielbaren Kosmos. Wo immer es auftrat, erzeugte das Schachspiel ein enormes Echo in der Kunst und Literatur, in der Philosophie und in der materiellen Kultur der Menschen. Das „Königliche Spiel" trägt diesen Beinamen zurecht, denn es wurde in seiner langen Geschichte auch zu einem völkerverbindenden Kulturgut. Die Zahl der Schriften über das Schachspiel geht in die Zehntausende, die Zahl der veröffentlichten Partien geht in die Millionen, die Persönlichkeiten, die dem Zauber dieses Spiels verfielen, liest sich wie ein Who is Who der Weltgeschichte, und doch ragen einige Momente aus diesem Ozean der Schachgeschichte wie Leuchttürme heraus. Diese Schicksalsmomente der Schachgeschichte in Wort und Bild einzufangen, ist das Ziel dieses Buches.

Es geht aber nicht nur um Wendepunkte der Schachgeschichte, sondern auch um den individuellen Schicksalsmoment, der im „Lebensentwurf Schach" eine entscheidende Rolle spielt. Das können sein:

♟ Ein einzelner Zug, der über das weitere Leben der Protagonisten entscheidet, wie in Carl Schlechters Lebensdrama im WM-Kampf gegen Emanuel Lasker 1910 mit der unvermeidlichen Frage, ob Schlechter seinem tragischen Ende durch einen einzigen besseren Zug in der letzten Partie entkommen hätte können.

♟ Eine einzige bahnbrechende Stellung wie im ersten Kapitel mit dem tausend Jahre alten Rätsel des al-Suli, das erst vor wenigen Jahren gelöst werden konnte. Oder die Endspielstudie des Surrealisten Marcel Duchamp, von der bis heute nicht klar ist, ob es überhaupt eine Lösung gibt, oder Nikita Plaksins monumentale Komposition, die die unfassbare Tiefe der Gedankenwelt im Schach dokumentiert.

♟ Eine Schachpartie. Wie die des Amateurs Philipp Meitner, der mit einer einzigen Remispartie Berühmtheit erlangte, oder Bobby Fischers „Partie des Jahrhunderts", die er als 14-Jähriger spielte und die über Nacht um die Welt ging.

♟ Natürlich Kämpfe um die Weltmeisterschaft, etwa das Match 1960, in dem der junge „Zauberer" Michail Tal den Analytiker Botwinnik besiegte, oder Fischers Sieg gegen Spassky im Match des Jahrhunderts 1972. Dann der „grausame" Titelkampf Karpow – Kortschnoi 1978 auf den Philippinen und schließlich der ultimative Wettkampf „Mensch gegen Maschine" Kasparow gegen Deep Blue 1997, der mit einer Niederlage des Menschen endete.

♟ Turniere, die historische Bedeutung haben, wie in St. Petersburg 1914, wo Weltmeister Emanuel Lasker mit Bravour den heranstürmenden José Raúl Capablanca abwehrte, oder die dramatische letzte Runde des Londoner Kandidatenturniers 2013.

♟ Aber auch ein einziges Buch, wie das des Königs Alfonso, der 1283 den Auftrag gab, das wunderbare „Buch der Spiele" zu schreiben, in dem ein Großteil des arabischen Schacherbes enthalten ist. Oder das Werk des Lucena an der Wende zum 15. Jahrhundert, in dem mittelalterliches und neuzeitlich-dynamisches Schach noch gleichberechtigt vertreten sind. Oder Henri Rincks lebenslange Arbeit an einem Band über Endspielstudien.

♟ Es kann der kurze kometenhafte Auftritt eines Schachgenies sein, wie Paul Morphys triumphale Siege in Paris und London 1859, oder das Auftauchen des mysteriösen Inders Sultan Khan 1929, eines Weltklassespielers, der wenige Jahre später für immer verschwand.

♟ Es kann aber auch ein einziges Thema oder ein Gegenstand sein, mit dem sich jemand intensiv beschäftigt, etwa Ernst Grünfelds Entdeckung einer neuen Verteidigung mit Ewigkeitswert.

♟ Eine Leistung, welche die Grenzen alles Vorstellbaren sprengt, zum Beispiel Harry Nelson Pillsburys Blindsimultanvorstellungen gegen zwanzig und mehr Gegner Anfang des 20. Jahrhunderts; oder der Vorstoß der drei Polgár-Schwestern in die Männerdomäne „Schach", insbesondere die Leistung Judit Polgárs, die als erste Frau in einem WM-Finale der Männer mitspielte. Oder der Aufstieg des norwegischen Schachwunders Magnus Carlsen, der jüngst alle Wertungsrekorde brach.

♟ Besondere Umstände, wie das Turnier in Baden-Baden 1870 während des deutsch-französischen Kriegs. Es wurde in unmittelbarer Nähe gekämpft und die Schachmeister mussten ständig damit rechnen, jederzeit in die Kampfhandlungen einbezogen zu werden. Oder das Schicksal des Jacques Mieses, der im Londoner Exil mitverfolgen musste, wie sein Lebenswerk durch die Nationalsozialisten ausgelöscht wurde und wie aus seinem „Lehrbuch des Schachspiels" alle jüdischen Spieler entfernt wurden. Oder der seltsame Beginn der Schachkarriere des Paul Keres, der für einen kranken Freund Fernpartien zu Ende spielte, dadurch zu ambitionierterem Spiel animiert wurde und zu einem der besten Spieler aller Zeiten heranreifte.

♟ Die Erfindung neuer Ideen, die die Schachgeschichte entscheidend verändert oder bereichert haben, wie die des Sam Loyd, des amerikanischen Rätselkönigs, der enorm viel zur Entwicklung des Schachproblems beigetragen hat, oder der geniale Logiker Raymond Smullyan und seine Geschichten um Harun al Raschid und

Sherlock Holmes. Aber auch Philipp Stammas Entwicklung der Notation, ohne die das heutige Schach kaum vorstellbar wäre. Oder Philidors Erkenntnis, dass die Bauern die Seele des Schachspiels sind. Dann der Schachautomat, dessen Bau die spielsüchtige Kaiserin Maria Theresia förderte; oder der Babson-Task, der für mehr als siebzig Jahre ein unlösbares Problem darstellte und den ein unbekannter Amateur schließlich knacken konnte.

♟ Oder schlussendlich, wenn Schach zu einem Stück Weltliteratur wurde. So in Stefan Zweigs „Schachnovelle", die trotz ihres Pessimismus eine einzigartige Hommage an unser Spiel darstellt. Oder Gustav Meyrinks „Der Golem", eine späte Würdigung des früh verstorbenen Schachgenies Rudolf Charousek.

Der Aufbau der „Schicksalsmomente", 32 an der Zahl, symbolisch auf die Anzahl der weißen und schwarzen Figuren abgestimmt, mag zwar chronologisch sein, im Sinne einer möglichst weit gefächerten Thematisierung von entscheidenden Weichenstellungen der Schachgeschichte stehen die einzelnen Essays jedoch für sich. Zusätzlich zur Beschreibung der historischen Zusammenhänge sollen ein kurzer Vorspann und zahlreiche, teils unveröffentlichte Fotos den Leserinnen und Lesern einen guten Überblick und ein umfassendes Bild der jeweiligen Sternstunden im praktischen Spiel oder bahnbrechende Schachkompositionen geben.

Unser Dank gilt dem Verlag humboldt, insbesondere Herrn Eckhard Schwettmann für das Vertrauen, dieses kulturhistorische Thema in die lange Liste von Schachpublikationen aufzunehmen.

Michael Ehn & Hugo Kastner

für Irene und Marlene

DAS GEHEIMNIS DES AL-SULI

Ein uraltes Manuskript zeigt eine Aufgabe des berühmten al-Suli, die über viele Jahrhunderte nicht gelöst werden konnte. Ein wahres Kleinod der arabischen Schachkunst, das eine Brücke bis zur Gegenwart schlägt. Al-Suli nahm das Geheimnis seiner Inspiration mit ins Grab.

Eine rätselhafte Stellung, 12. Jahrhundert

Aus dem Manuskript des Abu'l-Fath Ahmad al-Sinjari, 12. Jh.

Schwarz ist am Zug, Weiß gewinnt

„Diese Aufgabe ist sehr alt und dennoch konnte weder al-Adli noch irgendjemand anderer sagen, ob sie unentschieden oder gewonnen ist. Noch hat sie irgendjemand erklären oder die Lösung zeigen können, weil sie so schwierig ist. Es gibt niemanden auf der Welt, der sie gelöst hat, außer, wenn ich es ihm gezeigt habe. Ich habe auch nie gehört, dass es irgendjemanden früher gegeben hätte, der dazu fähig gewesen wäre, denn hätte jemand diese Aufgabe gelöst, würde er die Lösung aufgeschrieben haben oder sie jemandem gezeigt haben." So zitiert Abu'l-Fath in seinem Schachmanuskript aus dem 12. Jahrhundert den Schachmeister al-Suli und gibt die ersten beiden Züge, die uns al-Suli verrät, als Hinweis zur Lösung an: **1...Kd5 2.Kb4 Kd6**.

Wahrlich stolze Worte eines Mannes, der sich seines Wissens und Könnens wohl bewusst war. Aber klingen sie angesichts der harmlos wirkenden Stellung nicht wie eine maßlose Übertreibung? Wer war dieser al-Suli, der mit vollem Namen Abu Bakr Muhammad ibn Yahya ibn Abdullah ibn al-Abbas ibn Muhammad ibn Sul Tigin hieß und der vor mehr als tausend Jahren seinen Zeitgenossen ein Rätsel aufgab, das diese nicht zu lösen vermochten? Um diese Fragen zu beantworten, lassen Sie uns in die Zauberwelt des arabischen Schachs eintauchen.

Türkische Handschrift (undatiert), Forschungsbibliothek Gotha

Unter dem Schwert des Islam

In nicht einmal hundert Jahren nach dem Tod des Propheten Mohammed (ca. 570–632) hatten die arabischen Nomadenstämme ein Weltreich errichtet. Das halbe byzantinische Asien, ganz Persien, Ägypten und der größte Teil Nordafrikas bis nach Spanien wurden erobert. Diese geradezu explosionsartige Ausbreitung und religiöse Unterwerfung des halben Mittelmeerraumes durch das „Schwert des Islam" kann als das außergewöhnlichste Ereignis der mittelalterlichen Geschichte bezeichnet werden. Von den Persern übernahmen die Araber etwa im 7. Jahrhundert unter anderem auch das Schachspiel und führten es zu ungeahnter Blüte und Popularität, da sich der Islam im Gegensatz zum Würfeln und anderen Glücksspielen zu diesem Spiel indifferent verhielt. Der Koran erwähnt das Schachspiel nicht explizit, ein Glücksfall der Geschichte, denn der

Prophet beurteilte Spiele an sich als überflüssig und als ein Hindernis auf dem Weg der rechten Erkenntnis. In den folgenden Jahrhunderten bildeten sich aufgrund dieser Unsicherheit die gegensätzlichsten Urteile über das Schachspiel. Je nach konservativer oder liberaler Auffassung kamen die Exegeten zum Schluss, dass das Schachspiel verflucht, unbedenklich oder gar nützlich sei. Das half bei der schnellen Verbreitung des Schachspiels, allerdings erhielten die dekorativen Figuren der Perser in den vom Islam beherrschten Regionen abstrakte Formen. Bereits um die Mitte des 9. Jahrhunderts war die Institutionalisierung des Schachs so weit fortgeschritten, dass es regelrechte Kategorien für die Leistungsstärke von Schachspielern gab. Die Schachspieler wurden in fünf bzw. sechs Klassen eingeteilt, die besten Spieler waren in der höchsten Klasse („Aliyat") versammelt. In dieser Klasse gab es nie mehr als drei Spieler gleichzeitig. Es scheint keine gesellschaftlichen Schranken in der Praxis des Spiels gegeben zu haben; Frauen, Vornehme und Sklaven spielten ebenso wie die Söhne der Kalifen. Es etablierten sich Berufsspieler, Schachtheorie und Manuskripte entstanden, Wettkämpfe, zum Teil um hohen Einsatz, wurden ausgetragen. Der legendäre, in Bagdad herrschende Kalif Hārūn ar-Rašīd (763–809), der sich mit einer glänzenden Schar von Dichtern, Wissenschaftlern und Künstlern aller Art umgab, wurde zu einem großen Förderer des Schachspiels. Mit ihm und unter seinen Nachfolgern entstand das goldene Zeitalter des arabischen Schachs. Die Namen der größten Meister dieser Epoche, wie al-Adli (800–870), ar-Razi (825–860), al-Lajlaj (900–970), und eben unser al-Suli (ca. 880–946) waren überall bekannt und populär.

Persische Miniatur (undatiert),
London

Wenig wissen wir über das Leben al-Sulis. Er war ein „Nadim", eine Mischung aus Gesellschafter, Sekretär, Vertrauter, Dichter und Schachspieler am Hofe der Abbasiden. Er gehörte zum Gesellschaftskreis des Kalifen Muktafi (875–908) und später zu dem seines Nachfolgers Muqtadir (895–932). Schließlich war er auch einer der Gesellschafter des Kalifen Radghi (907–940), nachdem er zuvor sein Lehrer gewesen war. Nach dem Tod Radghis fiel er in Ungnade und musste unter dem neuen Kalifen Muttaqi ins Exil nach Basra gehen, wo er in Armut starb, anderen Quellen zufolge sogar getötet wurde.

Miniatur aus einer persischen Handschrift (undatiert), Paris, Nationalbibliothek

Er war als der herausragende Schachspieler seiner Zeit bekannt. Seine Fähigkeiten waren sprichwörtlich, und man sagte über einen hervorragenden Schachspieler noch bis ins 13. Jahrhundert: „Er spielt Schach wie al-Suli."

Kunstvolle Mansuben

Eine Schachpartie entwickelte sich damals wegen der im Vergleich zum gegenwärtigen Schach eingeschränkten Gangart der Figuren langsam und behäbig. Es dauerte gut zwanzig Züge und mehr, bis die Eröffnung absolviert war und sich ein interessantes Spiel ergeben konnte. Daher entstand schon früh die Idee, von einer bestimmten Eröffnungsstellung („tabiya") aus weiterzuspielen, um Zeit zu sparen. Es sind ca. ein Dutzend dieser Eröffnungsstellungen namentlich bekannt, die zum Teil klangvolle Namen, wie „Mujannah" (Flankeneröffnung), „Sayyal" (Strom, Flut) oder „Saif" (Schwert) tragen. Berühmte Meister analysierten Eröffnungen bis tief ins Mittelspiel, gaben strategische Ratschläge und verfassten Manuskripte. Gespielt wurde seit jeher um Einsatz, der von Geld und Gütern bis

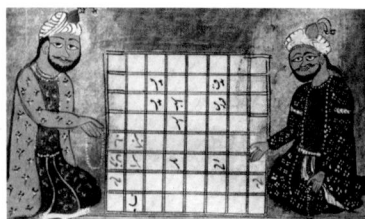

Persische Miniatur, 14. Jahrhundert,
London, Royal Asiatic Society

hin zu Gliedmaßen, Konkubinen und Sklavinnen reichen konnte. Das Matt war aufgrund der geringeren Kraft der Figuren ein seltenes Ereignis und wurde mit mehrfachem Einsatz belohnt. Daher blühte schon von Anfang an die Kunstform der Schachkomposition. Eine Schachaufgabe wurde „Mansube" genannt, in der versteckte, feine Gewinnwege zum seltenen Matt führten.

Natürlich wurden auch hier Wetten auf die Lösung abgeschlossen. Unser Diagramm zeigt eine der berühmtesten Mansuben. Um sie zu lösen muss man wissen, dass die Figuren andere Zugmöglichkeiten hatten als heute, wo dieses Endspiel ein völlig uninteressantes Unentschieden wäre. Der „Shāh" (König) bewegte sich wie der moderne König ein Feld in jede Richtung, ausgenommen, wenn ein solches Feld von einem gegnerischen Stein beherrscht wurde. Der Wesir (Minister, Persisch „farzīn"), die zweite Figur in unserer Aufgabe, zog im Gegensatz zur heutigen Dame nur ein Feld diagonal in jede Richtung. Das Spiel war zu Ende, wenn der gegnerische König mattgesetzt wurde oder wenn er aller seiner Figuren beraubt war, aber nicht mattgesetzt werden konnte; dies war der „Beraubungssieg".

Lösung eines Jahrtausendrätsels

Nachdem die Stellung viele Jahrhunderte als unlösbar galt, nahmen sich Ende des 20. Jahrhunderts wieder einige Schachforscher der Sache an. Doch erst dem russischen Großmeister Juri Awerbach, der viele Jahrzehnte als „Endspielpapst" galt, gelang die Lösung, die mittlerweile durch Computerprogramme bestätigt wurde. Die Lösung wird möglich, indem man zwei Strategeme, Zugzwang und Dreiecksmanöver – beide eigentlich Erkenntnisse des 20. Jahrhunderts – kennt und miteinander kombiniert:

Aus dem Manuskript des Abu'l-Fath Ahmad al-Sinjari, 12. Jh.

Schwarz ist am Zug, Weiß gewinnt

1...Kd5 2.Kb4 Sofortiges 2.Ka2? Kc4 ergibt nur ein Unentschieden, da entweder beide Wesire fallen oder der weiße vom schwarzen König ewig verfolgt wird. **2...Kd6 3.Kc4 Ke6 4.Kd4 Kf6 5.Kd5 Kf7 6.Ke5 Kg7 7.Ke6 Kg8 8.Kf6 Kh8 9.Kg6 Kg8 10.Wd2!** Nachdem der König an den äußersten Rand des Brettes gedrängt wurde, gewinnt der Wesir ein wichtiges Tempo. **10...Kf8** Falls der schwarze Wesir versucht, mittels 10...Wb2 zu fliehen, folgt 11.Kf6 Wa3 12.Wc3 Kf8 13.Ke6 Ke8 14.Kd6 Kd8 15.Kc6 Kc8 16.Kb5 nebst 17.Ka4 und der Wesir wird erobert. **11.Wc1 Ke7 12.Kf5 Kd6 13.Ke4 Kc5 14.Kd3 Kb4 15.Kc2 Ka3 16.Kb1** und nun wird der schwarze Wesir erobert und die Partie durch Beraubung gewonnen. Etwas später wurde mit Computerhilfe eine hartnäckigere Verteidigung für Schwarz gefunden: **7...Kf8! 8.Kd6 Ke8 9.Kc6 Kd8 10.Kb6 Kc8 11.Kc5! Kd7 12.Kb5 Kc7 13.Kc4 Kd6 14.Kb4 Ke5 15.Ka3 Kd5 16.Kb3!** Damit ist wieder die Ausgangsstellung – nach dem ersten schwarzen Königszug – erreicht, allerdings mit Schwarz am Zug. Nun verliert Schwarz nach **16...Kc5**, da Weiß den Wesir nach c1 und den König nach b1 überführt: **17.Kc2 Kc4 18.Wd2** und **19.Kb1.** Eine weitere Möglichkeit ist **16...Ke4 17.Ka2 Kd3 18.Wb4 Kc4 19.Wa3** und das Problem ist gelöst, da der schwarze König den weißen Wesir nicht mehr angreifen, gleichzeitig aber den eigenen nicht beschützen kann, sodass er fällt und Weiß durch Beraubung gewinnt. Selbst ein Meisterspieler der Gegenwart wird dieses Kleinod nicht auf Anhieb mit allen Verzweigungen durchschauen.

Juri Awerbach war, nachdem er die gesamte Lösung mit allen ihren Feinheiten präsentiert hatte, voll der Bewunderung für den alten Meister: „Erst als ich diese Mansube gelöst hatte verstand ich, dass al-Suli jeden Grund hatte, auf seine Analyse stolz zu sein. Es ist wirk-

lich das Werk eines Genies! Ohne seine substanziellen Hilfestellungen konnten die Zeitgenossen des Meisters diese Mansube, die so einfach scheint, nicht lösen."

Der russische Großmeister, der sich auch mit anderen Mansuben al-Sulis beschäftigte, meint, dass al-Suli diese Stellung nur dann als gewonnen einschätzen konnte, wenn er sie in all ihren Verästelungen und Feinheiten verstanden habe. Diese Aufgabe gilt zu Recht als der „Diamant des al-Suli". Er funkelt mehr als tausend Jahre nach seiner Entstehung heller denn je.

Persische Miniatur 1468, London, British Museum

Literatur

Awerbach, Juri: The history of Shatranj. In: Holländer, Hans/Schädler, Ulrich (Hrsg.): Scacchia Ludus. Studien zur Schachgeschichte, Band 1. Aachen 2008, 11–68

Murray, Harold James Ruthven: A History of Chess. Oxford 1913

Wieber, Reinhardt: Das Schachspiel in der arabischen Literatur von den Anfängen bis zur zweiten Hälfte des 16. Jahrhunderts. Walldorf 1972

DAS BUCH DER BÜCHER

Schlägt man den 1283 von Alfonso el Sabio verfassten, großformatigen Codex auf, weiß man, dass das „Libros de los juegos" eines der schönsten Bücher der Welt ist. Alfonsos Werk ist aber nicht nur eines der wichtigsten Zeugnisse des spätmittelalterlichen Spiels, sondern auch ein Vermächtnis.
Für einen kurzen historischen Moment schien die Utopie eines offenen, toleranten Europas zumindest im Spiel Realität.

Alfonso el Sabio, Sevilla 1283

König Alfonso X. von Kastilien und Leon (1221–1284) war wenig Erfolg beschieden. Seine politischen und wirtschaftlichen Projekte scheiterten kläglich, der aufstrebende Landadel drängte die Macht des Königs immer weiter zurück, sodass Alfonso in seiner Residenz in Sevilla in den letzten Lebensjahren eher das Leben eines Gefangenen als das eines Herrschers führte. In die Geschichte ist Alfonso daher nicht als Potentat, sondern als Förderer der Wissenschaften und der Künste eingegangen. In Sevilla entfaltete sich unter seiner Regierung eine einzigartige christlich-islamische Doppelkultur. Am Hofe Alfonsos, der den Beinamen „El Sabio" (der Weise) erhielt, versammelten sich Gelehrte aus Europa, Nordafrika und Asien, aller

Alfonso el Sabio diktiert das Spielebuch „Libros de los juegos", Sevilla 1283

Kulturen, Konfessionen und Fakultäten zu einem jahrzehntelangen Symposion. Es entstanden wichtige Übersetzungen und Enzyklopädien; die undogmatische, intellektuelle Atmosphäre in Sevilla war auch wie geschaffen für das Schachspiel, das vom Maghreb etwa im 10. Jahrhundert auf die Iberische Insel gelangt war.

Spiel der Toleranz

Alfonso hatte in seinem Leben über vieles schreiben lassen, über die magischen Kräfte der Steine, über Marienlieder, über Jurisprudenz und Grammatik, doch sein letztes Buch, das „Buch der Spiele", ist zweifellos das wertvollste. Im Escorial in Madrid liegt dieses Buch, das man nur dann sehen darf, wenn man geduldig danach fragt und besonders freundlich zu dem cerberusartigen Kustoden der Handschriftensammlung ist. Schlägt man dann nach langem Warten den großformatigen Codex auf, weiß man, dass das Werk „Libros de los juegos" eines der schönsten Bücher der Welt ist. König Alfonso begann es 1283, knapp ein Jahr vor seinem Tod, in für ihn aussichtsloser politischer und persönlicher Lage zu diktieren und erlebte seine Fertigstellung nicht mehr. Das Buch enthält 150 wunderbar leuchtkräftige Miniaturen, die Spielszenen zeigen und den Text durch Schachdiagramme illustrieren. Wie Spielbretter sind die Diagramme zwischen den Spielenden aufgestellt und halten die aktuelle Position einer Mansube fest, deren Lösung im zweispaltig geschriebenen Text ausführlich diskutiert wird.

„Gott hat gewollt", schreibt Alfonso im Vorwort, „dass die Menschen untereinander auf natürliche Weise allerlei Freuden genießen sollen, damit sie, wenn ihnen Kummer und Sorgen zustoßen, diese leichter ertragen können. Deshalb suchen die Menschen mancherlei Wege, um diese Freuden auch gebührend zu genießen." Ein Königsweg zum Genuss der Freude ist für Alfonso das Schachspiel, das den größten Teil des Buches einnimmt.

Drei Weise mit drei Arten von Spielen, „Libros de los juegos", Sevilla 1283

Am Anfang steht eine philosophische Frage. Drei Weise beraten einen König, ob die Welt auf Zufall oder Vernunft oder einer Mischung aus beiden beruhe. Und sie veranschaulichen ihre Debatte durch drei Spiele: Das Schachspiel dient dem ersten Weisen als Modell für eine durch und durch vernünftige Welt, in der alles auf Kausalität beruht. Der zweite Weise sieht im Gegensatz dazu das Würfelspiel als bestes Symbol für die Welt, in der alles nur durch Zufall geschehe. Der dritte hingegen verweist auf das Trick-Track, eine Vorform des Backgammon, in der man zwar würfelt, aber auch durch kluge Züge zum Erfolg kommt, und versucht die Welt als Mischform von Zufall und Rationalität zu erklären.

Die Kunst der Mansube

Der Schachteil des Spielebuchs enthält 103 arabische Mansuben, von deren Ästhetik heute noch viele Problemkomponisten zehren. Allerdings lösten im 13. Jahrhundert die sogenannten Bedingungsaufgaben die klassische Mansube immer mehr ab. Irgendeine trickreich erdachte Spezialbedingung erschwerte die Lösung, durch deren Kenntnis sich auch Geld beim Wetten verdienen ließ. Es wurden Einsätze gemacht, ob man ein bestimmtes Problem lösen konnte oder nicht. Die hohe Kunst der Mansube hatte also schon immer recht profane Wurzeln. Gespielt wurde ja nicht nur auf Königshöfen, sondern auch auf den Hinterhöfen, Marktplätzen und in den dunklen Schenken der mittelalterlichen Städte.

Problem Nr.18 aus dem „Libros de los juegos", Sevilla 1283

Und gespielt wurde noch nach den alten arabischen Regeln. König, Springer und Turm zogen so wie im heutigen Schach. Der Fil (Läufer, im folgenden F) sprang über eigene und gegnerische Steine hinweg diagonal ins dritte Feld in alle Richtungen, der Wesir (im folgenden W) zog im Gegensatz zur heutigen Dame nur ein Feld diagonal in alle Richtungen. Der Bauer zog vertikal einen Schritt und schlug diagonal. Erreichte er die achte Reihe, wurde er ausschließlich zum Wesir, der aber in seinem ersten Zug einen Doppelschritt in alle Richtungen machen konnte. Die Rochade und das En-passant-Schlagen waren ebenso noch nicht erfunden wie der Doppelschritt des Bauern im ersten Zug. Die Partien entwickelten sich aus heutiger Sicht sehr langsam. Da sich Bauern nur in Wesire verwandeln konnten, war das Matt eine große Seltenheit. Als Gewinn wurden daher auch das Patt und der Beraubungssieg (Wegnahme des letzten Steines außer dem König) gewertet. Hier nun drei Beispiele aus dem berühmten „Buchjuwel" aus dem 13. Jahrhundert.

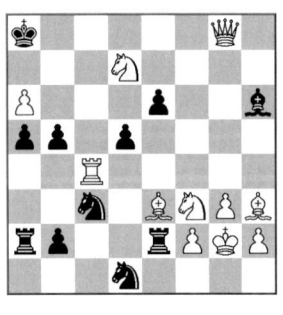

Alfonso el Sabio, Libros de los Juegos 1283, Nr. 18

Weiß zieht und setzt in 19 Zügen auf dem Feld a1 matt

Weiß hat wegen der Drohung 1...Sxe3+ keine Zeit zu verlieren und muss mit Schachgeboten arbeiten. **1.Tc8+ Ka7 2.Tc7+ Kxa6** Falls 2...Ka8, so 3.Sb6+ Kb8 4.Tb7 matt. **3.Sc5+ Kb6 4.Tb7+ Kc6 5.Sd4+** Der König wurde aus seiner Ecke gelockt und beginnt nun eine Reise quer über das Brett. **5...Kd6** Der Sc5 wird durch den Fe3 gedeckt. **6.Td7+ Ke5 7.Sc6+ Kf6 8.Tf7+ Kg6 9.Se5+ Kh5 10.g4+ Kh4** Glücklich am rechten Brettrand gelandet, wird der König nun mit einem Bauernopfer in Richtung a1 getrieben. **11.Sf3+! Kxg4 12.Tg7+ Kf4** Natürlich nicht 12...Kh5 13.Tg5 matt. **13.Sxe6+ Ke4 14.Tg4+ Ff4 15.Txf4+ Kd3 16.Ff1+ Kc2 17.S6d4+ Kb1 18.Fd3+ Ka1 19.Sb3** matt. Eines der großen konstruktiven Probleme des arabischen Schachs!

Alfonso el Sabio, Libros de los Juegos 1283, Nr. 38

Schwarz zieht und setzt in 15 Zügen matt

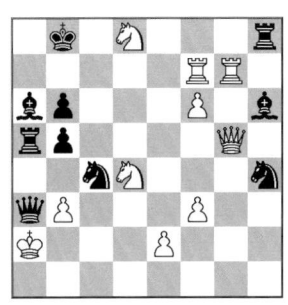

1...Wb2+ Der Wesir macht den Weg frei für den mächtigen Turm auf a5, der Schach bietet. **2.Kb1 Ta1+ 3.Kc2 Tc1+ 4.Kd3 Tc3+** Der Turm jagt den König in einer geometrischen Linie über das Brett. **5.Ke4 Te3+ 6.Kd5 Te5+ 7.Kc6 Tc5+ 8.Kd7 Tc7+ 9.Ke6 Fc8+** Der Fil leitet die Gegenbewegung des Turmes ein. **10.Kd5 Tc5+ 11.Ke4 Te5+ 12.Kd3 Te3+ 13.Kc2 Tc3+ 14.Kb1 Tc1+ 15.Ka2 Ta1** matt. Ein vollendetes Beispiel arabischer Schachkunst.

Alfonso el Sabio, Libros de los Juegos 1283, Nr. 103

Weiß zieht und setzt in 11 Zügen matt

Die letzte Aufgabe des Schachteils, die durch die berühmte Szene eines arabischen Kriegers, der in einem Zelt gegen einen christlichen Ritter spielt, illustriert wird, setzt uns ein kniffliges Endspiel vor, für das es keine arabischen Vorbilder gibt. **1...f2+ 2.Kh1 f1W 3.Kg1 Wf3** Der umgewandelte Wesir durfte im ersten Zug einen Doppelschritt machen. **4.Kh1 Wg2+ 5.Kg1 Fd2 6.Kh2 Kf3** Der Beginn eines Dreiecksmanövers des schwarzen Königs, um seinem weißen Kollegen Tempo zu nehmen. **7.Kg1 Ke3 8.Kh2 Kf4! 9.Kg1 Kf3** Nach dieser feinen Vorbereitung folgt das Schlussspiel: **10.Kh2 Ff4+ 11.Kg1 h2** matt. Einige Endspielthemen des 20. Jahrhunderts, wie Opposition, Dreiecksmanöver und korrespondierende Felder, wurden hier erstmals vorweggenommen.

Spiel und Vermächtnis

Alfonsos Spielebuch kann aber auch als ein politisches Buch verstanden werden, es ist ein Vermächtnis. Die Miniaturen zeigen in leuchtenden Farben Spielszenen aller Art und spiegeln ein Klima der Toleranz, der Verständigung und Heiterkeit am Hofe Alfonsos wider. Dunkelhäutige Mauren spielen mit christlichen Rittern, diese mit Juden und diese wieder mit Mauren; Jünglinge sitzen mit Alten, reiche arabische Händler mit Armen und Frauen mit Männern am Brett. Beim Spiel waren Unterschiede des Glaubens, Geschlechts und der Herkunft außer Kraft gesetzt. Gleichnishaft ist die Tafel mit zwei

Problem Nr.103 aus dem „Libros de los juegos", Sevilla 1283

Spielern im arabischen Zelt: Ein mohammedanischer Ritter bietet einem prunkvoll gekleideten Christen einen Trunk aus einem Becher. Dieser bedankt sich höflich, zwischen beiden ist eine Mansube aufgebaut, deren Lösung offenbar alle Aufmerksamkeit der Welt erfordert und keinen Raum lässt für Vorurteile und Rassismus. Beim Spiel scheint es weder Unterschiede des Glaubens noch der Herkunft zu geben. Alle sind sie im Spiel versunken und achten nicht darauf, ob sie vor einer Kirche, einer Synagoge oder einem Minarett sitzen. Ihre Gesichter zeigen bloß Aufmerksamkeit und Freude.

Auch wenn dieses Alfonsinische Bild der Toleranz in der europäischen Geschichte ein Traum blieb, so ist es doch ein schöner Traum, der durch das Schachspiel erzählt wird und der trotz aller Skepsis der Moderne bis heute währt. Für einen kurzen historischen Moment schien die Utopie eines offenen, toleranten Europas zumindest im Spiel Realität. Als Buch der Wertschätzung und des gegenseitigen Respekts ist der mehr als 700 Jahre alte Codex aktueller denn je.

Literatur

Calvo, Ricard/Schädler, Ulrich: Alfons X. „der Weise". Das Buch der Spiele. Wien und Berlin, LIT Verlag 2009

O'Callaghan, Joseph F.: The Learned King. The Reign of Alfonso X of Castile. Philadelphia, University of Pennsylvania Press, 1993

Steiger, Arnald: Alfonso el Sabio: Libros de acedrex, dados e tablas. Das Schachzabelbuch König Alfons des Weisen. Mit 51 Miniaturen und Tafeln, Librairie E. Droz, Genf, Eugen Rentsch Verlag, Zürich-Erlenbach 1941

LIEBE UND SPIEL IN DER RENAISSANCE

Mit den schnellen Regeländerungen am Beginn der Neuzeit entwickelte sich das Schach in Europa rasch zu einem dynamischen Spiel. Aber woher stammen die neuen Regeln? Was lässt sich über den Übergang der alten zu den neuen Regeln sagen, die das königliche Spiel am Ende des 15. Jahrhunderts so radikal veränderten? Ein verschollenes Buch gibt die Antwort.

Lucenas Schachbuch, Salamanca 1496/97

Es ist der Stoff zu einem kulturhistorischen Thriller. Im Jahr 1496/97 veröffentlichte der jugendliche Luis de Lucena in Salamanca ein Werk, das heute als Rolls Royce unter den Schachbüchern gilt: „Repeticion de amores y arte de axedres con CL iuegos de partido", eine Anleitung zur Liebe und zur Kunst des Schachspiels mit 150 Schachproblemen. Lucena widmete dieses erste gedruckte Schachlehrbuch dem Prinzen Don Juan III., dem einzigen Sohn Ferdinands und Isabellas. Es kann aufgrund der Widmung im Vorwort ziemlich genau datiert werden. Der Kronprinz starb, erst 20-jährig, am 4. Oktober 1497, woraus sich die Jahre 1496 oder spätestens 1497 für die Drucklegung des Werkes ergeben. Das Buch gehört heute zu den größten Raritäten der Schachliteratur. Nur elf Exemplare haben die Jahrhunderte überstanden.

Spur nach Valencia

Über den Autor wissen wir nur wenig mehr, als er uns in seinem Buch mitteilt, dass er nämlich Sohn des „hochgelehrten Doktors Don Juan Ramirez de Lucena" sei und auf Reisen durch Spanien, Frankreich und Italien alles, was er über Schach finden konnte, aufgezeichnet habe. Vermutlich begleitete Luis de Lucena seinen Vater, der sich als Botschafter in Frankreich und Italien aufhielt. Der Schachhistoriker Antonius van der Linde konnte nachweisen, welche Manuskripte Lucena eingesehen und verwendet haben muss, so an erster Stelle den „Bonus Socius" in Florenz. Lucena stammte aus einer Familie von „Conversos", die unter Ferdinand und Isabella von Spanien vom Judentum zum Christentum konvertierten. Juan Ramirez de Lucena, Vater des ersten Schachbuchautors und Botschafter König Ferdinands, musste aufgrund dieser Tatsache kurzfristig vor der Inquisition nach Portugal flüchten. Es gibt einen dramatischen Brief aus dem Jahr 1504, in dem er den Monarchen an all seine Verdienste der Vergangenheit erinnert. Sein Sohn, Luis de Lucena, schrieb 1496/97 das erste, noch erhaltene Schachbuch, dessen Inhalt für den Zeitgeschmack und die Obrigkeit offensichtlich attraktiv genug war, um es vor der Vernich-

Luis Ramirez de Lucena: „Repetición de amores e arte de axedres", 1496/97

Damiano de Odemira: „Questo libro e da imparare giocare a scachi et de le partite", Rom 1512

tung zu bewahren, welches Schicksal ihm andernfalls im Hinblick auf die problematische Situation der Familie des Verfassers zweifellos gedroht hatte. Ricardo Calvo geht davon aus, dass der Verfasser für seine Darstellung des neuen Schachs Material aus früheren Werken benutzte, die von Valencia ihren Ausgang genommen hatten. Hier ist das aus Valencia stammende Manuskript „Scachs d'amor" von 1475 zu nennen und vor allem das verlorene Buch des Francesch Vicent aus dem Jahr 1495.

Der Weg in die Neuzeit

Lucenas „Repetición" ist die erste Quelle, die von den neuen europäischen Regeln im Schach erzählt. Statt des arabischen Wesirs, der nur einen Schritt diagonal in alle Richtungen ziehen konnte, erscheint bei Lucena die neue, alles dominierende Dame am Schachbrett. Aus dem hüpfenden Alfil mit seiner beschränkten Wirkungskraft wird hier der moderne langschrittige Läufer. Auch die Rochade und der Doppelzug des Bauern waren noch neu. Inmitten der Renaissance hatte sich das mittelalterlich-arabische Schach zum modernen, dynamischen Spiel entwickelt; „alla rabiosa" wird Damiano 1512 das neue Schach nennen. Bei den Spieleröffnungen enthält das Buch des Lucena auch heute noch oft gespielte Anfangszüge, so die italienische, russische, skandinavische und französische Partie, deren Namen aber erst in späteren Jahrhunderten entstanden sind. Wenig Aufschluss erhalten wir von Lucena selbst, woher die neue Spielweise stammen könnte. Er unterscheidet das Spiel nach alter Art – „del viejo" – und das neuer Art – „de la dama". Sie stehen fast gleichberechtigt nebeneinander. Das alte und das neue Schach ergänzten sich in dieser Anfangsphase insofern sehr gut, als auf dem Gebiet des Problems und der Endspiele das alte Schach durch den großen, Jahrhunderte alten Vorrat an arabischen Mansuben dominierte, während an dem noch in den Kinderschuhen steckenden neuen Schach vor allem die Eröffnung und die praktische Partie faszinierten. Das neue Schach barg durch die große Reichweite der Figuren schon in den ersten Zügen gewaltige

Gefahren. Es ist offensichtlich, dass mit dem modernen Schach die Partie und deren Analyse in den Vordergrund treten mussten. Es ist auch kein Zufall, dass gerade die Eröffnung, die fälschlicherweise mit Damiano 1512 in Verbindung gebracht wird, im neuen Schach zuerst Begeisterung erweckte, lange Analysen nach sich zog und auch zeigte, wie wenig gefestigt das neue Regelwerk noch war:

1.e4 e5 2.Sf3 f6? Im mittelalterlichen Schach ein solider Zug, im neuen Schach ein katastrophaler Fehler. **3.Sxe5!** Heute trivial, vor 500 Jahren ein frappierendes und elegantes Opfer. **3...fxe5 4.Dh5+** Damit kommt die langschrittige Dame zum ersten Mal ins Spiel, und das mit verheerender Wirkung. **4...Ke7 5.Dxe5+ Kf7 6.Lc4+** Auch der neue langschrittige Läufer kommt bereits zur Geltung, indem er den König weiter hinaus ins offene Feld treibt. **6...d5** Eine Notmaßnahme, um die weiße Dame von f5 fernzuhalten. Nach 6...Kg6 7.Df5+ Kh6 8.d4+ g5 9.h4 wird Schwarz bald matt. **7.Lxd5+ Kg6 8.Dg3+** Damiano empfahl in seinem 1512 erschienen Lehrbuch das bessere 8.h4. **8...Kf6?** Beschleunigt das Ende ungemein. Mit 8...Dg5 konnte sich Schwarz länger halten. **9.Df4+ Kg6** (Diagramm 1)

10.Df7+?? Die erste Merkwürdigkeit: Weiß konnte hier mit 10.Lf7 sofort und problemlos mattsetzen. Es scheint einfach ein Versehen zu sein, doch steckt viel eher eine Verwechslung der Regelsysteme dahinter: Das Übersehen ist dadurch zu erklären, dass Lucena plötzlich den Läufer wieder für den alten springenden Alfil ansah, den auf f7 zu postieren natürlich sinnlos wäre, daher sein Damezug, denn die Dame ist ja auf f7 nicht nur durch den neuen Läufer, sondern auch durch den alten Alfil gedeckt! **10...Kg5** Etwas

Diagramm 1

länger benötigt Weiß zum Mattsetzen nach 10...Kh6 11.d3+ g5 12.h4 **11.d3+ Kg4** oder 11...Kh4 12.h3! Ld6 13.g3+ Lxg3 14.fxg3+ Kxg3 15.Df2 matt. **12.Df3+** Noch schneller ginge 12.h3+ Kh4 13.g3 matt. **12...Kh4 13.g3+ Kh3 14.Dh5+?** Jetzt setzt 14.g4+ Kh4 15.Dg3 am schnellsten matt. **14...Kg2 15.e5** matt (??). (Diagramm 2)

Diagramm 2

Eine bemerkenswerte Stellung! Hier glaubt Lucena in ästhetischer Weise Schwarz mitten im weißen Lager mattgesetzt zu haben. Er hat also den langschrittigen neuen Läufer wieder als solchen erkannt, vernachlässigt jetzt aber die Tatsache, dass die neue Dame auf d8 diesen Läufer schlagen kann. Sie ist in Lucenas Augen offensichtlich wieder zum alten kurzschrittigen Wesir mutiert. Nach Antonius van der Linde ist „diese Gärung des alten und neuen Schachs in Lucenas Kopf psychologisch interessant" (van der Linde 1881, 234). Wenn innerhalb eines einzigen Buches und sogar innerhalb einer einzigen Partie keine klare Anwendung der Spielregeln erfolgte, kann man ermessen, wie groß die Verwirrung um die Schachregeln in der Anfangsphase des neuen Schachs gewesen sein musste.

Tricks und Fallen

Bemerkenswert sind die praktischen Tipps des Lucena, die beweisen, dass Schach seit jeher um Geld gespielt wurde und dass sich die Tricks im Laufe der Jahrhunderte höchstens verfeinert haben. So empfiehlt er das Gambitspiel und Fallenstellen, um möglichst schnell hohe Gewinne einzustreichen. Er schlägt vor, den Gegner gegen das Licht zu setzen und sich selbst an einen Platz, der das Brett gut beleuchtet. Auch solle man sich des Weingenusses enthalten, während man den Kontrahenten dazu ermuntern solle. Schließlich sei es empfehlenswert, am Anfang nicht zu hoch zu setzen, um den Gegenspieler nicht zu verschrecken. Obwohl das Werk viele Druckfehler enthält und nach Antonius von der Linde geradezu die „kindlichste Stufe" des Übergangs vom alten zum neuen Schach repräsentiere, hatte es bahnbrechende Wirkung und großen Einfluss auf Zeitgenossen und spätere Autoren.

Das verschollene Buch

Mit den Regelveränderungen entwickelte sich das Schach in Europa rasch zu einem dynamischen Spiel moderner Prägung. Seitdem beschäftigt dieser „Fall" die Geschichtsforschung: Woher stammen die neuen Regeln? Was lässt sich über den Übergang der alten zu den neuen Regeln sagen, die das königliche Spiel am Ende des 15. Jahrhunderts so radikal veränderten? Bereits im 19. Jahrhundert hatten Schachforscher im Kloster von Montserrat einen wertvollen Fund gemacht, einen Katalogeintrag, der auf ein Buch des Katalanen Francesch Vicent aus Segorbe hinwies. Das „Libre dels jochs partits dels schacs en nombre de 100, ordenat e compost per mi Francesch Vicent", wurde 1495 in Valencia gedruckt, also nur ein, höchstens zwei Jahre, vor dem Buch des Lucena. Das Buch freilich blieb verschwunden. 1811 wurde das Kloster von den Franzosen zerstört, mit seiner Bibliothek ging wohl das letzte Exemplar des geheimnisvollen Buches des Vicent verloren.

Der spanische Schachhistoriker José A. Garzón hat vor einigen Jahren den Fall nach Vorarbeiten der Schachhistoriker Alessandro Sanvito und Ricardo Calvo neu aufgerollt. In Perugia und Cesena fand Garzón Manuskripte, die dem „spanischen Meister Francesco", dem Schachlehrer der Lucrezia Borgia zugeschrieben wurden. Dieser war niemand anderer als Francesch Vicent, ein sephardischer Jude, der Spanien verlassen musste und in der Emigration in Italien gelebt hat. Eine genaue Analyse des Manuskripts von Cesena brachte zu Tage, dass es sich um eine Abschrift des gesuchten und verlorenen Buches des Vicent handelt. Mehr noch zeigt Garzón, dass das Cesena-

Damiano de Odemira: „Questo libro e da imparare giocare a scachi et de le partite", 2. Auflage, Rom 1518

Manuskript nahezu identisch mit dem Buch des Lucena ist, das nun nur noch als Übersetzung oder Bearbeitung des Buches von Vicent erscheint. Dies wieder führt Garzón zur erstaunlichen These, dass Vicent niemand anders war als Lucena selbst, ja dass sogar hinter Damiano, dem Autor des dritten, in Rom 1512 gedruckten Schachbuches, Vicent stecke. Aus den verschiedenfarbigen Buchstaben des Wortes „Questo" auf dem Titelblatt der zweiten Auflage interpretiert Garzón eine versteckte Botschaft: „QSO": Quis Scriptor Operum? (Wer schrieb diese Werke?) und „VSO": Vicent Scriptor Operum (Vicent ist der Autor der Werke).

Vicents Buch selbst bleibt freilich weiterhin verschollen, doch kennen wir nun zumindest seinen Inhalt. Die Suche nach dem Ursprung des modernen Schachs führt mehr denn je ins spanische Valencia.

Literatur

Calvo, Ricardo: Valencia – Geburtsstätte des modernen Schachs. In: Schach-Journal 3/1992, 34–46

Garzón, José A.: The Return of Francesch Vicent. The History of the Birth and Expansion of Modern Chess. Valencia, Generalitat Valenciana 2005

Linde, Antonius van der: Geschichte und Litteratur des Schachspiels, 2 Bände. Berlin, Springer 1874

Linde, Antonius van der: Quellenstudien zur Geschichte des Schachspiels. Berlin, Springer 1881

Sanvito, Alessandro: Il maestro di scacchi spagnolo di Lucrezia Borgia. In: L'Italia Scacchistica 1999, 392–393.

EIN WANDERER ZWISCHEN DEN WELTEN

Bahnbrechend war Philipp Stammas Erfindung der algebraischen Notation. Zudem nahm er großen Einfluss auf die Schachkomposition. Dieser seit dem späten Mittelalter völlig vernachlässigte Zweig des Schachspiels wurde durch ihn wieder zum Leben erweckt. In seiner Person und durch sein Buch werden Morgen- und Abendland im Schach endgültig versöhnt.

Die Neuerfindung des Schachproblems, Paris 1737

Sein Name und Schicksal sind kaum bekannt, und doch war der aus Aleppo in Syrien gebürtige Araber Philipp Stamma eine der wichtigsten Persönlichkeiten für die Entwicklung des Schachspiels in Europa. Stamma hatte, vertraut man den wenigen Dokumenten, die es über ihn gibt, kein langes (ca. 1705–1755), aber ein entbehrungsreiches Leben. Er soll ursprünglich Fathalla, Sohn des Safar Shtamma, geheißen haben und einer syrisch-katholischen Oberschichtfamilie entstammen. Aus seinem Leben sind nur wenige Nachrichten überliefert. Als erwachsener junger Mann wanderte er nach Europa aus

Philipp Stamma (1705–1755)

E S S A I
S U R
L E J E U
DES ECHECS,

Où l'on donne quelques Regles
pour le bien jouer, & remporter
l'avantage par des Coups fins &
subtils, que l'on peut appeller les
Secrets de ce Jeu.

Par le Sieur PHILIPPE STAMMA,
Naïf d'Alep en Syrie.

A PARIS,
De l'Imprimerie de P. EMERY.

M. DCC. XXXVII.

Philipp Stamma: „Essai sur le jeu
des echecs", Paris 1737

und dürfte sich um 1730 in London, dann aber längere Zeit in Paris aufgehalten haben, um ein Auskommen als Übersetzer und Schachspieler zu finden.

Noch ziemlich unbekannt schrieb er in Paris 1737 seinen „Essai sur le jeu des échecs", ein Lehrbuch des Schachspiels mit 100 eigenen Schachkompositionen, das unzählige Auflagen in allen wichtigen europäischen Sprachen erlebte und bis ins 20. Jahrhundert nachgedruckt wurde. Im Jahr 1745 erschien in London eine verbesserte Ausgabe dieses Werkes, das zusätzlich noch 74 Eröffnungen enthielt. Stamma hatte sehr prononcierte Ansichten über das Schach. So stellte er in seiner Vorrede fest, dass Schach aus dem Morgenlande stammen müsse, nicht nur, weil die Bezeichnung der Figuren arabischen Ursprungs sei, sondern weil Schach auch überall im Osmanischen Reich begeistert gespielt werde: „... haben es die Einwohner Syriens zu ihrem Leibspiel erwehlet, besonders aber die in Aleppo, meiner Vaterstadt. Und eben alldort ist es, wo man so viele geschickte Schachspieler antrifft, ja ich glaube, dass es deren in Europa wenige gebe, welche mit den morgenländischen in Vergleichung könnten gestellet werden." (Stamma 1754, Vorrede)

Er fand auch, dass in seiner Heimat besser Schach gespielt werde als in Europa, und dies aus einem Grund: „Eine andere Ursache dessen ist, dass in unserem Lande die Spieler sich rathen lassen und ein jeder gemeiniglich sich zum Spiel einen Beystand erwählet, dahingegen in England, Italien, Frankreich und anderen Ländern, so ich gesehen habe, ein jeder nach seinem Gutdünken spielen und nicht leyden will, dass man ihm in sein Spiel rede." (Stamma 1754, Vorrede)

Bei den Eröffnungen propagierte er besonders das Damengambit (1.d4 d5 2.c4), weshalb Philidor in seinem Lehrbuch es auch als „Gambit von Aleppo" bezeichnete. Den klassischen Gambiteröffnungen, wie dem Königsgambit, die in seiner Zeit so hoch im Kurs standen, brachte Stamma wenig Sympathie entgegen. Vor allem kritisierte er die verwegene Spielweise des Italieners Greco und hielt sie nur dann für erfolgreich, wenn man gegen einen Anfänger spielt oder unbedingt verlieren will. Sein positionell-strategischer Zugang, so zum Beispiel dass man die Figuren unter dem Schutz der Bauern entwickeln solle, beeinflusste Philidor und dessen Bauernlehre stark.

Die neue Notation

Bahnbrechend war Stammas Erfindung der algebraischen Notation, war doch im 18. Jahrhundert das Aufschreiben der Züge eine überaus umständliche Angelegenheit. Man experimentierte mit verschiedenen Arten der beschreibenden Notation. So lesen wir noch 1754 in der ersten deutschen Ausgabe des Lehrbuchs von Philidor: „I. Weiß: Der Bauer des Königs zwey Schritt. Schwarz auf die nemliche Art. II. Weiß: Der Laufer des Königs auf das vierte Feld des Laufers von seiner Dame. Schwarz: Auf die nemliche Art."

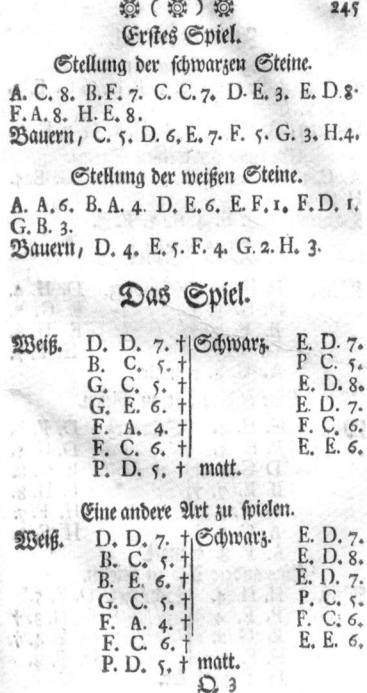

Philipp Stammas neue Notation 1754

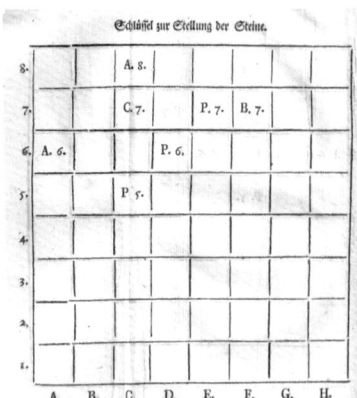

Philipp Stammas Schlüssel zur Stellung der Steine 1754

Um wie viel flotter liest sich das bei Stamma: 1.e4 e5 2.Lc4 Lc5! Der Vorteil dieser Methode, in der Buchstaben und Zahlen kombiniert werden, ist die leichte Erfassbarkeit. Der Erfolg seines Buches hat zur Popularisierung dieser Art der Notation beigetragen, sie setzte sich allmählich durch und wurde zur universellen Schachsprache, die heute in Europa und China genauso wie in Grönland oder Zentralafrika verstanden wird. Stamma war sich der Bedeutung seiner Erfindung durchaus bewusst und meinte, „dass meine Art zu spielen die natürlichste und leichteste ist, welche man noch jehmals in Europa gesehen habe." (Stamma 1754, Vorrede)

Schachspiel-Geheimnisse

Bahnbrechenden Einfluss nahm Stamma auf die Schachkomposition. Dieser seit dem späten Mittelalter völlig vernachlässigte Zweig des Schachspiels wurde durch ihn wieder zum Leben erweckt. In seiner Person werden Morgen- und Abendland im Schach endgültig versöhnt. Seine Probleme, die noch ganz der arabischen Tradition der Mansube verhaftet sind und zum Teil sehr alten Vorbildern folgen, nehmen aber schon vieles vom modernen europäischen Charakter der Problemkunst vorweg. Stamma betonte den praktischen Charakter seiner „Schachspiel-Geheimnisse": Sie sollten dem Lernenden helfen, sich in der praktischen Partie mit taktischen Mitteln aus schwierigen Situationen zu retten.

Philipp Stamma, Essai sur le jeu des échecs 1737, 20. Spiel

Weiß zieht und setzt matt

Eine mansubenartige Grundkonstellation, wie sie aus der älteren arabischen Literatur wohlbekannt ist: Weiß steht völlig hoffnungslos, ihm droht auf der h-Linie ein Matt, das nicht mehr zu verhindern ist. Also muss er schleunigst etwas unternehmen und selbst den gegnerischen König kunstvoll mattsetzen. Aber weder 1.bxa7+? Ka8 noch 1.Txa7? führen zum Ziel, da Weiß kein einziges Tempo verschenken darf. Einzig das Opfer **1.Sd7+!** eröffnet den Mattreigen. **1...Txd7** Die beste Verteidigung. 1...Lxd7? würde das hübsche Matt

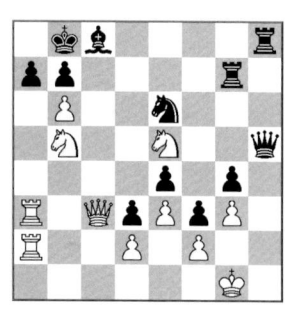

durch 2.Dc7+! Sxc7 3.bxa7+ Kc8 (3...Ka8 4.Sxc7 matt) 4.a8D+ Sxa8 5.Txa8 matt ermöglichen. **2.De5+!** Die weiße Dame opfert sich für ein einziges Tempo – die gegnerische Dame soll von der h-Linie weggelenkt werden. **2...Dxe5 3.Txa7!** Die stille Pointe. Genau jetzt hat Weiß diesen einen Zug Zeit, um die tödliche Mattdrohung Ta8 aufzustellen. **3...Sc7 4.bxc7+ Txc7 5.Ta8** matt. Schwarz könnte noch alle seine Figuren opfern, um das Matt hinauszuzögern: **3...Th1+ 4.Kxh1 Th7+ 5.Kg1 Th1+ 6.Kxh1 Dh8+ 7.Kg1 Da1+ 8.Txa1 Sc7 9.bxc7** matt. „Aber Stamma legt auf dergleichen Zuckungen eines Sterbenden kein Gewicht." (Bledow/von Oppen 1856)

Philipp Stamma, Essai sur le jeu des échecs 1737, 51. Spiel
Weiß zieht und setzt in vier Zügen matt

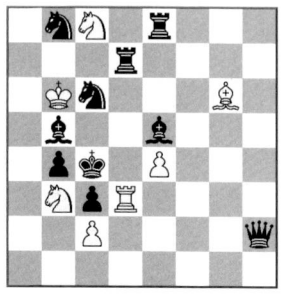

In diesem Problem spürt man schon den Wind der europäischen Moderne: die Figuren sollen vom Richtpunkt d4 weggelenkt werden. Mit **1.Lf7+!** opfert Weiß zunächst einmal den Läufer, der den schwarzen Turm von d4 weglenkt. **1...Txf7 2.Sd6+!** Jetzt wird durch dieses Springeropfer auch der schwarze Läufer von d4 weggelenkt. **2...Lxd6 3.Td4+!** Der weiße Turm betritt das entscheidende Feld und opfert sich als dritte weiße Figur. **3...Sxd4** Und nun hat plötzlich der bisher untätige Sb3 freie Bahn für den entscheidenden Zug: **4.Sa5** matt. Leider verwarf Stamma dieses schöne Problem und brachte es in den späteren Ausgaben seines Werkes nicht mehr. Es fehlte nämlich ursprünglich der schwarze Turm auf e8, wodurch das Problem um einen Zug schneller gelöst werden kann und viel von seinem Reiz verliert.

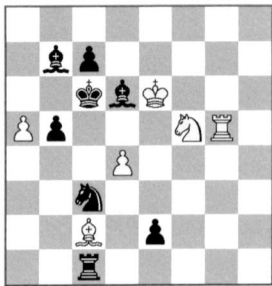

Philipp Stamma, Essai sur le jeu des échecs 1737, 56. Spiel

Weiß zieht und setzt in vier Zügen matt

Ganz modern mutet dieses richtiggehende „Vorplanproblem" an, das Walther von Holzhausen im Gefolge der sogenannten „neudeutschen Problemschule" fast 200 Jahre später genau definieren sollte. Der Mattzug 1.d5+? scheitert an den beiden Verteidigungen 1...Sxd5 und 1...Kc5. Daher **1.Se7+!** Die Vorbereitung des Vorplans: Schädliche weiße Masse wird beseitigt, damit die Verteidigungen gegen den Hauptplan unschädlich gemacht werden können. **1...Lxe7 2.Tc5+! Lxc5 3.Le4+!** Weglenkung des Springers, nachdem die c-Linie durch den Lc5 verstellt ist. **3...Sxe4** Und nun, nachdem Weiß alle Figuren geopfert hat, kann der unscheinbare Bauer wirklich mattsetzen: **4.d5** matt.

Im Schatten Philidors

Da Stamma aber trotz seines Bucherfolgs kaum vom Schach leben konnte, wanderte er weiter nach London, wo er in Slaughter's Kaffeehaus um Geld spielte. Außerdem arbeitete er seit 1739 durch Vermittlung seines Gönners, Lord Harrington, als Übersetzer für orientalische Sprachen im Dienst von König George II.

Das Pech des Philipp Stamma war, im Schatten des noch größeren André Danican Philidor zu stehen. Ein Wettkampf zwischen den beiden 1747 ging klar mit 1–8 zu Ungunsten des Syrers aus, obwohl Philidor seinem Gegner stets den ersten Zug überließ und Remispartien als gewonnen für Stamma gewertet wurden. Doch sein Verdienst als Schöpfer der algebraischen Notation wird für immer unvergessen bleiben.

Philipp Stamma: „Schachspiel-Geheimnisse" und André Danican Philidor:
„Die Kunst im Schachspiel ein Meister zu werden" (in einem Buch vereint),
Straßburg 1754

Literatur

Bledow, Ludwig/von Oppen, Otto: Stamma's hundert Endspiele. Nach der zweiten verbesserten Ausgabe von 1745 bearbeitet. Berlin, Verlag von Veit & Comp. 1856

Fathi-Chelhod, Jean: Philip Stamma's Assyrian Origin. In: The British Chess Magazine 2005, 111

Roycroft, John: Philip Stamma. In: The British Chess Magazine 2004, 544–549, 603–608

Stamma, Philipp: Essai sur le jeu des echecs, Où l'on donne quelques
regles pour le bien joüer, & remporter l'avantage par des coups fins
& subtils, que l'on peut appeller les secrets de ce jeu. Par le sieur
Philippe Stamma, natif d'Alep en Syrie. Paris: De l'imprimerie de
P. Emery 1737.

Stamma, Philipp: Des Arabers Philipp Stamma, gebürtig von Aleppo
in Syrien, entdeckte Schachspiel-Geheimnisse, nebst einigen
Regeln, dieses Spiel wohl zu vollziehen, und den Sieg durch feine
und subtile Züge davon zu tragen. Strassburg, Amand König 1754

DIE MACHT
DER BAUERN

*Zum ersten Mal in der Geschichte des Schachspiels
wird 1749 in einem bahnbrechenden Werk der Wert
der Bauern erkannt. Sie waren in früherer Zeit bloß
lästige Hindernisse, die schnellstens geopfert
wurden, um die Figuren für den Königsangriff
freizubekommen; nun spielen sie die Hauptrolle in
der Schachpartie, oder mit den Worten Philidors:
„Sie sind die Seele des Schachspiels."*

Philidors „L'Analyze des Echecs",
Paris 1749

Stellte man Bent Larsen die unvermeidliche Frage nach dem stärksten Schachspieler aller Zeiten, zögerte der Däne keinen Moment: „Philidor ist der größte Spieler aller Zeiten, denn er war mit seinem Konzept des Schachs seiner Zeit um gut hundert Jahre voraus, und nie zuvor oder danach zeigte ein Spieler eine derartig ausgeprägte Überlegenheit über seine Zeitgenossen."

1726 in eine Familie von Musikern am Hofe der französischen Könige geboren, machte André Danican schon mit 10 Jahren als Chorknabe in Versailles Bekanntschaft mit dem Schach, da sich die Musiker

François-André Danican Philidor
(1726–1795)

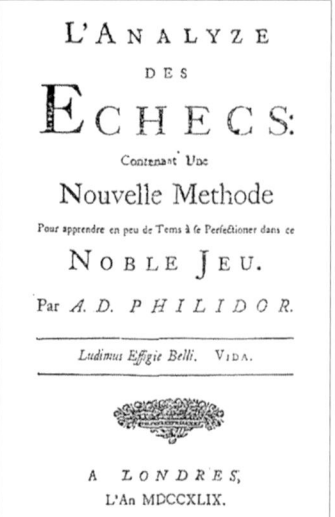

L'Analyze des Echecs, Paris 1749

in den langen Pausen intensiv diesem Zeitvertreib widmeten. Mit 14, als er wegen des Stimmbruchs gezwungen war den Chor zu verlassen, finden wir ihn schon im Café de la Régence, wo ihn der stärkste Spieler dieser Jahre, François Antoine de Legall, Sire de Kermeur, ausbildete. Als Musiker und Kopist tingelte er dann durch Europa, mit Schach als einträglicher Nebeneinnahmsquelle. Allmählich fand er keine Gegner mehr; ein neuer unüberwindlicher Stil formte sich. 1749, mit erst 27 Jahren, veröffentlichte der Franzose sein bahnbrechendes Werk „L'Analyze des Echecs", das wohl einflussreichste und bis weit ins 20. Jahrhundert meistverbreitete aller Schachbücher.

Die Seele des Schachspiels

Zum ersten Mal in der Geschichte des Spiels wird der Wert der Bauern erkannt, die in früherer Zeit bloß lästige Hindernisse waren, die schnellstens geopfert wurden, um die Figuren für den Königsangriff freizubekommen; sie spielen nun die Hauptrolle in der Schachpartie. Philidor war sich des Revolutionären seiner Entdeckung durchaus bewusst, wie der wohl berühmteste Satz aus der Vorrede zu seinem Lehrbuch zeigt: „Mein vornehmster Endzweck ist, mich durch etwas neues in Ansehen zu bringen, und zwar durch so etwas neues, dessen sich noch niemand unterstanden, oder dazu vielleicht noch niemand geschickt gewesen; und dieses bestehet darinnen, dass man die Bauern wohl zu spielen wisse. Sie sind die

Seele des Schachspiels, sie allein sind es, die den Angriff und die Vertheidigung ausmachen, denn auf ihre gute oder schlechte Anordnung, Stellung und Zusammenhang bestehet der ganze Gewinn oder Verlust des Spiels."

Zum ersten Mal legte Philidor Strategien für eine ganze Partie vor und Konzepte wie Blockade, positionelles Opfer, Prophylaxe, Mobilität, isolierte, verdoppelte und rückständige Bauern. Die Verwissenschaftlichung des Schachspiels nimmt mit ihm seinen Anfang. Er zeigte, wie die Bauernstruktur die Richtung des Spiels vorgibt und glaubte, dass die Schaffung mobiler Bauernketten der wichtigste strategische Faktor sei. Die Figuren sollen die Bauern nicht behindern, sondern ihren Vormarsch von hinten unterstützen. Zum ersten Mal wurde die Schachpartie wie eine Symphonie systematisch durchkomponiert. Das Werk, eine mechanistische, fast strukturalistische Auffassung im Gegensatz zur damals herrschenden genialistischen, blieb zunächst wie sein Schöpfer vielbewundert, aber unverstanden.

Aus dem Lehrbuch

Seinen Zeitgenossen war Philidor so überlegen, dass nur eine einzige Partie von ihm existiert, die er nicht ohne Vorgabe oder blind gespielt hätte. Die Partieanlage der Lehrbeispiele aus seinem Buch wirkt erstaunlich modern. Wir bringen hier das zweite Spiel (Philidor 1754); die in barocker Sprache geschriebenen Anmerkungen sind stark gekürzt und mit kritischen Kommentaren versehen:

„Weiß. Der Bauer des Königs, zwey Schritt. Schwarz. Auf die nemliche Art." Mit dieser Form der beschreibenden Notation beginnt Philidor die Partie, also: **1.e4 e5 2.Lc4 c6 3.d4** „Es ist unumgänglich nöthig, dass ihr diesen Bauer zwey Schritt ziehet, dann, was ihr sonst auch spielet, so würde er euch den Vortheil des ersten Zuges abgewinnen. Und folglich auch den Angriff über euch." Ein wichtiger Grundsatz: Weiß muss im Zentrum aktiv werden, bevor Schwarz es tut, z. B. nach 3.d3 d5! **3...exd4** Hier gibt Philidor als Alternative 3...d5 an, glaubt aber auch dann an einen Vorteil von Weiß. **4.Dxd4 d6 5.f4 Le6**

Dieser Zug geschieht aus zwei Gründen: erstens, um d5 durchsetzen zu können, zweitens, um den Lc4 abzutauschen oder zu vertreiben, denn er beobachtet unangenehm den Punkt f7. **6.Ld3 d5 7.e5** So schafft sich Weiß eine Bauernmehrheit am Königsflügel und die Voraussetzungen für einen späteren Durchbruch am Königsflügel. **7...c5 8.Df2 Sc6 9.c3 g6** Zum ersten Mal lässt Philidor zwei Züge außer Acht, die wohl eher in Frage gekommen wären als der von ihm vorgeschlagene Zug, nämlich 9...Sh6 10.Sf3 Da5 11.0-0 c4 und der sofortige Aufbruch des Zentrums mit 9...f6, der möglich ist, weil 10.f5 an 10...Sxe5 scheitert. Solche taktische Erwägungen bleiben bei Philidor meist zugunsten des strategischen Plans im Hintergrund. **10.h3 h5** Um g2-g4 zu verhindern. Die Bauernstruktur sieht nun so aus: Weiß vier gegen drei am Königsflügel und Schwarz vier gegen drei am Damenflügel. Wer von beiden zuerst die Bauernstellung seines Gegners dort, wo sie am stärksten ist, auseinanderreißen kann, wird das Spiel gewinnen. **11.g3!** Denn es drohte h5-h4 und die Verbindung der weißen Bauern wäre gestört; ein prophylaktischer Zug, um Bauernschwächen zu vermeiden. **11...Sh6 12.Sf3 Le7 13.a4** Beginnt das Spiel am Damenflügel mit dem schon im zehnten Zug erörterten Ziel, die schwarzen Bauernphalanx auseinanderzureißen. **13...Sf5** (Diagramm 1)

Diagramm 1

14.Kf1? Ein für Philidor typischer Zug – er erachtet die intakte Bauernstruktur für wertvoller als den später drohenden Verlust der Qualität. Obwohl das in dieser konkreten Stellung nicht zutrifft, ist dieses so genannte positionelle Qualitätsopfer erst im 20. Jahrhundert zu einem strategischen Thema geworden. **14...h4 15.g4** Gibt die Qualität und hält die Bauernkette intakt. Objektiv sollte Weiß nun verloren sein. **15...Sg3+ 16.Kg2 Sxh1 17.Kxh1** Philidor glaubt, dass Weiß trotz Qualitätsverlust überlegen steht, weil er Kompensation durch die sichere Stellung seines Königs hat und einen Angriff auf beiden Flügeln inszenieren kann. **17...Dd7 18.Dg1** Deckt den Bg4, weil er das Läuferopfer auf g4 fürchtet. Für Schwarz wäre es vorteilhaft, die weiße Bauernkette selbst unter Preisgabe einer Figur zu zerstören. **18...a5?** Ein schwacher Zug. Viel besser war 18...d4 19.c4 0-0-0. **19.Le3** Um Schwarz zu c5-c4 zu verleiten, wonach der Springer über d4 und b5 in die schwarze Stellung eindringen kann. **19...b6** Wieder war 19...d4 besser: 20.cxd4 Ld5 21.Sbd2 cxd4 22.Lf2 (22.Lxd4 Sxd4 23.Dxd4 Lxf3+ 24.Sxf3 Dxd4 25.Sxd4 0-0-0 26.Tc1+ Kb8 27.Tc4 Lc5 28.Txc5 Txd4) 22...0-0-0 mit schwarzem Vorteil. **20.Sa3 0-0-0** Schwarz rochiert lang, um den König der Bedrohung durch die weißen Königsflügelbauern zu entziehen, meint Philidor. Doch war nach wie vor 20...d4 die bessere Alternative. **21.La6+ Kc7 22.Sc2 Ta8 23.Lb5 Dd8** Um die Dame nach f8 zu bringen, wo sie den gefährdeten Bc5 decken kann. **24.b4** Weiß öffnet Linien am Damenflügel, weil sich Schwarz durch die Bauernaufzüge a5 und b6 geschwächt hat. **24...Df8?** In übertriebener strategischer Konsequenz übersieht Philidor taktische Drohungen. Es musste 24...axb4 25.cxb4 d4 geschehen. **25.bxc5 bxc5 26.Sd2** Der Springer will über b3 nach c5, um den Angriff fortzusetzen. **26...c4?** Die letzte Chance war 26...f6. **27.Sf3** Weiß beherrscht das Feld d4 und glaubt entscheidenden positionellen Vorteil erreicht zu haben. Stärker wäre jedoch die taktische Lösung nebst Königsangriff: 27.Lb6+ Kb7 28.Tb1 Tc8 29.Sd4 Sxd4 30.Lxd4 Ka8 31.Sxc4 dxc4 32.Dg2+. **27...f6?** Danach ist das Spiel zu Ende, weil die weißen Springer über das starke Feld d4 Zutritt zur schwarzen Stellung haben. Möglich war noch 27...Tb8 28.Tb1 Dc8. **28.Lb6+ Kb7 29.Lxc6+ Kxc6 30.Sfd4+ Kd7** Auf 30...Kxb6 folgt das Abzugsschach 31.Sxe6+ Lc5 32.Db1+ mit Damengewinn. (Diagramm 2)

    31.f5! Schlussendlich tritt die weiße Bauernmehrheit entscheidend in Aktion. **31...Lg8 32.e6+ Kc8 33.Sb5 Ld6 34.Dd4** und nun droht das unparierbare Dxd5, womit Weiß gewinnt.

    Dieses Lehrbeispiel einer Partie Philidors spiegelt seine schachlichen Ideen sehr gut wider.

Diagramm 2

François-André Danican Philidor
(1726–1795)

Ewiger Ruhm

Nach seinem literarischen Erfolg reiste Philidor mit seiner Mätresse durch ganz Europa von Hof zu Hof und erregte überall durch sein unwiderlegbar harmonisches Spiel Aufsehen. Besonders mit der Verteidigung, die nach ihm benannt wurde (1.e4 e5 2.Sf3 d6) zerdrückte er die Gegner förmlich. In diesen Jahren des schachlichen Ruhms entstanden auch seine besten musikalischen Werke. Neben Motetten, Arien und Symphonien auch die Opern „Le Sorcier" (1764), „Tom Jones" (1765) und „Carmen Seculare" (1779), von denen Ludwig XV. derart begeistert war, dass er den Komponisten mit einer lebenslänglichen Pension belohnte. Der Londoner Schachklub in der St. James Street bei Parsloe's lud ihn für einige Monate im Jahr zu Schachunterricht und Simultanvorstellungen ein. Seine Blindpartien gegen drei Gegner zugleich erregten Aufsehen und wurden als Wunder und unerhörte Leistung des menschlichen Geistes bestaunt. Jean-Jacques Rousseau, ein begeisterter, aber schlechter Schachspieler, pflegte den Kontakt mit dieser einzigartigen schachlich-musikalischen Doppelbegabung. Denis Diderot warnte Philidor, sein musikalisches Talent an das Schachspiel zu verschwenden.

Als in Frankreich die Revolution ausbrach, saß Philidor in England fest und wurde auf die Liste der „émigrés" gesetzt. In diesen Jahren der Mittellosigkeit und der Trennung von seiner Familie hielt ihn einzig das Schachspiel über Wasser. Trotz seines fortgeschrittenen Alters gab er den besten Spielern Londons Figuren, Bauern und Züge vor. Depression und Krankheit führten zu seinem baldigen Tod. Mehr als hundert Jahre später griff Wilhelm Steinitz die Theoreme des Franzosen wieder auf und verhalf ihnen zu jener kopernikanischen Wende im Schach, unter deren Eindruck wir heute noch stehen.

François-André Danican Philidor spielt blind im Parsloe's gegen drei Gegner im Beisein des türkischen Botschafters, London 1784

Literatur

Allen, George: The Life of Philidor Musician and Chess-Player. Philadelphia, E. H. Butler & Co. 1863

Boffa, Sergio: François André Danican Philidor. La culture échequienne en France et en Angleterre au XVIIIe siécle. Olomouc, Publishing House Moravian Chess 2010

Dupont-Danican, Jean François: Pour Philidor. Eine Gedenkschrift zum 200. Todestag des Musikers und Schachmeisters. Koblenz, Verlag Hans-Wilhelm Fink 1994

Philidor, André Danican: Die Kunst im Schachspiel ein Meister zu werden. Das ist: Ein neuer Unterricht, wie man in kurzem dieses so edle und beliebte Spiel nach seiner Vollkommenheit erlernen könne. 2 Teile in 1 Band, Straßburg, A. König 1754

Poldauf, Susanne: Philidor. Eine einzigartige Verbindung von Schach und Musik. Berlin, Exzelsior Verlag 2001

Walker, George: A Selection of Games at Chess, actually played by Philidor and his Contemporaries. London-Sherwood, Gilbert & Piper 1835

EIN „SCHACHTÜRKE" AM WIENER HOF

Im Sommer 1769 präsentierte Baron Wolfgang von Kempelen zum ersten Mal dem staunenden Publikum am Wiener Hof seinen Schach spielenden Automaten. Kempelen wurde als Genie der Mechanik, als neuer Prometheus gefeiert. Für einen kurzen historischen Moment schienen die philosophischen Träume von der Menschmaschine eingelöst.

Kempelens Schachmaschine, Wien 1769

Das 18. Jahrhundert war in Wien das Jahrhundert des Spiels, vor allem der neuen Spiele: Billard, das Hasardspiel „Pharao" und das Lotto. Und es war auch das Jahrhundert der Spielebücher, die nach dem in dieser Beziehung relativ ereignislosen 17. Jahrhundert nun eifrig gedruckt wurden, um einem offensichtlich stark wachsenden Bedürfnis nachzukommen. In diesem Zeitalter verbreitete sich auch eine neue Institution, das Kaffeehaus, der bürgerliche Widerpart des adeligen Salons, das diesen allmählich ablöste. Zeitgenössischen Besuchern fiel auf, wie stark Spiel und Vergnügungen die Residenz prägten: „Die Wiener lieben das Wohlleben und das Spiel; und sie beschäftigen sich damit so stark, dass die Leute, welche zu Wien

zu thun haben, sie fast stets bey diesen bey-
den großen Gegenständen antreffen." (Pilati
di Tassullo 1778, 14)

Unter Maria Theresias Augen

Der Adel und auch die Kaiserin Maria Theresia
selbst frönten dem Glücksspiel in außer-
gewöhnlichem Maße, obwohl sie es für die
übrige Bevölkerung drastisch einzuschränken
versuchten. Die Kaiserin erfreute sich auch
an Vergnügungen, wie dem damals populären
Magnetismus und an Automaten. Der Franzose Jacques de Vaucanson hatte zum Beispiel 1738 eine Ente geschaffen, die schnat-
terte, Kopf und Flügel bewegte und Körner
aufpickte. Nach einer Vorstellung des Franzosen Pelletier, der Kunststücke mithilfe des
Magnetismus vorführte, „äußerte die Mon-
archin ihr Wohlgefallen, mit dem Beisatz,
dass die schönsten Erfindungen Ausländer zu

Wolfgang von Kempelen
(1734–1804), ca. 1790

Urhebern hätten." Das wollte der anwesende, technisch begabte junge
Baron Wolfgang von Kempelen (1734–1804) nicht auf sich sitzen lassen und kündigte der Kaiserin an, dass er sich eine Maschine zu bauen
getraue, die alles, was die Kaiserin eben gesehen habe, bei weitem
übertreffen würde. Er zog sich für ein halbes Jahr in seine Heimatstadt
Pressburg zurück, wo er als Konzipist der ungarischen Hofkammer in
die Dienste der Kaiserin getreten war.

Kempelens Schachautomat

Im Sommer 1769 präsentierte er zum ersten Mal dem staunenden
Publikum am Wiener Hof seinen „Schachautomaten". Bereits am
24. August 1769 berichtete eine Brünner Zeitung von diesem Ereignis: „Ein ungarischer Hofcammerrath, Namens von Kempelen, hat

kürzlich ein künstliches Uhrwerk erfunden, dessen sinnreicher Bau
oder Zusammensetzung nicht nur das Ansehen der neubegierigen
Liebhaber verdienet, sondern auch ihre Einbildungskraft bey Unter-
suchung der darinn verborgen liegenden Kunst ungemein beschäf-
tiget. Er hat eine Maschine, so einen Türken in Lebensgröße repra-
esentiret, stehend bey Hofe dargestellet. Dieser Türke antwortet auf
verschiedene an ihn gerichtete Fragen, löset die schweresten arith-
metischen Problemata auf, indem er die ihm vorgelegten Buchstaben und Ziffers aussuchet und zusammensetzet, und was das
wundernswürdigste ist, spielet er mit jedem Zuschauer Schach. Die
türkische Figur bewegt sich mit Kopf und Händen, zieht, und macht
alles Nothwendige beym Spiel selbst, wie ein anderer Spieler. Man
hat dabey bemerket, daß, wann jemand falsch spielet, oder seine
Desseins ändern will, es die Maschine sogleich wahrnimmt, und seinen Gegner durch Zeichen corrigiret. Es haben die höchsten jungen Herrschaften beynahe alle, wie auch andere hohe Nobleße mit
dieser Maschine gespielet. Der Kaiserin Maj. haben dem Herrn von
Kempelen eine goldene Dose mit 1000 Ducaten zur Belohnung gegeben, und es wird dieses Kunststück, wenn selbiges genau beschrieben
und gedruckt ist, in das kais. Kunst-Cabinet gebracht werden."

Die Maschine bestand aus einer lebensgroßen Figur in türkischer
Tracht, die mit gekreuzten Beinen vor einem großen Kasten saß. Dieser rechteckige Kasten war einen Meter lang, 60 cm tief und ca. 85 cm
hoch. In der Mitte stand das Schachbrett mit Figuren, der rechte Arm
der Figur lag seitwärts auf einem Kissen, die linke hielt eine lange
Tabakpfeife, die vor dem Spiel weggenommen wurde, denn der Automat führte die Züge mit der linken Hand aus. Die vordere Seite des
Kastens hatte drei Türen, die vor der Vorstellung geöffnet wurden
und den Blick auf einen komplizierten Mechanismus von Rädern,
Hebeln, Walzen und Schnüren freigaben. Um zu beweisen, dass kein
Mensch in der Maschine saß, wurde auch noch die Hintertür des Kastens geöffnet, sogar die türkische Puppe selbst ließ sich öffnen. Dies
alles wurde den Zuschauern gezeigt. Die Vorstellung lief dann folgen-

Film „Der Schachspieler", 1927

dermaßen ab: „Dann trat er (Kempelen, Anmerkung der Autoren) wieder zur Maschine und zog sie vermittels eines Schlüssels mit großem Geräusch auf. Dieser Vorgang wurde nach etwa zehn bis zwölf Zügen wiederholt. Links und rechts vom Schachbrett waren noch zwei Leuchter mit je drei Kerzen aufgestellt worden. Wenn einer der Zuschauer sich bereit erklärt hatte, mit dem Türken zu spielen, konnte die Partie beginnen. Der Türke hatte meistens Weiß und eröffnete die Partie. Vor jedem seiner Züge bewegte er den Kopf hin und her, als wolle er das Brett besser überschauen. Falsche Züge des Gegners verbesserte er, indem er den Kopf schüttelte, den gezogenen Stein auf seine frühere Stellung setzte und dann selbst einen Zug tat. Wenn er Schach bot, nickte er vorher dreimal mit dem Kopf. Auf diese Weise lief die Partie als perfektes Schauspiel ab, das vom Publikum mit allergrößter Aufmerksamkeit verfolgt wurde." (Faber 1983, 69)

Und der Automat konnte noch mehr: Er vollführte die Springercharade (dieses Kunststück besteht darin, auf alle Felder des Schachbretts mit einem Springer zu ziehen, ohne auf einem Feld zwei Mal zu landen oder eines auszulassen) und beantwortete Fragen durch Bezeichnung einzelner Buchstaben auf einer Tafel. Der Wiener Hof war schockiert und begeistert zugleich: Eine Maschine konnte die freie geistige Tätigkeit des Menschen simulieren und hatte das schwierigste aller Spiele erlernt, die Mechanik hatte Besitz von der Ratio ergriffen! Der Türke wurde zum Tagesgespräch und war eine der großen technischen Sensationen des 18. Jahrhunderts. Man hatte sich überzeugt, dass niemand in der Maschine saß, und so schienen für einen kurzen historischen Moment die philosophischen Träume von der Menschmaschine eingelöst. Die ersten Nachrichten ins Ausland sind dementsprechend euphorisch: So berichtet Louis Dutens in einem Brief an den „Mercure de France" 1770 von diesem „für die Wissenschaft so ruhmreichen Ereignis". Kempelen wurde als Genie der Mechanik, als neuer Prometheus gefeiert. Doch wurden auch immer mehr Stimmen laut, die eine Aufklärung des Geheimnisses verlangten. Die Gefahr, dass der Schwindel aufflog, wurde immer größer und Kempelen, der seinen Ruf als Ingenieur zu verlieren hatte, zog schließlich den Automaten zurück, mit der Ausrede, er sei irreparabel beschädigt. In den nächsten Jahren avancierte er zum Hofrat, wurde Verwalter der kaiserlichen Salinen und des Salzmonopols in Ungarn-Siebenbürgen und beschäftigte sich mit anderen technischen Experimenten (zum Beispiel mit dem Bau einer Sprechmaschine).

Der Schachautomat erobert Europa

1781 begann die „zweite Karriere" des Türken. Der russische Großfürst Paul, Sohn Katharinas der Großen, und seine Frau Maria Fedorowna waren nach Wien gekommen. Um die hohen Gäste zu unterhalten, erinnerte man sich wieder an den „Schachtürken", der instand gesetzt und für eine Vorstellung verwendet wurde. Der Großfürst war begeistert und riet Kempelen, den Automaten auch in anderen Ländern zu zeigen. Ein Vorschlag, der für Kempelen genau zur rechten Zeit kam, denn seine zahlreichen anderen Experimente hatten ihn an den Rand des finanziellen Ruins geführt. Joseph II., der nun nach dem Tod seiner Mutter regierte, unterstützte diese Anregung und entband Kempelen für zwei Jahre von seinen dienstlichen Verpflichtungen, damit er den Automaten auch außerhalb Wiens bekannt machen könne. So besuchte Kempelen zwischen 1783 und 1785 mehrere deutsche Städte, Paris und London. Der Automat wurde in kürzester Zeit weltberühmt und die Schriften, die nach einer Erklärung des mechanischen Wunders suchten, immer zahlreicher. Zunächst glaubte man an das Einwirken übernatürlicher Kräfte, wie zum Beispiel der Regensburger Gymnasiallehrer Johann Philipp Ostertag 1783. Karl Gottlieb von Windisch, ein Freund Kempelens, veröffentlichte 1783 ein Buch in vier Sprachen, ohne das Rätsel zu klären – vielmehr, um die Atmosphäre noch mehr anzuheizen und Werbung zu betreiben. In Paris strömten zahlreiche Schaulustige zur Vorstellung Kempelens. Hier trat der Automat gegen den berühmten Philidor an und verlor eine seiner wenigen Partien. Anlässlich der Vorstellung in Leipzig 1784 beobachteten die Mathematiker Johann Jacob Hindenburg und Carl Friedrich Ebert die Maschine. Sie schlossen Übernatürliches bereits aus und glaubten, dass die Maschine größtenteils mechanisch eingespeicherte Partien abspiele. Noch wurde der Türke für einen echten Automaten gehalten. Einzig Friedrich der Große, ebenfalls ein leidenschaftlicher Schachspieler, soll das Geheimnis des Automaten um eine große Summe Geldes erkauft haben. Kempelen wurde nach seiner triumphalen Tournee wieder befördert.

Auf den Spuren des Geheimnisses

Inzwischen waren einige deutsche Wissenschaftler der Lösung sehr nahe gekommen. So der misstrauische Joseph Friedrich Freiherr zu Racknitz, der den Türken nachgebaut hatte, um die Welt von der Mystifikation einer denkenden Maschine zu befreien. Racknitz entdeckte, dass ein Mensch, der sich im Kasten verborgen hielt, sehr wohl das Geschehen am Brett verfolgen könnte, wenn die Schachfiguren mit Magnetkernen versehen wären, wodurch bei Betreten eines bestimmten Feldes unmittelbar darunter angebrachte Metallnadeln gehoben würden. Die Lenkung der Puppe von innen könne durch die neue Technik der „Storchschnabelmechanik" erfol-

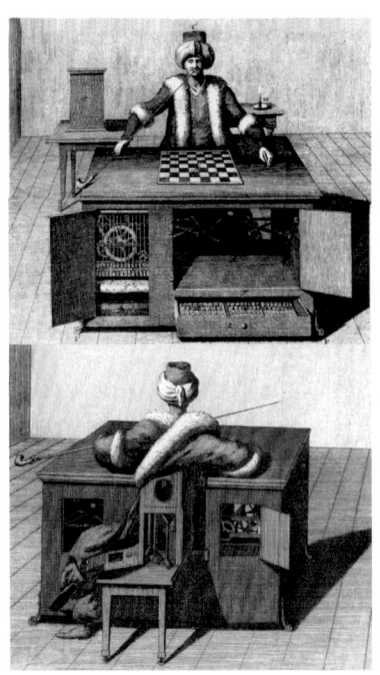

Illustration von Joseph Friedrich Freiherr zu Racknitz zum Geheimnis des Automaten, 1789

gen – die Bewegung am inneren (kleinen) Schachbrett würde mittels Seilzugs auf den linken Arm des Türken und damit auf das große Schachbrett übertragen. Doch vorerst blieben diese Ansichten ohne Widerhall. Als Kempelen 1804 starb, war das Rätsel nach wie vor ungelöst. Der Türke wurde verpackt und in einem Lagerraum des Schlosses Schönbrunn gelagert.

Begegnung mit Napoleon Bonaparte

1806 verkaufte Carl von Kempelen, der Sohn Wolfgang von Kempelens, den Türken an den berühmten Mechaniker Johann Nepomuk Maelzel, bekannt vor allem durch das in der Hauptsache auf ihn zurückgehende Metronom, ein im Prinzip bis heute unverändertes Gerät zur Taktmessung in der Musik. Maelzel hatte einen selbstgebauten Trompeter, eine mechanische Seiltänzerin und ein mechanisches Orchester konstruiert, für das sogar Beethoven eine Ouvertüre komponierte. Zusammen mit dem Schachautomaten ging er quer durch Deutschland bis nach Amsterdam auf Tournee. 1809 traf der Schachautomat auf seinen wohl berühmtesten Gegner: Napoleon Bonaparte. Die ausführlichste Schilderung von Napoleons Zusammentreffen mit dem Schachautomaten verdanken wir seinem Kammerdiener, Louis Wairy Constant: „M. Maelzel hatte auch einen Automaten hergestellt, der in ganz Europa unter dem Namen ‚der Schachspieler' bekannt war. Er hatte ihn nach Schönbrunn gebracht, um ihn Seiner Majestät zu zeigen und hatte ihn in das Gemach des Prinzen von Neuchâtel geschafft. Der Kaiser begab sich zum Prinzen; ich folgte ihm mit einigen anderen. Der Automat wurde vor einen Tisch gestellt, auf dem das Schachspiel stand. Seine Majestät nahm einen Stuhl und setzte sich dem Automaten gegenüber und sagte lachend: ‚Allons mon camarade, lass uns eine Partie spielen!‘ Der Automat nickte und machte dem Kaiser ein Handzeichen, als ob er ihm anzufangen bedeuten wolle. Nach der Eröffnung der Partie machte der Kaiser zwei oder drei Züge und setzte vorsätzlich einen Bauer falsch. Der Automat nickt, nimmt den Bauer wieder auf und setzt ihn an seinen Platz zurück. Seine Majestät mogelt ein zweites Mal; der Automat nickt wieder, aber er konfisziert den Bauern. ‚Das ist recht‘, sagt seine Majestät und, zum dritten Mal, setzt er bewusst falsch. Nun schüttelt der Automat den Kopf und, indem er mit der Hand über das Schachbrett fährt, wirft er alle Schachfiguren um. Der Kaiser machte dem Erfinder große Komplimente ob seiner außergewöhnlichen Mechanik.“ (Constant 1896, Band 3, 174–175)

Es steht also fest, dass Napoleon den Automaten „getestet“ hat, ob er jedoch eine ganze Partie gespielt hat, ist zweifelhaft, ebenso, ob tatsächlich Johann Baptist Allgaier, einer der besten Spieler seiner Zeit, in der Maschine saß. Die Partie „Automat gegen Napoleon“ tauchte zuerst in der Schachkolumne der „Illustrated London News“ vom 30. November 1844 auf. Es wird keine Quelle genannt. *The Chess Players Chronicle* druckte 36 Jahre später die Partie ab und vermutet, dass sie Maelzel selbst aufgezeichnet habe und dass im Gegensatz zu den anderen überlieferten Partien Napoleons diese keine Fälschung sein könne, weil beide so schlecht spielen. Dies ist das einzige Argument, das für die Echtheit der Partie spricht.

Der Schachautomat (Allgaier?) – Napoleon

Wien, Schloss Schönbrunn 1809

1…e5 Der Schachautomat spielte stets mit Weiß. Da Napoleon auf dem ersten Zug bestand, musste er mit Schwarz beginnen. **2.e4 Df6** Dient zur Vorbereitung der folgenden durchsichtigen Falle. **3.Sc3 Lc5** Wird der „Türke“ auf das Matt hereinfallen? **4.Sf3** Natürlich nicht. **4…Se7 5.Lc4 a6** Sichert den Läufer vor eventuellem Sa4, viel stärker war jedoch die schnelle Entwicklung mit 5...d6. **6.d3 0-0 7.Lg5 Dd6 8.Sh4** Bläst bereits zum Angriff. **8...h6?** Eine unnötige Schwächung. Nach 8...Sbc6 war noch nichts verdorben. **9.Lxe7 Dxe7 10.Sf5 De8?** Ein schrecklicher Rückzug, der die Partie wegwirft. Der Korse sollte mit dem aktiven 10...Dg5 11.Df3 Lb4 Entlastung suchen. **11.Sd5** Noch stärker war 11.Dg4! g5 12.Sxh6+ Kh8 13.Dh5 mit Matt in wenigen Zügen. **11...Lb6** (Diagramm 1)

Diagramm 1

12.Sxh6+! Plötzlich ist alles ganz klar. **12...Kh7** Oder 12...gxh6 13.Sf6+ mit billigem Damengewinn. **13.Dh5** Droht Matt durch Sf5+ nebst Sde7 usw. **13...g6** Zu 13...gxh6 siehe Anmerkung zum vorigen Zug. **14.Sf6+ Kg7** Auch 14...Kh8 führte zur Katastrophe: 15.Dh4 Kg7 16.Sf5+! gxf5 17.Dg5+ Kh8 16.Dh6 matt. **15.Sxe8+?!** Nervosität angesichts des prominenten Gegners oder einfach zu materialistisch gedacht? Schade, denn das würdige Ende wäre 15.Sf5+! Kxf6 (15...gxf5 16.Dg5+ Kh8 17.Dh6 matt) 16.Dh4+ g5 17.Dh6 matt gewesen. **15...Txe8 16.Dg5?!** Wieder ergibt 16.Sf6+! analog dem vorigen Zug ein schnelleres Finale. **16...d6 17.Lxf7 Th8 18.Dxg6+ Kf8 19.Ld5 Ke7** (Diagramm 2)

Diagramm 2

Hier soll der Automat ein Matt in vier Zügen angekündigt haben, das aber nur mit Hilfe von Schwarz zu realisieren ist. **20.Df7+ Kd8 21.Df6+ Kd7** 21...Ke8 hätte das Ende noch um einige Züge hinausgezögert. **22.De6+ Kd8 23.Sf7 matt.**

Auf in die Neue Welt

Nach dieser Begegnung stieg der Wert des Automaten ins Unermessliche. Eugene de Beauharnais kaufte ihn um den unglaublich hohen Preis von 30.000 Gulden (umgerechnet ca. 650.000 €) und brachte ihn nach Mailand in seine Residenz. 1817 kaufte Maelzel den Türken zurück und ging mit seinem Automaten wieder auf Tournee nach

Paris und weiter nach England. Wieder spielte der Automat großartig, denn Maelzel konnte den stärksten Spieler Englands und berühmten Schachautor William Lewis verpflichten. 1821 veröffentlichte der Engländer Robert Willis eine Schrift, in der er zum ersten Mal das Versteck des Spielers im Automaten plausibel erklären konnte. Der Aufsatz wurde populär, und als Maelzel kurz vor der Enttarnung stand, schiffte er sich mit dem Automaten nach Amerika ein.

In New York, der ersten Station in der Neuen Welt, waren die Vorstellungen glänzend: Der Automat konnte nun auch das Kartenspiel Whist spielen und mithilfe einer Sprechvorrichtung „Schach" sagen. Die Maschine bediente nun der Elsässer Meister Wilhelm Schlumberger. Der Türke kam durch ganz Amerika: Boston, Philadelphia und Baltimore. Der Wert des Automaten im Showbusiness wurde nun auch von anderen erkannt und nach wenigen Monaten bekam der Türke Konkurrenz. Die Brüder Walker kopierten das Original und machten nun selbst mit dem „American Automaton Chessplayer" Geschäfte.

In Baltimore ereignete sich dann die Katastrophe, die schon Kempelen befürchtet hatte: Zwei Halbwüchsige beobachteten, wie Schlumberger nach einer Vorstellung aus dem Automaten stieg, wodurch das Geheimnis des Automaten gelüftet war. Rasch erfolgte die Abreise nach Pittsburg. 1834 besuchte Edgar Allan Poe in Richmond mehrmals Vorstellungen. In seinem Aufsatz „Maelzel's Chess Player" kam der der Lösung zwar schon nahe – der Automat war nun aber über den Rang einer Alltagssensation hinaus ein Stück Weltliteratur. Maelzel zog weiter nach New Orleans, wo eine weitere Hiobsbotschaft eintraf: Jacques François Mouret, einer der früheren Direktoren des Automaten, hatte sein Geheimnis an eine Pariser Zeitschrift, das „Magazin Pittoresque" verkauft. Der Zauber des Türken war verflogen, aus dem geheimnisvollen Automaten war eine bessere Jahrmarktsattraktion geworden. Die Maelzel'sche Truppe ging noch nach Havanna (Kuba), doch im Frühling 1838 erkrankte Schlumberger an Malaria und starb bald darauf. Maelzel brach den

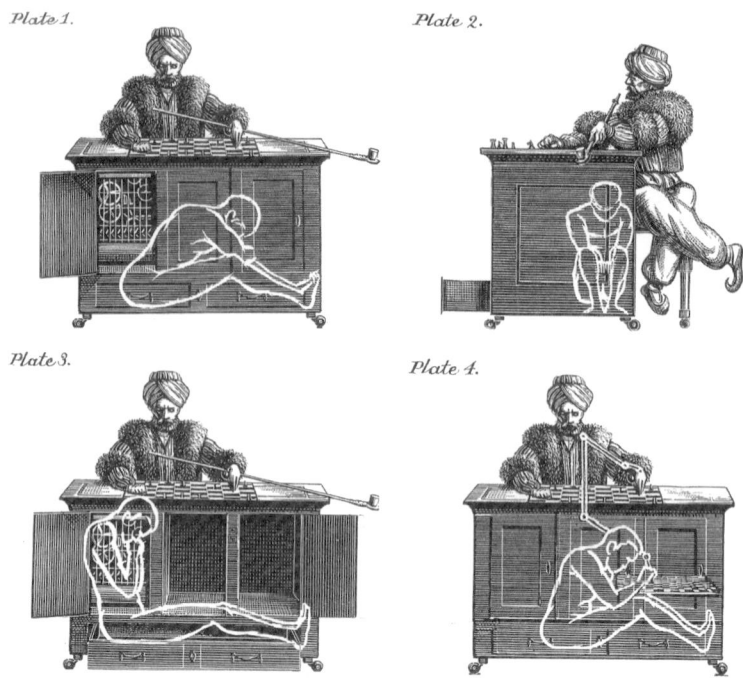

Auf vier Zeichnungen wird das Geheimnis des Schachautomaten festgehalten

Aufenthalt ab, aber auch er sah weder Amerika noch Europa wieder. Auf der Überfahrt von Havanna nach Philadelphia wurde Maelzel inmitten leerer Weinflaschen tot in seiner Kabine gefunden und sein Leichnam der See übergeben. Damit war dem Schachautomaten sein planender „Geist" genommen – was blieb, war eine funktionslose Maschine.

Aus seinem Nachlass ersteigerte John Ohl den Türken und verkaufte ihn an den Physiker John K. Mitchell weiter, der ihn schließlich 1840 dem chinesischen Museum in Philadelphia schenkte. Am 5. Juli 1854 brach im Nationaltheater in Philadelphia ein Brand aus, der auf das benachbarte Museum übergriff. Der Türke, mittlerweile in Kisten verpackt, konnte nicht mehr gerettet werden und verbrannte.

Das Erbe des Schachtürken

Die Schachmaschine fand zahlreiche Nachfolger, zum Teil mit klingenden Namen, wie „Ajeeb, das Wunder des Orients" (1868), die bis ins 20. Jahrhundert zum Einsatz kamen. Ebenfalls oft wurde das Motiv des Schachautomaten in Theaterstücken und Romanen und Filmen verwendet, so zum Beispiel in Heinrich Becks „Schachmaschine" 1797, einem Intrigenlustspiel, in dem der Automat als Versteck dient oder E. T. A. Hoffmanns „Die Automate" 1814. Der Franzose Henry Dupuy-Mazuel veröffentlichte 1926 den Roman „Der Schachspieler", der im selben Jahr verfilmt wurde. Der prominente Regisseur Luis Bunuel drehte 1965 „Maelzels Schachspieler", einen Film, der sich an Edgar Allan Poes Erzählung orientiert, das Thema aber dann selbständig zu einer tragisch endenden Geschichte weiterspinnt.

Erst 1910 gelang die Konstruktion eines echten Schachautomaten: Der spanische Ingenieur und Mathematiker Leonardo Torres y Quevedo (1852–1936) baute unter großem Aufwand eine Schachmaschine, die das Endspiel Turm und König gegen König perfekt in der kürzestmöglichen Zugfolge spielen konnte. Die Leistung war bescheiden, aber immerhin war der Mensch nun tatsächlich aus der Maschine verschwunden.

Filmprogramm „Der Schachspieler", 1927

Literatur

Extra-Blat zu dem Brünner Intelligenz-Zetl Nr. 34, 24. 8. 1769

Faber, Marion (Hrsg.): Der Schachautomat des Baron von Kempelen. Reprint der Ausgabe Joseph F. zu Racknitz: Über den Schachspieler des Herrn von Kempelen. Dortmund, Harenberg Verlag 1983

Felderer, Brigitte/Strouhal, Ernst: Kempelen – Zwei Maschinen. Texte, Bilder und Modelle zur Sprechmaschine und zum schachspielenden Androiden Wolfgang von Kempelens. Wien, Sonderzahl 2004

Levitt, Gerald M.: The Turk, Chess Automaton. Jefferson, McFarland & Company 2000

Memoirs of Constant the Emperor Napoleon's head valet. Containing details on the private life of Napoleon, his family and his court. Translated by Percy Pinkerton. 4 Bände, London, H.S. Nichols 1896

Pilati di Tassullo, Carlo Antonio: Reisen in verschiedene Länder von Europa, in den Jahren 1774, 1775 und 1776; oder Briefe, die aus Deutschland, der Schweiz, Italien, Sicilien und Paris geschrieben worden. Leipzig, Böhme 1778

Poe, Edgar Allan: Maelzel's Chess Player. In: Poe, Edgar Allan: Essays and Reviews New York, Library of America 1984, 1253–1276

EIN KOMET AUS NEW ORLEANS

Harold Schonberg schrieb 1974 über Paul Morphy: „[Er war] ein geheimnisvoller genialer junger Mann, der aus dem Nichts auftauchte, ins Nichts entschwand; der Partien spielte, die zu den schönsten gehören, die die Welt je gesehen hat, und dessen Spielstärke doch nie jemand je wirklich auf die Probe stellte, weil seine Gegner ihm so hoffnungslos unterlegen waren, dass es zu keinem gleichwertigen Kampf kam."

Paul Morphys Genie, 1859

Unter den Größten des Spiels gilt er vielen als der Allergrößte. Und als Unglücklicher. Paul Charles Morphy wurde 1837 in New Orleans in eine wohlhabende Familie geboren. Sein Vater Alonzo, dessen Familie irischer Abstammung war, wird als fleißiger, sehr konservativer Rechtsanwalt beschrieben, die Mutter Thelcide, eine französische Kreolin, war eine hochbegabte Musikerin. Im Alter von vier Jahren begann sich Paul für Bücher und Bleistifte zu interessieren und lernte dann sehr schnell lesen und schreiben. Er war ein sehr stiller Knabe, der weder dem Sport noch dem Treiben seiner Klassenkameraden in den Schulpausen etwas abgewinnen konnte. Er blieb lieber im Klassenzimmer, um zu lesen. Von seinen Kameraden wurde er bald als Genie angesehen, da er in seinem Wissen viel weiter entwickelt war als es seinem Alter entsprach. In Paul Morphys Verhalten war aber auch eine gewisse Kälte und Distanziertheit zu spüren, die möglicherweise auch durch seine starke Kurzsichtigkeit verursacht war. Das Schachspiel wurde ihm nicht bewusst beigebracht, es flog ihm quasi zu. Denn er hatte in seiner Familie drei exzellente Schachspieler: seinen Großvater mütterlicherseits, Joseph le Carpentier, seinen Vater Alonzo, vor allem aber seinen Onkel Ernest Morphy, der zu den besten Spielern der Stadt gehörte. Als Paul zehn war, gewann er gegen sie alle regelmäßig. Ab 1850 hatte er keine ebenbürtigen Gegner mehr und begann Figuren vorzugeben und sich im Blindspiel zu üben.

Die Schule absolvierte Morphy mit Auszeichnung, ebenso das Studium der Rechtswissenschaften, das er im Alter von 20 Jahren abschloss. Da er noch minderjährig war, erhielt er keine Anwaltslizenz und vertrieb sich die Zeit mit Schach. 1857 reiste er nach New York, um am ersten amerikanischen Schachkongress teilzunehmen, den er auch mühelos gewann und dabei im Stichkampf den bekannten deutschen Meister Louis Paulsen überlegen schlug. Als der britische Champion Howard Staunton, der als einer der besten Spieler der Welt angesehen wurde, in der *Illustrated News* einen abfälligen Artikel über ihn, den neuen Wunderspieler, schrieb, brachte das Paul Morphy auf die Idee, sich mit den besten Meistern der Welt, die alle in Europa lebten, zu messen und zu beweisen, dass er der beste Spieler der Welt sei. Eine Entscheidung, die die Presse im folgenden Jahr als Weltsensation feierte.

Paul Morphy (1837–1884)
in jungen Jahren, signierter Stich

Eine Weltkarriere von sechs Monaten

Morphys internationale Schachkarriere dauerte kaum sechs Monate, als er im Juni 1858 nach England und Frankreich kam. Auf seiner Grand Tour schlug er hintereinander in Wettkämpfen alle englischen und französischen Meister, die sich ihm stellten, überlegen, darunter auch Johann Jacob Löwenthal und Daniel Harrwitz. Der kluge Engländer Howard Staunton wich in London einem Duell mit Morphy, dem bereits der Ruf des Unschlagbaren vorauseilte, wohlweislich aus.

Blieb nur noch der Deutsche Adolf Anderssen (1818–1879), der seit seinem Londoner Turniersieg 1851 als ungekrönter Weltmeister galt. Anderssen, von Beruf Mittelschulprofessor, hatte nur wenig Gelegenheit zu spielen und brannte darauf, dem jungen Amerikaner in einem Wettkampf gegenüberzutreten. Fast poetisch mutet die Charakterisierung der Haltung Anderssens an: „Anderssen, von ritterlichem Thateneifer erfüllt, mochte nicht die eigene Begier des fremden Eroberers erwarten, sondern entbrannt, sich mit dem, welchem der Bewunderungstrieb der Menge überall huldigte, zu messen, ging er bis Paris ihm entgegen und legte zum Opfer entschlossen seine alt gereifte Meisterschaft wie seine ruhmerstrittene Lorbeerkrone willig in die Waagschale." (Lange 1859)

Der Wettkampf wurde in Paris im Hotel Breteuil, in dem Morphy wohnte, ausgetragen und kann als der erste Kampf um die Weltmeisterschaft angesehen werden, da beide die stärksten Spieler ihrer Zeit waren. Morphy war anfangs krank, Anderssen durch eine längere Spielpause etwas außer Übung. Der auf sieben Gewinnpartien angesetzte Wettkampf dauerte nur knapp eine Woche. Morphy gewann überlegen mit 7 zu 2 bei zwei Unentschieden. In der neunten Partie

Der Wettkampf Morphy – Anderssen 1858

fügte er Anderssen eine besonders schmerzhafte und bittere Niederlage zu, indem er eine Verteidigung widerlegte, die Anderssen mit Vorliebe anwendete. Mit dieser Partie begrub er wohl Anderssens letzte Hoffnungen.

Morphy – Anderssen
Paris 1858, 9. Wettkampfpartie
1.e4 c5 2.Sf3 Sc6 3.d4 cxd4 4.Sxd4 e6 5.Sb5 Eine moderne Form der sizilianischen Verteidigung, die nach dem aus Ungarn stammenden Schachmeister Johann Jacob Löwenthal benannt ist. **5...d6 6.Lf4** Bobby Fischer war von diesem Zug Morphys überzeugt, während Anatoli Karpow das positionell einengende 6.c4 bevorzugt. **6...e5 7.Le3 f5?** „Auf diesen Zug, durch welchen Schwarz irrtümlich glaubte, sein Spiel freimachen zu können, stützte sich überhaupt die Wahl der Eröffnung in gegenwärtiger Partie. Besser wäre jetzt a7-a6, obgleich auch dabei Weiß das stärkere Spiel behalten wird." (Lange) Anderssen, der diese aggressive Verteidigung mit Vorliebe anwendete, glaubte durch diesen damals neuen Zug sein Spiel zu verbessern. Doch Morphy findet die stärkste Fortsetzung. Heute würde man sich den weißen Ambitionen mit 7...Sf6 8.Lg5 a6 entgegenstellen. **8.S1c3!** „Dieser Springerzug zerstört jenen Glauben, da nun 8...a6 an 9.Sd5 axb5 10.Lb6 etc. scheitern würde. Es bleibt Schwarz keine andere Wahl als f5-f4, worauf Weiß zu einem Entscheidungsmanöver in seinem glänzenden Stile Gelegenheit findet." (Lange) **8...f4** (Diagramm 1)

Diagramm 1

9.Sd5! Trotzdem! Paul Morphy opfert den Läufer und startet die Jagd auf den gegnerischen König. **9...fxe3 10.Sbc7+ Kf7 11.Df3+?** Setzt sofort nach, um den König zu erlegen, wodurch unerhörte Komplikationen entstehen. Heute würde man sich nüchtern mit dem Turmgewinn auf a8 zufrieden geben. **11...Sf6 12.Lc4 Sd4!** Der einzige Zug, der Schwarz wieder Hoffnung gibt. **13.Sxf6+ d5!** Wieder das Einzige. Nach 13...Kg6? 14.Dh5+ Kxf6 15.Se8+ Dxe8

16.Dxe8 Sxc2+ (16...d5 17.0-0 0-0!) 17.Kf1 e2+! (17...Sxa1 18.g4!) 18.Lxe2 Sxa1 19.g4! bleibt Weiß weiter im Angriff und 13...Ke7 14.Sfd5+ Kd7 15.Df7+ verliert ebenfalls. **14.Lxd5+ Kg6?** „Schwarz rechnet hiebei auf 15.Dh5+ nebst 16.Df7+ und glaubt dann sich mit seinem Könige durchzuschlagen. Der einfachere Zug 16.fxe3 entscheidet aber sofort." (Lange) Das einzige Versäumnis Anderssens in dieser Partie. Das listige 14...Ke7! führt nach 15.Dh5 gxf6 16.Df7+ Kd6 17.Sxa8 zu weiteren kaum einschätzbaren Verwicklungen. Nach 14...Dxd5? erreicht Weiß hingegen mit 15.Sfxd5+ Sxf3+ 16.gxf3 exf2+ 17.Kxf2 das bessere Endspiel. **15.Dh5+ Kxf6** (Diagramm 2)

16.fxe3! Ein kleiner, aber feiner Zug Morphys, der alle Träume Anderssens mit einem Mal beendet. Morphy öffnet entscheidend die f-Linie für den Th1. Hingegen wäre jetzt 16.Se8+? Dxe8 17.Dxe8 mit 17...Lb4+ beantwortet worden. **16...Sxc2+** Auch nach 16...Dxc7 17.Tf1+ Sf5 18.Txf5+! Lxf5 19.Dxf5+ Ke7 20.De6+ Kd8 21.0-0-0! Ld6 22.Lxb7 ist das Ende nicht mehr fern. **17.Ke2** Und schon 1-0, denn nach 17...Sxa1 18.Tf1+ Ke7 19.Dxe5+ Kd7 20.Le6+ Kc6 21.Tc1+ wird es Matt und auch 17...Dxc7 18.Taf1+ Ke7 19.Tf7+ ist nicht zu überleben.

Diagramm 2

Diese beeindruckende Vorstellung des 21-jährigen Amerikaners gegen den besten Spieler Europas dauerte nicht einmal eine halbe Stunde. Laut Morphys Sekretär Frederick Edge äußerte sich Anderssen voll des Lobes und der Bewunderung über Morphy: „Am Morgen vor seiner Abreise sagte er [Anderssen] im Interview: – ‚Ich betrachte Mr. Morphy als den besten Schachspieler, den es je gab. Er ist allen lebenden weit überlegen und würde ohne Zweifel auch Labourdonnais besiegt haben. In allen seinen Spielen gegen mich hat er stets nicht nur einen exakten Zug gespielt, sondern den exaktesten. Er macht niemals einen Fehler [Morphy, daneben stehend, lächelte bescheiden]; aber falls sein Gegner den kleinsten Fehler macht, ist er verloren.'"

Bei einer anderen Gelegenheit meinte Anderssen, dass dieser junge Mann wie von einem anderen Stern spiele und niemand Hoffnung haben könne ihn zu besiegen. Morphy äußerte sich leider nie, worin das Geheimnis seiner Überlegenheit bestand, welche neuen Theoreme er entdeckt hatte. Seine Technik war vollendet, seine Partien charakterisierte ein Zusammenspiel von positionell-statischen und dynamischen Faktoren, wie wir sie erst in der Neoromantik Ende des 20. Jahrhunderts wieder finden.

Triumphale Heimkehr

Nach seiner triumphalen Rückkehr nach New Orleans war Paul Morphy ein berühmter Mann, doch er wollte keine ernsthaften Partien mehr spielen. Vielmehr begann er das Spiel um Geld und die Berufsschachspieler zu hassen.

Über ein Jahrhundert lang haben Psychoanalytiker Morphys Biografie zergliedert, um eine Erklärung für sein Verhalten in den späteren Jahren seines Lebens zu finden. Zum Beispiel vermutete der bekannte Psychoanalytiker Ernest Jones 1931, die Ursachen für Morphys Neurose in Stauntons schroffer Ablehnung gefunden zu haben.

Feststeht, dass die Freundschaft mit Edge, der ihn auf seiner Europareise begleitete, bald zerbrach. In New Orleans wurde er in einen langwierigen Prozess mit dem Verwalter des Vermögens seines Vaters verstrickt. Immer Seltsameres wurde über ihn berichtet. Er schaffte es nicht, als Anwalt Fuß zu fassen, überall galt er als „Morphy der Schachspieler". Gearbeitet hat er nie. Von seinen puritanischen Zeitgenossen wurde er als Dandy beschrieben, als unerziehbar und unbelehrbar faul. Und bald war ihm auch das Schachspiel selbst verhasst. Er führte das Leben eines Müßiggängers, stand spät auf und achtete sehr auf korrekte Kleidung, mied aber die Öffentlichkeit und die „bessere Gesellschaft" immer mehr. Bald verdächtigte er seine besten Freunde, sie wollten ihn ermorden. Das Essen durfte ihm nur mehr seine Mutter zubereiten, weil er Angst hatte, vergiftet zu werden. Zeit-

genossen berichteten, dass er während
seiner Spaziergänge immer wieder den
Satz murmelte: „Il plantera la bannière
de Castille sur les murs de Madrid au
cri de Ville gagnée, et le petit Roi s'en
ira tout penaud." (Er wird das Banner
von Castille auf den Mauern von Madrid unter dem Geschrei der siegreichen
Stadt aufpflanzen und der kleine König
wird beschämt weggehen). Paul Morphy starb 1884 mit nur 47 Jahren an
einem Schlaganfall in der Badewanne,
nachdem er an einem sehr heißen Juli-
tag einen langen Spaziergang gemacht
und dann kalt gebadet hatte.

Paul Morphy in späteren Jahren

Er war „ein geheimnisvoller genialer junger Mann, der aus dem Nichts
auftauchte, ins Nichts entschwand; der Partien spielte, die zu den
schönsten gehören, die die Welt je gesehen hat, und dessen Spielstärke doch nie jemand je wirklich auf die Probe stellte, weil seine
Gegner ihm so hoffnungslos unterlegen waren, dass es zu keinem
gleichwertigen Kampf kam." (Schonberg 1974). Besser lässt sich der
Mythos Morphy wohl nicht in Worte fassen.

Wie dem auch sei: Wie sonst nur Akiba Rubinstein und Bobby
Fischer bediente Paul Morphy auch den Mythos des modernen
Künstlers, dessen Genie wir verehren, wenn es an der Grenze zum
Wahnsinn balanciert, und dessen Leben jener Kerze ähnelt, die von
zwei Seiten her brennt. Der traurige Held in Samuel Becketts frühe-
rem Roman „Murphy" spielt im Übrigen Schach.

Literatur

Edge, Frederick Milnes: Paul Morphy the Chess Champion: An Account of his Career in America and Europe with a History of Chess and Chess Clubs and Anecdotes of Famous Players by an Englishman. London, William Lay 1859

Lange, Max: Paul Morphy. Skizze aus der Schachwelt. Leipzig, Verlag von Veit & Comp. 1859

Lawson, David: Paul Morphy. The Pride and Sorrow of Chess. New York, David McKay Company 1976

Maróczy, Géza: Paul Morphy. Sammlung der von ihm gespielten Partien mit ausführlichen Erläuterungen. Berlin und Leipzig, Walter de Gruyter 2. Auflage 1925

Morphy-Voitier, Regina: Life of Paul Morphy in the Vieux Carré of New-Orleans and Abroad. New Orleans, Eigenverlag 1926

Schachzeitung der Berliner Schachgesellschaft 1859

Schonberg, Harold C.: Die Großmeister des Schach. Wer sie waren, wie sie spielten und das Königliche Spiel zu höchster Vollendung brachten. Bern-München-Wien, Scherz 1974

Sergeant, Philip W.: Morphy Gleanings. London, Printing-Craft Ltd. 1932

IN MR. LOYDS UNIVERSUM

Sam Loyd hat tausende Schachprobleme mit unglaublicher Phantasie und Scharfsinn komponiert. Doch zeigt schon sein Erstlingswerk mit knapp 14 Jahren sein kreatives Genie. Hier war er plötzlich, der Zauberer der Problemkunst, der neben vielen anderen genialen Einfällen mit „Die Sünde der Nonnen" eine neue Art des Schachproblems kreierte.

Puzzlekönig Samuel Loyd, 1861

Am Grabstein von Marcel Duchamp steht geschrieben: „Im übrigen: Es sterben immer nur die anderen." Das ist klar, aber wenn es wider Erwarten doch sein sollte, dass die Autoren dieses Buches das Zeitliche segnen – etwa durch einen etwas heftigeren Streit am Schachbrett –, dann wollen sie zusammen auf einer Wolke sitzen und eine kleine Ewigkeit mit Mr. Sam Loyd verbringen. Alles andere wird ja irgendwann langweilig.

The Greatest Show on Earth

Samuel Loyd (1841–1911) wurde in Philadelphia als Sohn eines, wie er beschreibt, „wohlhabenden, aber anständigen" Immobilienmaklers

Samuel Loyd (1841–1911), Zeichnung 1878

geboren. Eigentlich sollte er Bauingenieur werden, doch Loyd, ein versonnener und stiller Junge, entdeckte als einer der ersten die damals neue Welt der Reklame, das Advertising als Einnahmequelle für einen kreativen Kopf. Mit seinen für seine Zeit eigenartig anmutenden Hobbys wie Zaubern, Bauchreden, Scherenschnitt und Schach war er fast prädestiniert für eine Karriere als künstlerischer „Rätselschöpfer" – zumindest glaubte er das von sich selbst. Für den Zirkus P.T. Barnum – The Greatest Show on Earth – konzipierte er grafische Rätsel auf den Eintrittskarten, die in millionenfacher Auflage erschienen und über lange Zeit sein Auskommen sicherten. Sein Briefkopf las sich – in etwas altertümlicher, der Zeit entsprechender Form gehalten – wie folgt: „Sam Loyd, journalist and advertising expert. Original games, novelties, supplements, souvenirs, etc. for newspapers. Unique sketches, novelties, puzzles, etc. for advertising purposes."

Noch heute sind seine Geduldspiele weltbekannt, auch wenn der Name ihres Erfinders verschwand. Die „Schweine im Klee" schuf Loyd um 1875 aus Kartonresten, und jeder kennt sie in einer der tausend Varianten aus seiner Kindheit: eine runde Schachtel mit einem Labyrinth, in dem sich Kugeln befinden. Die Aufgabe besteht darin, die ganze Kugelherde im Mittelpunkt des Labyrinths zu versammeln. Loyds „Trickesel" wurden in mehreren Millionen Exemplaren aufgelegt, ebenso sein „Pferde-Rätsel". Einige Firmen vertrieben es als Werbegeschenk für Kinder, aber auch viele Erwachsene waren von diesem Spielzeug fasziniert. Das berühmteste Spiel Loyds ist zweifellos das „14-15 Puzzle". Noch heute hat es nichts an Reiz eingebüßt, jedes Handy bietet Apps, die dieses knifflige Rätsel an den Kunden bringen. Der 4x4-Raster kann 16 Nummernplättchen fassen, die von 1 bis 15 angeordnet sind, allerdings mit der 14 und 15 vertauscht. Die Aufgabe besteht darin, die Plättchen so lange zu verschieben, bis die 15 am richtigen Platz zu liegen kommt. Auch in der Spielewelt hat Sam Loyd seine Spuren hinterlassen. Von ihm stammt die moderne, weltweit verbreitete Version eines alten indischen Brettspiels, Parcheesi, für die Loyd exakt zehn Dollar bekam. Und selbst dieses Geld musste ihm von der Firma förmlich aufgedrängt werden, da Loyd die Arbeit an der Entwicklung dieses Spieleklassikers „kaum der Mühe wert" fand.

In seinen letzten zwanzig Lebensjahren publizierte der inzwischen zum Markennamen gewordene Sam Loyd überaus beliebte Rätselspalten für den Brooklyn Daily Eagle, und von 1904 bis zu seinem Tod im Jahr 1911 zeichnete er für eine monatliche Rätselecke im weit verbreiteten Woman's Home Companion verantwortlich. Der Sohn des „Rätselkönigs", Samuel Loyd Jr., führte nach dem Ableben seines Vaters diese Arbeit unter dem etablierten Namen weiter. 1914 schließlich gab er mit der „Cyclopedia of Puzzles" im Eigenverlag ein Mammutwerk heraus, das Martin Gardner als „die größte und aufregendste Rätselsammlung, die je zwischen zwei Buchdeckeln untergebracht wurde" bezeichnete.

Auf dem Thron der Problemkunst

Das Rätselgenre, das Samuel Loyds Kindheit wirklich prägte, war allerdings das Problemschach. Von seinen zwei älteren Brüdern eingeführt, übertraf der kleine Samuel diese bereits als 10-Jähriger. Er selbst sollte als reifer Mann dazu sagen: „Ich war schon vor meiner Teenagerzeit an Schachproblemen interessiert, und die Liebe für diese Kunst widerstand allen Wechselfällen des Lebens bis ins hohe Alter." Loyds Genie und seine überaus ausgeprägte Originalität hob ihn bereits als 16-Jähriger auf den Thron der amerikanischen Problemkunst. Zu diesem Zeitpunkt war er als Schachredakteur beim

Samuel Loyd (1841–1911), der
ungekrönte Puzzle King Amerikas

Chess Monthly beschäftigt, als jüngster aller führenden Mitarbeiter. Zeitweise lieferte Loyd eine wöchentliche Schachseite im Scientific American Supplement, unter den Pseudonymen W. King, A. Knight und W. K. Bishop. Virtuos spielte Sam Loyd mit allen nur erdenklichen Kniffen wie Halbzügen, En-passant-Matts, Bildaufgaben am Schachbrett oder Retroanalysen, und schließlich sollte er mit dem weiter unten vorgestellten Problem „The Sin of the Nuns" sogar ein neues Genre kreieren: das Hilfsmatt. Hier ist wieder einer dieser so markanten Schicksalsmomente der Schachgeschichte! Zweifellos profitierte dieser Puzzle-Besessene von einer Welle der Begeisterung für das Schach, die Paul Morphy mit seinem sensationellen Siegeszug in Europa ausgelöst hatte. Und doch legte Sam Loyd nach seinem zwanzigsten Lebensjahr alle Kraft in Puzzles aller Art; um seine Schachproduktion wurde es ab 1870 lange Zeit still, wenn man von seinem berühmten Werk Chess Strategy (1878) absieht, ein Buch, das er auf seiner eigenen Druckmaschine in New Jersey herstellte. Dieses Genie war letztlich auf vielen Gebieten aktiv: Loyd studierte Ingenieurswesen, besaß kurze Zeit ein Installationsfirma, eine Druckerei und ein Buchgeschäft. Doch alles wurde überschattet von seiner Liebe zum Puzzle – inklusive Schach: Dort war Loyd König!

Ein unglaubliches Erstlingswerk

Sam Loyd hat tausende Probleme komponiert, mit unglaublicher Phantasie und erstaunlichem Scharfsinn, doch schon sein Erstlingswerk im Alter von knapp 14 Jahren (!) war ein Einstand nach Maß.

Hier war er plötzlich, der Zauberer der Problemkunst. Drei Züge zum Matt, lautet die Forderung, doch welch geniale Tiefsinnigkeit steckt im Jungfernwerk dieses hochbegabten Teenagers.

Samuel Loyd, Saturday Chronicle 14.4.1855

Weiß zieht und setzt in drei Zügen matt

Schön wäre 1.Dh2? nebst 2.Kg3 matt, Schwarz hat jedoch die Verteidigung 1...Ta2! in petto, was das Ende beträchtlich hinauszögern würde. Einzig das „außerirdische" **1.Db8!!** führt zum Ziel. Schlägt Schwarz die Dame, folgt 2.Se5! und es droht undeckbar Matt auf g4 und f7. Versucht Schwarz **1...La2** mit der Idee, den oben skizzierten Plan mit Le6 oder mit Lg8, falls Weiß den Turm schlägt, zu verhindern, wird plötzlich die ursprüngliche Idee **2.Dh2!** wiederbelebt, da der schwarze Läufer jetzt seinen Turm auf a2 blockiert. So kann Schwarz beliebig ziehen, er wird im nächsten Zug mit **3.Kg3** unwiderruflich mattgesetzt.

Excelsior Nr.1

Kurios ist der Hintergrund zu diesem berühmten Problem, das nach dem Titel eines Gedichts von Henry Wadsworth Longfellow benannt ist. Beim so genannten „Excelsior" darf das „höher hinauf steigen" (das ist die frei übertragene Bedeutung des lateinischen Namens) quasi im Lehnstuhl genossen werden. Hier hat der hochtalentierte Teenager Samuel Loyd ein neues, überaus attraktives Thema ins Problemschach eingeführt, das in seiner Eleganz kaum je übertroffen wurde. 1858 zeigte Loyd diese Stellung einem seiner Problemkollegen, Denis Julien, verbunden mit einer kleinen Wette, da dieser großspurig behauptete, bei einem Problem immer sofort den Stein zu erkennen, der keinesfalls matt setzen könne. Daraufhin wurde er mit dieser „Minutenkomposition" (so die Legende) auf die Probe gestellt. Er sollte irren, was Mr. Loyd ein hübsches Sümmchen einbrachte.

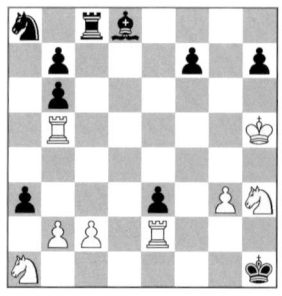

Sam Loyd, „Excelsior", London Era 1861 (erdacht: 1858)

Weiß zieht und setzt in 5 Zügen matt

Welcher Stein setzt sicher nicht matt? Der unscheinbare Bauer b2! Aber genau dieser macht alle Züge!
Gleich der erste Paukenschlag:

1.b4!! Warum nicht gleich 1.Tf5 und matt im
nächsten Zug auf f1? Klar, der schwarze Turm
schaltet sich mit einer Fesselung ein (1...Tc5) und
damit wird Matt in 5, wie oben gefordert, unmög-
lich. Trotzdem folgt zunächst **1...Tc5+**. Ein Schlagen 1...Txc2 wird
mit 2.Sxc2 beantwortet und anschließend exekutiert der Winkelzug
Tf5-f1 ganz ungestört. Der freche b-Bauer beseitigt das erste Hindernis: **2.bxc5** und stellt gleich eine direkte Mattdrohung auf, nämlich
3.Tb1 matt. Nur **2...a2** kann dagegen Schutz bieten. Doch das weiße
Bäuerlein marschiert weiter: **3.c6**. Ein Schlagen auf 3.cxb6 gibt dem
schwarzen Läufer Zeit, sich mit 3...Lc7 und in der Folge Lf4 oder
Lxg3 und Le1 lange genug dazwischen zu stellen, um die Mattforde-
rung in fünf Zügen zu unterbinden. Dennoch: **3...Lc7**. Wieder geht
der Bauer unbeirrt seinen Weg weiter: **4.cxb7**. Das Tragikomische
an der schwarzen Lage: Jeder beliebige Zug wird mit der krönenden
Umwandlung des Bauern durch **5.bxa8D** matt beantwortet. Eine
alte Zen-Weisheit besagt: *Das Hindernis ist der Weg.*

Die Sünde der Nonnen

Sam Loyd war auch der kongeniale Erfinder einer völlig neuen Pro-
blemart, des sogenannten Hilfsmatts, das er mit einer denkwürdi-
gen Aufgabe 1860 in der Zeitschrift *Chess Monthly* veröffentlichte.
Anders als in der direkten Mattaufgabe kommt es beim Hilfsmatt
auf uneingeschränkte Kooperation und Zusammenarbeit beider Seiten an, mit nur einem erklärten Ziel: „Matt dem schwarzen König".
Ungewöhnlich für den Uneingeweihten, scheint dieser kampf-
lose Kampf eine bizarre Facette mehr in den Gehirnen verschrobe-
ner Schachexzentriker. Doch bei näherer Betrachtung eröffnet das

„Schach für Pazifisten" (Friedrich Chlubna)
dem Löser neue, weite Welten, die in der
direkten Mattaufgabe kaum gefunden
werden könnten. Schwarz zieht an, vom
Todestrieb erfasst, auf der Suche nach dem
frühen Ende. Heute sind Hilfsmatts ein fester Bestandteil der Weltmeisterschaften im
Problemlösen.

„Ob Loyd der Erfinder der Hilfsmattauf-
gabe ist oder nicht, weiß ich nicht, ich kenne
jedoch kein älteres Beispiel." Mit diesen
Worten kommentiert Alain White in seiner
1926 erschienenen Monografie „Sam Loyd
und seine Schachaufgaben" das erste Diagramm aus dem Jahr 1860, das unter dem
Titel „The Sin of the Nuns" erschien und folgende Forderung enthielt: „Schwarz zieht,
und Weiß setzt (mit Hilfe von Schwarz) in
drei Zügen matt." Eingebettet wurde diese
„aufopfernde" Forderung, die, wie Ebert/Gruber in „Top Helpmates" schreiben, „allerletzte Mysterien der Menschheit" berührt, in
eine von Sam Loyd oder Willard Fiske stammende Geschichte von
zwei schachbegeisterten Nonnen. Hier die Kurzfassung: Im reichen
portugiesischen Kloster von Santa Isabella saßen sich wieder einmal
zwei Schwestern, Maria, die stärkere Spielerin, und Anna, ihre ewige
Rivalin, gegenüber. Unerwartet konnte Anna ihrer Gegnerin Bauer
um Bauer abluchsen. Bald erkannte Maria den Grund. Sie hatte sich
einer amourösen Neigung zu einem Jüngling überlassen, der sie seitdem mit geheimnisvollen Aufmerksamkeiten überhäufte, wie etwa
einem Korb voller süßer Äpfel. Der Genuss dieser in damaligen portugiesischen Klöstern verbotenen Frucht musste wohl Marias Gehirn
umwölkt haben. Was sollte sie tun? Die Parallele zu Eva, die im Alten
Testament Adam den verhängnisvollen Apfel reichte, stand für Maria

Brief von Samuel Loyd an L. Elkin,
Herausgeber der Schachkolumne
des Philadelphia Evening Bulletin,
10.11.1858

außer Frage. Und nun griff die ehrgeizige Nonne ihrerseits zu dieser biblischen List. Maria konnte trotz ihrer Gelübde dem Glanz der Frucht nicht widerstehen, aß vom Apfel, und führte dann in obiger Stellung ihren schwarzen König direkt ins dreizügige Verderben. Dies ist die Originalgeschichte. Doch was für eine unendliche Geschichte hat Loyd mit diesem „berühmtesten Cook aller Zeiten" (Ebert/Gruber in „Early Helpmates") – also dem berühmtesten nebenlösigen Problem – für die Problemgemeinde angerissen. Sehen Sie selbst!

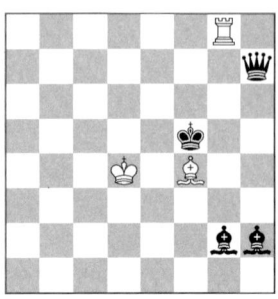

Sam Loyd, „The Sin of the Nuns"
Chess Monthly 1860/Chess Strategy 1878 (korrigiert)

Hilfsmatt in 4 Zügen

Zwei Wege führen in der Originalstellung nach Rom, allerdings ganz unfreiwillig. **1.Kf6 Ta8 2.Kg7 Lb8 3.Kh8 Le5** matt. Diese heute meist abgebildete Zugfolge ist klar und konsequent, und doch nur eine Nebenlösung, bei der noch dazu der Läufer auf g2 überflüssig ist. Es geht nämlich auch: **1.Lf3 Kc4/ Kc3 2.Ke4 Td8 3.Df5 Td4** matt. Und dafür wird der ominöse Läufer auf g2 unbedingt benötigt. Loyd erkannte seinen Fehler schon bald nach Erscheinen dieser Aufgabe und brachte bereits 1878 in *Chess Strategy* das persönlich korrigierte Diagramm ohne die

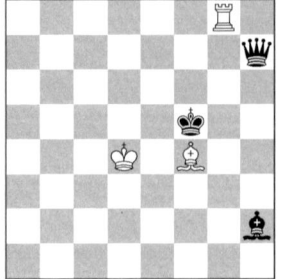

„Nonne" auf g2 heraus. Um allerdings eine perfekte Variante aufs Brett zu stellen, hätte Sam Loyd gleich selbst einen weiteren, ganz um die beiden „Nonnen" bereinigten Fünfsteiner komponieren können. In der Tat kam es schließlich 1932 zu dieser ökonomischen Korrektur durch Eduard Schildberg in der Problemzeitschrift *Die Schwalbe*, mit der Loydschen „Originalzugfolge". Eine lange Geburt dieses neuen Genres der Problemkunst – doch ein geistiges Kind, dass heute selbst bei Weltmeisterschaften im Problemlösen nicht wegzudenken ist. Samuel Loyd hat sich einmal mehr verewigt!.

Für die Ewigkeit

Was war nun das Geheimnis von Samuel Loyds Erfolg? Sid Pickard, der Herausgeber von Loyds Schachrätseln, sieht eine Erklärung in dessen genialer Fähigkeit, die Wahrheit in einem Labyrinth von Sackgassen zu verschleiern, wie auch in Loyds breitem Interesse an kreativen und reizvollen Denkprozessen aller Art und seinem Gespür für den Wunsch der Leser. Unvergessen sind etwa seine Komposition „Das Steinitz-Gambit" und die Erfindung des „Loyd-Turton-Manövers" (siehe Ehn/Kastner: Schachkompositionen. humboldt 2013). Loyds Erbe auf dem Gebiet der Rätselaufgabe wird wahrscheinlich für immer unübertroffen bleiben. Er selbst wurde zur Ikone der Kompositionskunst im Schach.

Samuel Loyd (links) mit Schwiegersohn, dem Problemkomponisten Darso James Densmore, um 1910

Literatur

Ebert, Hilmar/Gruber, Hans: Early Helpmates. Aachen, He-chess Nr. 4 2006

Loyd, Sam/Gardner, Martin: Mathematische Rätsel und Spiele. Köln, Dumont 1978

Loyd, Sam/Gardner, Martin: Noch mehr mathematische Rätsel und Spiele. Köln, Dumont 1979

Pickard, Sid (Hrsg.): The Puzzle King. Dallas, Pickard & Son 1996

White, Alain Campbell: Sam Loyd und seine Schachaufgaben. Leipzig, Hans Hedewig's Nachf. Curt Ronninger 1926

LEIDENSCHAFT AM RANDE DES KRIEGES

Die Franzosen rückten unter General Frossard vor, der Deutsch-Französische Krieg erreichte den Spielort Baden-Baden. Eine seltsame Atmosphäre für eine Entscheidungspartie. Und doch siegte die Leidenschaft über die Angst. Paulsen und Anderssen setzten sich ans Brett und die Bilder von Krieg und Internierung verblassten Zug um Zug ...

Baden-Baden 1870

Im Sommer 1870 fand im mondänen Baden-Baden unweit der deutsch-französischen Grenze ein doppelrundiges Turnier mit zehn Teilnehmern statt. Es sollte das bedeutendste Turnier des Jahrzehnts werden, nicht nur, weil die Preisgelder enorm hoch waren, sondern auch, weil die besten Spieler der Zeit, die Deutschen Anderssen, Paulsen und Neumann, die Engländer Blackburne, Steinitz und de Vere sowie der Franzose Rosenthal und der Pole Winawer gegeneinander spielen sollten. Neben dem Favoriten Wilhelm Steinitz sah man besonders dem Auftritt Adolf Anderssens (1818–1879), eines Mathematikprofessors aus Breslau, mit großem Interesse entgegen. Anderssen spielte aufgrund beruflicher Verpflichtungen nur selten,

Adolf Anderssen (1818–1879)

aber wenn er antrat, entstanden oft wagemutige Partien von höchster Energie und konzentrierter Schönheit. Manche tragen sogar Namen wie die „Unsterbliche Partie" (gespielt 1851 gegen Kieseritzky) oder die „Immergrüne" (gegen Dufresne 1852).

Baden-Baden galt als die „Sommerhauptstadt Europas". Spielsäle und Bäder zogen vor allem wohlhabende Franzosen und Russen dauerhaft an. Viele davon galten als wahre Schachaficionados. So Fürst Michail Stourdza, letzter Regent des Fürstentums Moldau, der bekannte russische Schriftsteller Iwan Turgenjew oder Baron Ignaz Kolisch, der „Schachbaron" aus Wien, die auch das Turnierkomitee bildeten.

Von Truppen umzingelt

Das Turnier stand unter keinem günstigen Stern. Der Konflikt zwischen dem Kaiserreich Frankreich und dem Norddeutschen Bund unter der Führung Preußens drohte unmittelbar auszubrechen. Auslöser war die französische Einmischung in die Frage der spanischen Thronfolge sowie die darüber berichtende Emser Depesche. Gerade als in Baden-Baden die zweite Runde des Turniers gespielt wurde, erklärte Frankreich unter Kaiser Napoléon III. am 19. Juli 1870 Preußen den Krieg. Entgegen Frankreichs Erwartung traten die vier süddeutschen Staaten Bayern, Hessen-Darmstadt, Baden und Württemberg aufgrund eines 1867 geschlossenen Schutz- und Trutzbündnisses auf die Seite des Norddeutschen Bundes, während das übrige Europa neutral blieb.

Was war in einer derart außergewöhnlichen Situation zu tun? Mehrfach dachte man daran, das Turnier abzubrechen, damit die Teilnehmer nicht in Gefahr kämen, auf der einen oder anderen Seite in Gefangenschaft zu geraten: „Man schwebte allgemein in einer peinlichen Ungewissheit. Sollte man das Turnier aufheben, verschieben? Hatte man, so nahe an der Grenze, das Einrücken feindlicher Truppen zu befürchten? Man entschloss sich endlich, den Dingen ihren Lauf zu lassen, begann das Turnier und spielte ruhig oder unruhig, je nachdem, weiter. Man wurde auch nicht gestört, obgleich die Badegäste fast sämtlich abreisten und die Lokalitäten des Bades teilweise geschlossen waren." (Minckwitz 1870, 258 f)

Wilhelm Steinitz (1836–1900)

Einer der Teilnehmer, der junge Ludwigshafener Adolf Stern, musste nach der vierten Runde abreisen, da er als Reservist in die bayerische Armee einberufen wurde. Seine Punkte fielen an die Gegner. Das Zusammentreffen von Militärs und ausländischen Schachmeistern verursachte Zwischenfälle, die alle noch glimpflich abliefen: „Herrn Steinitz' zu großzügiges Angebot, den Soldaten etwas zu spendieren, brachte ihn vorübergehend in Schwierigkeiten mit einer Patrouille, doch sein energischer Protest, unterstützt vom unübersehbar britischen Äußeren seiner Kameraden, Mr. de Vere und Mr. Blackburne, überzeugten den befehlshabenden Offizier schließlich davon, dass das Angebot ein plötzlicher Ausbruch guter Kameradschaft und nicht der Bestechungsversuch eines französischen Spions war." (Haas 2006, 37)

Auch Joseph Henry Blackburne erlebte einige unangenehme Stunden, als er an einem spielfreien Tag in einer Gaststätte verhaftet und erst am nächsten Morgen wieder freigelassen wurde. An nationalistischen Tönen mangelte es natürlich auch unter den Schachspielern nicht. Sogar der große Anderssen reagierte auf den Einwand, ob es nicht als Frevel betrachtet werden könne, mitten im Krieg und so nahe an der Grenze unbekümmert Schach zu spielen, unverhohlen nationalistisch: „Wir wollen doch mal sehen, wer uns was tut. Wir

Louis Paulsen (1833–1891)

spielen hier ruhig unser friedliches Spiel, unbekümmert um die nahen feindlichen Truppen, die von unseren braven deutschen Brüdern schon in Schach gehalten werden. Wir wissen uns sicher." (*Schachzeitung* 1870, 259)

Dazu vermerkte Minckwitz: „Dabei dürften wir aber nicht unberührt lassen, dass Anderssen aus Furcht vor den Turkus [algerische Truppen der Franzosen, Anm. der Autoren] jeden Augenblick bereit war, Reißaus zu nehmen, eine kleine Reisetasche mit dem Notwendigsten stets fertig gepackt hatte, indess er seinen großen Koffer den Händen der plündernden Feindeshorden als ‚bonne prise' zu überlassen gedachte." (Minckwitz 1870, 259)

Das Turnier verlief dementsprechend nervös und mit unerwarteten Ergebnissen: Neumann schlug Anderssen zwei Mal, Anderssen beide Male Steinitz und Steinitz wiederum beide Male Neumann. In der zweiten Turnierhälfte startete Steinitz eine Aufholjagd und lag vor der vorletzten Runde nur einen halben Punkt hinter Anderssen, der in Führung war. Da Steinitz und der Drittplazierte Blackburne zum Ende die leichteren Gegner hatten, musste Anderssen gewinnen. Sein Gegner hieß aber ausgerechnet Louis Paulsen (1833–1891), ein Meister der Defensive, der zu dieser Zeit am Höhepunkt seiner Kräfte war. So trafen in dieser 17. Runde der beste Angriffskünstler und der beste Verteidigungskünstler ihrer Zeit aufeinander.

Leidenschaft oder Angst

An diesem Mittwoch, dem 3. August, waren am Kriegsschauplatz seit Tagen größere und kleinere Scharmützel mit zahlreichen Toten im Gange. Am 2. und 3. August rückten die Franzosen unter General Frossard vor und besetzten Saarbrücken und St. Johann. Die preußischen Truppen mussten sich angesichts der Übermacht zurückziehen, ungefähr 200 Tote waren zu beklagen. Eine seltsame Atmosphäre für eine Entscheidungspartie, doch siegte die Leidenschaft über die Angst. Man kann sich vorstellen, wie Paulsen und Anderssen sich ans Brett setzten und die Bilder von Krieg und Internierung Zug um Zug verblassten angesichts einer viel wichtigeren Sache.

Anderssen – Paulsen

Baden-Baden 1870, 17. Runde

1.e4 e5 2.Sf3 Sc6 3.Lb5 a6 4.La4 Sf6 5.d3 Anderssen spielt jene Variante der Spanischen Partie, die später nach ihm benannt wurde und die derzeit bei der Weltelite wieder hoch im Kurs steht. **5...d6 6.Lxc6+ bxc6 7.h3 g6** Eine Verbesserung gegenüber der Londoner Partie, wo Paulsen 7...Le7 versucht hatte. **8.Sc3 Lg7 9.Le3 0-0 10.Dd2 Kh8** Ein gut vorbereitetes Manöver, das Schwarz gleiches Spiel bringt. **11.Lh6 Sg8 12.Lxg7+ Kxg7 13.g4** Fast notwendig, denn Schwarz schickte sich an, f7-f5 zu spielen. Nach 13.d4 exd4 14.Dxd4+ Df6 zumindest gleiche Chancen. **13...Df6** Provokant. Schwarz hofft auf g4-g5, um später mit f7-f6 die weiße Bauernkette zu sprengen. Klarer war 13...Tb8 oder 13...c5. **14.De3 Le6 15.Se2** Wenn 15.g5, so 15...De7 16.d4 exd4 17.Dxd4+ f6 und Schwarz befreit sich mit c6-c5 und fxg5. **15...c5 16.0-0-0** Die Rochade sieht gewagt aus, ist aber vielleicht nicht gefährlich, da schon eine Anzahl leichter Offiziere abgetauscht und das schwere Geschütz allein nicht geeignet ist, eine Entscheidung herbeizuführen. Beide Teile spielen jetzt scharf auf Angriff. (G) **16...a5 17.c4 Tfb8 18.Tdg1 Dd8 19.g5** Versucht Weiß 19.h4, kann er nach 19...h6 keine Linie am Königsflügel öffnen. **19...Dc8 20.Sc3 a4 21.Sd2 Se7 22.f3?!** Danach gerät Anderssen in Verlustgefahr. Schwarz nimmt natürlich nicht den Bh3, was Linien gegen seinen König öffnen würde. Besser war 22.h4 oder 22.f4, allerdings steht Schwarz schon besser. **22...Db7** Nicht 22...Lxh3?! 23.f4 Lg4 24.fxe5 mit weißem Angriff. **23.Sd1 Sc6 24.h4 Sd4** Mit der Drohung 25...a3 26.b3 Sxb3+! 27.Sxb3 Dxb3! 28.axb3 a2.

Allerdings war 24...Ta6!? 25.Sb1 a3 26.Tg2 axb2+ sehr zu überlegen. **25.a3 Da7** Wieder war 25...Ta6 die bessere Alternative. **26.h5 Da5 27.Th2 Kf8** Beide Parteien haben bis jetzt ihren gegenseitigen Angriff ungestört fortgesetzt, doch wird dem Schwarzen vor der drohenden Verdoppelung der feindlichen Thürme nun etwas bänglich zu Muthe und wohlweislich sucht er seinen König im eigenen Lager in Sicherheit zu bringen, während er von Zeit zu Zeit einen weiteren Angriffszug macht. (M) **28.hxg6 hxg6** Nicht 28...fxg6? wegen 29.f4. **29.f4 exf4 30.Dxf4 Ke7!** Der König wandert nun Richtung Damenflügel, wo er Sicherheit findet. **31.Sf3 Kd7 32.Kb1** Weiß sollte mit 32.e5 weiter Unruhe stiften. **32...Tb3 33.Sxd4 cxd4 34.Kc2 De5** Schwarz will die Dame tauschen – Weiß hat aber keine Lust hierzu. Die schwarze Dame stand auf a5 viel besser. Es hätte 34...Tab8 geschehen sollen. (G) **35.Df2** Anderssen weicht dem remislichen Damentausch aus, weil er gewinnen muss. Allerdings konnte er im Fall einer Niederlage bis Platz vier zurückfallen. **35...Tab8** Die Stellungen sind ziemlich ausgeglichen; es erschcint für beide Teile sehr schwer ohne ein Risiko zu laufen, einen Vorteil zu erreichen. (M) **36.Th7 Kc6 37.Dd2?** Ein Übersehen, dass die Partie kosten sollte. 37.Th2 war angesagt. **37...Kd7?** Schwarz ist mit seinen Gedanken, wie er seinen Angriff fortsetzen soll, zu Ende; er wartet ab, was der Gegner noch erfindet. (G) Paulsen geht an seiner großen Chance vorbei! Nach 37...Lxc4!! 38.dxc4 Dxe4+ 39.Kc1 Txa3! ist Weiß ebenso verloren wie nach 38.Th3 Db5! 39.Tgg3 Txb2+! 40.Sxb2 Dxb2+ 41.Kd1 Da1+ 42.Ke2 Le6. **38.Tf1 Kc6 39.Tf6?** Noch einmal lächelt Paulsen das Glück. Weiß musste unbedingt 39.Tg1 spielen. **39...T8b7?** Schwarz weiß nicht, wie er den Angriff fortsetzen soll. (M) Zum zweiten Mal erkennt er die Gunst der Stunde nicht. Wieder war 39...Lxc4!! 40.Tfxf7 Lxd3+ 41.Kc1 Dc5+ entscheidend. **40.Df2** Weiß will um jeden Preis die Stellung komplizieren. **40...Tb8?** Der dritte Matchball ist vergeben! Jetzt entschied 40...Lg4 mit der Drohung Lxd1+ und die weiße Stellung fällt auseinander, z. B. 41.Tf3 Dxg5 42.Thxf7 Dh5. (Diagramm 1)

41.Txf7?! Welchen schweren Entschluss Anderssen dieses Qualitätsopfer gekostet haben muss, kann man sich erst vergegenwärtigen, wenn man weiß, dass es vom Ausgang dieser Partie abhing, ob Anderssen erster Preisträger werden würde oder nicht. *Die Schachzeitung* schreibt: „Dieses nicht ganz korrekte Opfer konnte den Verlust der Partie zur Folge haben. Hätte Anderssen die Partie verloren, so würde Steinitz den ersten Preis erhalten haben und

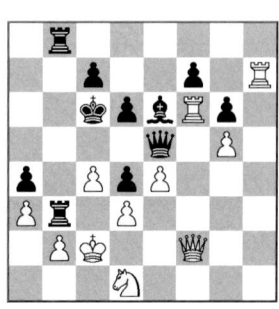

Diagramm 1

es hätte dann sogar kommen können, dass Anderssen gar keinen Preis aus dem Turnier heimgetragen hätte. Anderssen hätte sich auf das Opfer nicht einlassen sollen." Anderssen befolgte das Sprichwort: „Dem Mutigen gehört die Welt" oder „Wer wagt, gewinnt" – er riskierte das Opfer und es gereichte ihm zum Heil, „es riss ihn nach oben". (G, M) **41...Lxf7 42.Dxf7** Droht Matt. **42...T3b7 43.Dd7+ Kb6 44.Dxa4 Dxg5 45.b4 De5??** Der entscheidende Fehlzug! Auf das Feld e5 durfte die Dame auf keinen Fall. (M) Paulsen kommt seinem Gegner hierdurch fast zu liebenswürdig entgegen. Der Textzug dürfte der schlechteste Zug auf dem Brette sein. (G) Nach 45...Ta7 46.Dd7 Td8 47.Dg7 De5 48.Df7 Th8 wäre die Stellung ausgeglichen. **46.Sb2** Jetzt gibt es keine Verteidigung mehr gegen c4-c5+, was übrigens auch sofort gegangen wäre: 46.c5+! dxc5 47.Sb2 Ta7 48.Sc4+ Kb7 49.Db5+ Ka8 50.Dc6+ Tbb7 51.Sxe5 und Matt in Bälde. **46...Ta7** (Diagramm 2)

47.c5+! Dieser Zug ist jetzt tödlich. Die schwarze Dame steht auf e5 wie gerufen. (G) **47...Kb7** Oder 47...dxc5 48.Sc4+. **48.Db5+ Ka8 49.Dc6+ Tab7** Oder 49...Tbb7 50.Sc4 und Schwarz ist wehrlos. **50.Txc7** Aufgegeben, die Drohungen 51.Da6+ und 51.Da4+ sind nicht zu parieren. (Zeitgenössische Kommentare von G = Gottschall und M = Minckwitz)

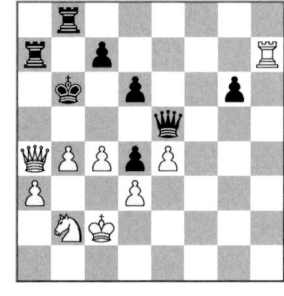

Diagramm 2

Endstand Baden-Baden 1870

Platz	Endstand:	1	2	3	4	5	6	7	8	9	10	Pkt.
1.	Anderssen		1 1	1 ½	0 0	1 1	1 ½	1 0	1 1	1 0	+ +	13,0
2.	Steinitz	0 0		0 ½	1 1	1 1	1 1	1 1	0 ½	1 ½	1 1	12,5
3.	Blackburne	0 ½	1 ½		½ 0	1 0	1 1	1 ½	1 1	½ ½	+ +	12,0
4.	Neumann	1 1	0 0	½ 1		0 1	0 1	1 1	1 1	0 ½	+ +	12,0
5.	Paulsen	0 0	0 0	0 1	1 0		1 0	1 ½	½ +	1 ½	+ +	9,5
6.-7.	de Vere	0 ½	0 0	0 0	1 0	0 1		0 1	0 1	+ +	+ +	8,5
6.-7.	Winawer	0 1	0 0	0 ½	0 0	0 ½	1 0		1 1	1 ½	+ +	8,5
8.-9.	Minckwitz	0 0	½ 1	0 0	0 0	½ –	1 0	0 0		+ +	1 1	7,0
8.-9.	Rosenthal	0 1	½ 0	½ ½	1 ½	0 ½	– –	0 ½	– –		+ +	7,0
10.	Stern	– –	0 0	– –	– –	– –	– –	– –	0 0	– –		0,0

Fluchtartiger Abgang

Nachdem das Turnier mit dieser Partie entschieden war, hatte die 18. und letzte Runde nur mehr formalen Charakter. Steinitz sicherte sich mit einem Sieg über de Vere den zweiten Platz. Neumann holte durch einen Sieg über Winawer Blackburne ein, beide verzichteten aber auf einen Stichkampf und teilten den dritten Preis. Alle anderen Partien wurden nicht mehr gespielt, die Spieler verließen bis auf Anderssen, Paulsen und Steinitz fluchtartig den Turnierort. Auch die Abschlussfeier entfiel, das so prunkvoll geplante Turnier ging chaotisch zu Ende. Rosenthal konnte nicht mehr nach Paris zurückkehren und musste mit Blackburne und de Vere den Umweg über London nehmen, wo er bis Februar 1871 blieb. Einzig die eisernen Junggesellen Anderssen und Paulsen hatte es nicht eilig nach Hause zu kommen. Sie blieben noch einige Tage in Baden-Baden und nutzten die Zeit bis zum allerletzten Moment für Schachpartien.

Während die Meister auf der Heimreise waren, entschied sich am 6. August 1870 in der Schlacht bei Wörth der Krieg zugunsten der Deutschen. Mehr als 20.000 Tote waren auf beiden Seiten zu beklagen. Innerhalb weniger Wochen wurden nun die französischen Armeen besiegt und Napoléon III. gefangen genommen. In Frankreich bildete sich die „Dritte Republik", die den Krieg weiterführte. Erst im Februar 1871, nach dem Fall von Paris, wurde Frieden geschlossen und der Krieg mit dem Friedensvertrag von Frankfurt am 10. Mai 1871 beendet.

Literatur

Gottschall, Hermann von: Adolf Anderssen der Altmeister deutscher Schachspielkunst. Sein Leben und Schaffen. Leipzig, Veit & Comp. 1912

Haas, Stefan: Das Schachturnier zu Baden-Baden 1870. Der unbekannte Schachmeister Adolf Stern. Ludwigshafen, Schachzentrale Rattmann 2006

Minckwitz, Hans: Der große internationale Schachkongress zu Baden-Baden. In: Schachzeitung 1870, 257–274

Pachman, Luděk: Entscheidungspartien. Die bedeutendsten Schachereignisse von Baden-Baden 1870 bis zur Weltmeisterschaft 1972 ausgewählt und kommentiert. Düsseldorf, Walter Rau Verlag 2. Auflage 1975

EIN UNSTERBLICHES UNENTSCHIEDEN

Als junger Mann spielte Philipp Meitner eine unsterbliche Remispartie, deren Zugfolgen und Möglichkeiten selbst heute noch kontrovers diskutiert werden. Die Hoffnungen, die diese Partie bei seinen Bewunderern weckte, konnte und wollte Meitner nie erfüllen.

Lise Meitner (1878–1968)

Philipp Meitners Remispartie, Wien 1872

Es ist im Wiener Fin de siècle ein höchst seltener Fall, dass die Tochter berühmter wurde als der Vater, in diesem Fall weltberühmt. Nach Lise Meitner (1878–1968), Tochter von Philipp Meitner, sind heute Straßen und Schulen benannt, und – was der Ehren mehr – ein Element im Periodensystem: Meitnerium (Mt, Ordnungszahl 109). Die weltbekannte Physikerin lieferte unter anderem im Januar 1939 die erste physikalisch-theoretische Erklärung der Kernspaltung. Sie selbst hatte allerdings eine äußerst kritische Haltung zur Nutzbarmachung der Kernenergie, ähnlich wie Otto Hahn oder Albert Einstein.

Freidenker am Schachbrett

Philipp Meitner (1839–1910), stammte aus einem kleinen Ort in der Nähe von Mährisch-Weißkirchen (heute Hranice na Moravě in Tschechien). Sein Vater, Moriz Meitner, genannt Reb Meitner, heiratete um 1835 Charlotte Löwy, geb. Kohn, eine junge Witwe mit zwei kleinen Söhnen, die eine Landwirtschaft besaß. 1858 kam Philipp Meitner nach Wien, um Jus zu studieren. Hier traf er den im selben Jahr ebenfalls zum Studium nach Wien gekommenen späteren Schachweltmeister Wilhelm Steinitz und wurde dessen Freund und erster Schachpartner. Für gewöhnlich spielten Steinitz und Meitner in den Cafés in der Nähe des Polytechnikums die Partie um ein „Sechserl" (20 Heller), wobei Meitner – zunächst – der bessere Spieler war.

Philipp Meitner (1839–1910) um 1870

Meitner war einer der ersten Studenten jüdischer Abstammung, die an der Wiener Universität studieren und promovieren durften. Nach Abschluss des Studiums wurde er erfolgreicher Hof- und Gerichtsadvokat, heiratete 1875 Hedwig Skrovan und eröffnete eine Kanzlei in der Kaiser-Franz-Joseph-Straße 27 (heute Heinestraße 27) im zweiten Wiener Bezirk, der eine Wohnung angeschlossen war. In den folgenden Jahren wurden hier acht Kinder geboren, das dritte war Lise.

Philipp Meitner war ein Freidenker, liberal, tolerant und aufgeschlossen für alle religiösen, philosophischen und politischen Zeitströmungen, mit denen er seine Kinder von früh an konfrontierte. Lise Meitner erinnerte sich noch im hohen Alter in einem Brief an Theodor Heuss vom 11. Juni 1957 an die stimulierende intellektuelle Atmosphäre des Elternhauses: „Mein bewusstes Erleben verdanke ich vor allem meinem politisch sehr interessierten Vater, der mir schon als junges Mädchen die große Bedeutung politischer Probleme klar zu machen versucht hat."

Meitner blieb auch nach seiner Studentenzeit und vor allem in späteren Jahren vielen großen Schachspielern wie Wilhelm Steinitz oder Carl Schlechter in Freundschaft verbunden. Der großbürgerliche Salon des Anwalts war einer der wichtigsten Treffpunkte der Schachspieler Wiens.

Eine Partie geht um die Welt

Eine seiner Partien aus jungen Jahren ging um die Welt. Und obwohl er diese seine berühmteste Partie nicht gewinnen konnte, zeigt sie Meitners kreative Fähigkeiten und seine überschäumende Phantasie in hellstem Licht. Sie ist eine der aufregendsten Partien der Schachgeschichte, deren Zugfolgen und Möglichkeiten auch heute noch kontrovers diskutiert werden und selbst mit schnellen Computern nicht ganz auslotbar sind.

Hamppe – Meitner

Wien 1872

1.e4 e5 2.Sc3 Hofrat Carl Hamppe war der Erfinder dieser Eröffnung, die später „Wiener Partie" getauft wurde. **2...Lc5** Hamppe soll die Freude an 3.f4, das er stets folgen ließ, verdorben werden. Später fand man aber heraus, dass 3...Lxg1?! 4.Txg1 Dh4+ 5.g3 Dxh2 6.Tg2 geradezu schlecht für Schwarz ist. **3.Sa4?!** Weiß ist irritiert und glaubt den Läufer vertreiben zu müssen, doch steht jetzt der Springer im Abseits. Klüger war 3.Sf3 d6 und erst dann mit 4.Sa4 den Läufer anzugreifen. **3...Lxf2+!?** Meitner will die Gunst der Stunde nutzen und bringt mit einem Läuferopfer den König an die frische Luft. **4.Kxf2 Dh4+ 5.Ke3** Der weiße König muss sich auf eine lange Wanderschaft begeben, denn 5.g3? Dxe4 6.Sf3 Dxa4 gewinnt die Leichtfigur bei zwei Mehrbauern zurück. Schon jetzt ist die Stellung äußerst ungewöhnlich. **5...Df4+ 6.Kd3 d5** Öffnet folgerichtig die Stellung, um mit mehr Figuren Jagd auf den König zu machen. **7.Kc3!** Die Stellung wird surreal. Der König wendet sich schutzsuchend dem Damenflügel zu. Nach 7.De1 Sf6 8.g3 dxe4+ 9.Kc3 Sd5+

10.Kb3 Df6 würde alles unklar bleiben. **7…Dxe4** Schwarz hat keine Zeit und versucht mit der Dame den König zu erlegen. Nach 7…Sf6?! 8.Kb3 Sc6 9.c3 dxe4 10.Kc2! wäre der weiße König vorerst sicher. **8.Kb3** Vielleicht wäre jetzt 8.d4 Sc6 9.b3! Dxd4+ 10.Dxd4 Sxd4 (10…exd4+?! 11.Kb2!) 11.Sf3 der bessere Weg gewesen. **8… Sa6 9.a3** Wehrt zwar das Matt auf b4 ab, aber jetzt war die Zeit gekommen, um mit 9.d4! exd4 10.a3 Sf6 11.Lxa6 bxa6 den schwarzen Angriff abzuwenden. (Diagramm 1)

9…Dxa4+?!! Mit einem genialen Opfer lockt Meitner den König ins schwarze Lager. Nach 9…d4 10.Ka2 Ld7 11.c4! ist die weiße Stellung nicht zu erschüttern. **10.Kxa4 Sc5+ 11.Kb4?** Geht an seiner Chance vorbei. Nach 11.Kb5! kann der weiße König nicht mattgesetzt werden: 11…Se7 12.c4! d4 13.Kxc5 a5 14.Da4+ Kf8 15.Dxa5 (Sonst Matt durch b6+ nebst La6) 115…Txa5+ 16.Kb4 Sc6+ 17.Kb3 und Weiß hat König und Mehrfigur gerettet. **11…a5+!**

Diagramm 1

Auch der Springer wird noch geopfert, um den weißen König noch weiter nach vor zu treiben. **12.Kxc5** Nach 12.Kc3 d4+ 13.Kc4 b6 kann Weiß machen was er will, die Partie bleibt durch Le6+ und Ld7+ unentschieden. **12…Se7** Nun droht matt beginnend mit b6+. **13.Lb5+!** Aber Weiß ist auf der Höhe und findet das einzige rettende Manöver. **13…Kd8 14.Lc6! b6+ 15.Kb5 Sxc6** Wieder droht Matt durch Sd4+ nebst Ld7. **16.Kxc6** (Diagramm 2)

Was für eine Stellung! Hat sich Schwarz endgültig veropfert, war alles umsonst? **16…Lb7+!** Nein, das vierte Figurenopfer rettet die Partie. Nimmt Weiß auch noch den Läufer mit 17.Kxb7?, so folgt 17…Kd7! mit der unabwendbaren Drohung Thb8 matt. Daher muss der weiße König zurück, wodurch eine Remisschaukel entsteht. **17.Kb5 La6+** Unentschieden. Eine Sternstunde des königlichen Spiels, – und dies bei friedlichem Ausgang.

Diagramm 2

Philipp Meitner (1839–1910) um 1900

Eine bürgerliche Existenz

Die Hoffnungen, die diese Partie bei seinen Bewunderern weckte, konnte und wollte Philipp Meitner nie erfüllen. Er entschied sich für eine bürgerliche Karriere und gegen das Schachspiel. Zwar galt er zwischen 1870 und 1880 als einer der besten Spieler Wiens, hatte aber in einem Wettkampf 1882 gegen Wilhelm Steinitz keine Chance mehr. Beim ersten internationalen Wiener Turnier 1873 erreichte er einen guten Platz im Mittelfeld, in den folgenden Jahren belegte er bei Turnieren stets ehrenvolle Mittelplätze, konnte aber aufgrund mangelnder Freizeit nur sporadisch antreten. Beim zweiten internationalen Meisterturnier in Wien 1882 wurde er nur Vierzehnter, und schließlich erreichte er bei seinem letzten Turnier, dem Trebitsch Gedenkturnier 1909/10, noch den geteilten sechsten Platz. Dem Schach blieb er aber auch als Amateur bis zu seinem letzten Tag verbunden. Josef Krejcik, knapp nach der Jahrhundertwende selbst noch ein junger Student, beschreibt Meitner als einen „freundlichen schönen alten Herrn, der auch mit uns Jungen gerne spielte."

Literatur

Krejcik, Josef: Mein Abschied vom Schach. Sterbliches und Unsterbliches aus der Mappe eines Wiener Altmeisters. Berlin, Walter de Gruyter & Co. 1955

Landsberger, Kurt: William Steinitz, Chess Champion. Jefferson and London, McFarland & Company 2006

Österreichische Schachzeitung 1872–1875

Hardy, Anne/Sexl, Lore: Lise Meitner. Reinbek bei Hamburg, Rowohlt Taschenbuch Verlag 2002

EIN BLINDER SEHER

Das Blindsimultan konnte seine seltsame Anziehungskraft bis ins 21. Jahrhundert bewahren. Der einfache Grund: Es wirkt für viele Laien wie ein Wunder, dass erfahrene Schachspieler in der Lage sind, die kinetische Energie der Figuren ohne Visualisierung zu kontrollieren. Im Fall von Harry Nelson Pillsbury 672 Figuren auf 1344 Feldern!

Pillsbury – Die Handschrift eines Gedächtnisakrobaten, 1902

Er wurde mit Paul Morphy und mit Bobby Fischer verglichen. Harry Nelson Pillsbury wurde 1872 in Massachusetts geboren. Erst im Alter von 16 Jahren erlernte er das Schachspiel, doch schon zwei Jahre später war er der beste Spieler seiner Heimatstadt Somerville. Eigentlich sollte er in Boston einen kaufmännischen Beruf ergreifen, doch bald sah man ihn nur mehr in den Cafés bei den Karten- und Schachspielern: „Ich hätte ohne Schachspiel nicht leben können; auf meinen Spaziergängen, ja selbst im Traume verfolgten mich die Figuren und fochten in meinem Kopfe einen regelrechten Kampf aus. So oft ich einen freien Augenblick hatte, flüchtete ich mich zu meinem geliebten Schachbrette." Für die Welt des königlichen Spiels eine glückliche Fügung, sollte Pillsbury doch den Schachgipfel im Sturm erobern.

Harry Nelson Pillsbury
(1872–1906)

Bald nach seinem Start 1893, als er bei einigen kleineren Turnieren in seiner näheren Heimat teilnahm, gehörte der lebenslustige und abenteuerhungrige Pillsbury ab der Mitte des letzten Jahrzehnts des 19. Jahrhunderts zu den drei oder vier besten Spielern der Welt. Einige Zeit arbeitete er als verborgener Gegner im Schachautomaten „Ajeeb", einem amerikanischen Klon des legendären „Schachtürken" von Wolfgang von Kempelen. Schon am Beginn seiner internationalen Karriere stand Pillsburys triumphaler Höhepunkt. Beim großen Eliteturnier im englischen Hastings 1895, zu dem sich die gesamte Weltelite einfand, gewann der 23-jährige Amerikaner bei seinem ersten Antreten vor Tschigorin, Lasker, Tarrasch und Steinitz, nach langen 21 Runden. Im selben Jahr belegte er im Vier-Meister-Match in St. Petersburg den dritten Rang hinter Lasker und Steinitz, aber vor Tschigorin und pendelte dann ebenso ruhelos wie regelmäßig zwischen Europa und den USA von Turnier zu Turnier und von Simultanvorstellung zu Simultanvorstellung. Erste Preise errang er bei den Meisterturnieren in Wien 1898 und München 1900.

Pillsbury war mit einem phänomenalen Gedächtnis ausgestattet, dessen Leistungsfähigkeit keine Grenzen zu kennen schien – ein Lieblingskind der Mnemosyne, der Göttin der Erinnerung, die es ihm erlaubte, zwanzig und mehr Partien blind simultan zu spielen. Daneben absolvierte Pillsbury parallel einige Partien Whist und memorierte im Auftrag der Wissenschaft eine lange Liste sinnloser Wortfolgen, die er auch noch am nächsten Tag vorwärts und rückwärts auswendig aufsagen konnte.

Das Wunder Blindsimultan

Das Blindsimultan bewahrt sich seine seltsame Anziehungskraft noch bis ins 21. Jahrhundert. Wie ein Wunder wirkt für viele Laien die Tatsache, dass erfahrene Schachspieler in der Lage sind, die kinetische Energie der Figuren ohne Visualisierung zu kontrollieren. Hand in Hand mit dieser Fähigkeit gingen stets die Warnungen vor gesundheitlichen Schäden. Schon Diderot versuchte bekanntlich Philidor, der gegen drei Gegner zugleich blind spielte, von dem gefährlichen Spektakel abzubringen. Doch vielleicht liegt in der Gefahr auch die Magie: Ein kalkuliertes Risiko, das letztlich doch – wie die Entfesselungstricks Houdinis – unkalkulierbar bleibt.

Pillsbury war ein phänomenaler Blindspieler, der alle seine berühmten Vorgänger wie Paul Morphy, Louis Paulsen, Joseph Henry Blackburne und Johannes Hermann Zukertort, was die Quantität und vor allem die Qualität der Partien betrifft, weit übertraf. Seine bedeutendste Leistung erreichte er in Hannover 1902, wo er gegen 21 sehr starke Gegner, die meisten von ihnen internationale Turnierspieler und Meister, zugleich blind spielte. 672 Figuren dirigierte er zugleich auf 1344 Feldern, ohne auch nur eine einzige zu sehen, eine unvorstellbare Leistung! Pillsbury erläuterte seinen staunenden

Das Blindspiel – Originalzeichnung von Stanislaw Rejchan, 1893

Bewunderern die Sache so: „Während ich den Zug überdenke, den ich an einem der Schachbretter machen will, verschwinden alle anderen Spiele vollständig aus meiner Vorstellung, infolge eines Willensaktes und zwar so gründlich, als wenn sie nie darin gewesen wären. Sobald der Zug getan ist, wendet sich meine Aufmerksamkeit sofort wieder einem anderen Brette zu. Ein wenig Schwierigkeit bereitet mir allerdings der Beginn der Spiele, wo sie alle einander noch ähnlich sehen. Sobald ein jedes von ihnen aber seine besondere Individualität erlangt hat, wird die Sache einfacher für mich, während umgekehrt die Zuschauer glauben, sie gestalte sich immer verwickelter. Ich muss die Bilder der einzelnen Schachbretter im Kopf behalten, das ist das Ganze. Ich gehe geschwind in Gedanken von einem Spiele zum andern und scheide sie in meinem Kopfe scharf voneinander. Das Kombinations- und Vorstellungsvermögen muss allerdings wohl geschult und trefflich einexerziert sein, dann funktioniert es aber auch mit der größten Verlässlichkeit und lässt einen nie im Stiche.“

Das Duell der Theoretiker

Aus dieser Vorstellung sei seine beste Partie, die gegen den Dänen Jörgen Möller (1873–1944), herausgegriffen. Möller war nicht nur zweifacher nordischer Champion, sondern ein feiner Kenner der Italienischen Partie, in der sogar eine Variante nach ihm benannt wurde. Und genau in diese Bahnen lenkte Pillsbury die 19. Partie seiner Vorstellung:

Pillsbury (blind) – Möller
Hannover 1902
1.e4 e5 2.Sf3 Sc6 3.d4 exd4 4.Lc4 Sf6 Die schottische Partie geht in ein Zweispringerspiel über. **5.0-0** Besser als sofort 5.e5 d5 6.Lb5 Se4 7.Sxd4 Ld7 mit Ausgleich. **5...Lc5** Führt in den Max-Lange-Angriff. Moderner und beliebter ist der „Anti-Max-Lange" nach 5...Sxe4 6.Te1 d5. **6.e5 d5 7.exf6 dxc4 8.Te1+ Le6** Überlegenswert ist 8...Kf8. **9.Sg5 g6** Ein seltener Zug. Das übliche 9...Dd5 10.Sc3

Df5 11.Sce4 0-0-0 führt zu beiderseitigen Chancen. **10.Dg4** Pillsbury spielt das Schärfste. Nach 10.Sd2 Dd5 (nach 10...Dxf6 11.Sde4 Df5 12.g4! Dxg4+ 13.Dxg4 Lxg4 14.Sxc5+ Kf8 15.Lf4 hat Weiß mit der Figur für drei Bauern das bessere Spiel) 11.Sde4 0-0-0 12.Sxe6 fxe6 hat Weiß Kompensation für den Bauern. **10...Dd5 11.Lf4 Kd7** Um den vielfach engagierten Gegner zu verwirren. In Betracht kam 11...0-0-0 12.Sxe6 h5 13.Sxc7+ hxg4 14.Sxd5 Txd5 mit gutem schwarzen Spiel. **12.Sxe6 fxe6 13.Sd2 Df5 14.Dxf5 exf5** Aus der komplizierten Eröffnung ist ein komplexes Endspiel geworden. **15.Sxc4** So gewinnt Weiß den Bauern wieder zurück und steht aufgrund des unsicheren schwarzen Königs etwas besser. **15...The8 16.Kf1** Nur mit 16.Se5+ Sxe5 17.Lxe5 Te6 18.f4 konnte Weiß etwas Vorteil behalten. **16...b5** Jetzt war die Zeit gekommen, um mit 16...Lb4 17.Txe8 Txe8 18.Td1 für völlig gleiches Spiel zu sorgen. (Diagramm 1)

17.Se5+! Pillsbury ergreift die Chance zu einem tiefen Plan. Der weit vorgeschobene f-Bauer soll zu einer latenten Gefahr für Schwarz werden. **17...Sxe5 18.Lxe5 Kc6** Auch nach 18...Lb4 19.Te2 Ld6 20.Tae1 hat Weiß das bessere Spiel. **19.Tad1 Tad8 20.f4** Ein wichtiger Zug, der den Königsflügel festlegt und den Vormarsch h3-g4 vorbereitet. **20...Td7 21.Td3 Ted8 22.h3 a6 23.Kf2** Der König geht vor, um den g-Bauer zu unterstüt-

Diagramm 1

zen. **23...Lb6 24.Kf3 Kb7** Um den c-Bauer zu mobilisieren. **25.g4 fxg4+** So werden die weißen Königsflügelbauern mobil. Das energische 25...c5 war notwendig. **26.hxg4 c5 27.g5 Kc6 28.f5! Te8** Mit einer Falle, die Weiß übersieht. **29.Kf4?** Viel besser war 29.Lg3 mit großem weißem Vorteil. **29...Lc7** Jetzt ist der Le5 gefesselt und droht verloren zu gehen. **30.Tdd1 Td5?** Verpasst die Chance. Nach 30...d3! 31.Txd3 (31.cxd3 Td4+) 31...Txd3 32.cxd3 Kd5 muss Weiß mit 33.Lxc7 Txe1 die Qualität geben. Jetzt verliert er nur einen Bauern. **31.Lxc7 Txf5+ 32.Kg4 Txe1 33.Txe1 Kxc7 34.Te7+** Noch genauer war 34.Te6 und nach 34...a5 35.Ta6 geht nicht 35...a4?

wegen 36.f7! und nach 35...c4 36.Txa5 d3 ist die Sache wieder ausgeglichen. **34...Kd6 35.Txh7 c4 36.Th3 Ke5 37.Tf3** Der letzte Gewinnversuch von Weiß, auf den der Sehende prompt hereinfällt. **37...Ke4?** Nach 37...Ke6! 38.Txf5 gxf5+ 39.Kh5! (nicht 39.Kf3/f4/g3? wegen 39...b4! mit schwarzem Gewinn) 39...Kf7! (nicht 39...d3 40.cxd3 cxd3 41.Kg6) 40.Kh6 ist die Stellung remis. **38.Txf5 gxf5+** (Diagramm 2)

Diagramm 2

39.Kg3! Die letzte Feinheit. Dieser Zug allein gewinnt das entscheidende Tempo. **39...Ke3 40.f7 d3 41.cxd3 cxd3 42.f8D** Aufgegeben, denn nach 42...d2 43.Da3+ gewinnt Weiß leicht. Eine Partie, auf die jeder Sehende stolz sein könnte.

Obwohl diese Blindsimultanvorstellung mit 8,5-12,5 zu Ungunsten von Pillsbury ausging, stellt sie einen Rekord für die Ewigkeit dar, denn nie wieder hat es jemand gewagt, gegen eine derartige Schar von erlesenen Gegnern anzutreten.

Neben dem Schach bestimmten drei Leidenschaften Pillsburys Leben: Frauen, Whisky und starke Zigarren: „Das Schachspiel ist mein idealer Lebenszweck. Wenn ich beim Schachspiel sitze, die Zigarre im Munde – ohne diese geht's nämlich nicht – umgeben von einer Menge von Zuschauern, wenn ich die Schachzüge meiner 16 oder 20 Gegner beantworte und Vorteil auf Vorteil ausnutzen kann – dann fühle ich mich am wohlsten, dann komme ich mir fast wie ein kleiner Feldherr vor!"

Gegen Emanuel Lasker erreichte er das beste Resultat unter allen Großmeistern und wäre wohl, hätte ihm die Schachmuse Caissa Gelegenheit dazu gegeben, sein gefährlichster Konkurrent geworden. Doch Pillsbury starb in geistiger Umnachtung im Juni 1906 im Alter von nur 34 Jahren. Vermuteten seine Zeitgenossen geistige Überanstrengung durch zu viele Blindsimultanvorstellungen und eine dadurch bewirkte Zerrüttung des Nervensystems, war die Wahrheit wohl banaler: Eine Syphilis dürfte der Auslöser für Pillsburys Schicksal gewesen sein.

Die Jagd nach Rekorden

Die Rekordjagd im Blindsimultan ging jedoch nach Pillsburys Tod weiter: Die Ungarn Gyula Breyer (1921 mit 25 Gegnern) und Richard Réti (1925 mit 29 Gegnern) setzten neue Maßstäbe. Schachweltmeister Alexander Aljechin stellte 1933 in Chicago mit 32 Gegnern einen neuen Rekord auf (19 Siege, 4 Niederlagen, 9 Unentschieden), den der Belgier George Koltanowski 1937 in Edinburgh mit 34 Gegnern (24 Siege, 10 Unentschieden) noch überbot.

Miguel Najdorf (1910–1997)

In neue Dimensionen stieß der aus Polen gebürtige Argentinier Miguel Najdorf vor. 1943 spielte er zunächst gegen 40 Gegner und konnte diesen Rekord 1947 in São Paulo auf 45 Gegner steigern (39 Gewinne, 4 Unentschieden und 2 Verluste). Allerdings war der gesundheitliche Preis hoch: Eine Woche lang fand Najdorf nach der Vorstellung keinen Schlaf, die überladenen Synapsen waren nicht leicht wieder zur Ruhe zu bringen.

János Flesch (1933–1983) bei seinem Weltrekordversuch im Blindsimultan 1960.

Als der Ungar János Flesch im Oktober 1960 in Budapest gegen 52 Gegner blindsimultan spielte (31 Siege, 3 Niederlagen, 18 Unentschieden), wurde diese Vorstellung nicht allgemein anerkannt, da nur fünf Partien publiziert wurden und es Ungereimtheiten bei der Durchführung gegeben hatte.

Einen vorläufigen Schlusspunkt der Rekordjagd setzte der 43-jährige Deutsche Marc Lang, der am 26./27. November 2011 in Sontheim an der Brenz gegen 46 Gegner im Blindsimultan antrat und das glänzende Ergebnis von 25 Siegen und 19 Unentschieden bei nur 2 Niederlagen erreichte.

Literatur

Bachmann, Ludwig: Pillsbury und Charousek. Ein Lebensbild zweier genialer Jungmeister des Schachspiels. Ansbach, Verlag von C. Brügel & Sohn 1914

Cherniaev, Alexander: Harry Nelson Pillsbury. A genius ahead of his time. Archangelsk, OM-Express 2006

Hearst, Eliot/Knott, John: Blindfold Chess: History, Psychology, Techniques, Champions, World Records, and Important Games. Jefferson, McFarland 2008

Mieses, Jacques: Das Blindspielen. Eine schachpsychologisch-historische Skizze nebst einer Auswahl ohne Ansicht des Brettes gespielter Partien. Leipzig, Hans Hedwigs Nachfolger Kurt Ronninger 1918

Pope, Jacques N.: Harry Nelson Pillsbury. American Chess Champion. Ann Arbor, Pawn Island Press 1996

Tischbiereck, Raj (Hrsg.): Schauspiel des Geistes. Marc Langs unglaublicher Rekord im Blindsimultanschach. Berlin, Exzelsior Verlag 2012

CARL SCHLECHTERS JAHRHUNDERTCHANCE

Zwei Züge in dieser einen Schicksalspartie brachten den Wiener Carl Schlechter um den greifbar nahen Titel „Schachweltmeister". War es einfach unglaubliches Pech oder waren es die Umstände rund um diese Partie, die diesen im Grunde friedfertigen Mann fünf vor zwölf straucheln ließen?

Lasker – Schlechter, Wien/Berlin 1910

Im Jahr 1910 saß der Deutsche Emanuel Lasker fester auf seinem Schachthron als je zuvor. 1907 hatte er seinen amerikanischen Herausforderer Frank Marshall mit 8-0 bei 7 Remisen abgefertigt, 1908 seinen Erzrivalen Siegbert Tarrasch vernichtend mit 8-3 bei 5 Remisen besiegt und im Jahr 1909 David Janowski mit 7-1 bei zwei Remisen gedemütigt, als er von Carl Schlechter zu einem WM-Kampf herausgefordert wurde.

Der am 2. März 1874 in Wien geborene Carl Adalbert Hermann Schlechter entstammte einer Künstlerfamilie: Sein Vater

Carl Schlechter (1874–1918) um 1910

Adalbert Eduard, wie sein Großvater väterlicherseits, Friedrich Carl Wilhelm Schlechter, der unter dem Pseudonym „Carl Haffner" das Libretto zur Operette „Die Fledermaus" von Johann Strauß schrieb, waren Schauspieler und Schriftsteller. Erst im Alter von 15 Jahren lernte Carl das Schachspiel kennen. Zuerst faszinierte ihn die Komposition von Schachproblemen. Bald zeigte sich aber, dass seine größere Begabung in der praktischen Partie lag, und schon das erste Turnier, an dem er teilnahm, brachte dem Jüngling 1893 den ersten Preis. Eine unvergleichliche internationale Karriere begann. Schlechter gehörte von 1895 bis zu seinem Tod 1918 stets zu den sieben besten Spielern der Welt und gewann etliche große internationale Meisterturniere.

Sein Spieltypus war universell: Alle Phasen der Partie behandelte er mit gleicher Virtuosität. Er war schlichtweg der Meister ohne Achillesferse. Sein friedfertiges und bescheidenes Naturell verhinderte aber vielleicht noch größere Erfolge. Von 1912 bis zu seinem Tod gab Schlechter die renommierte *Deutsche Schachzeitung* heraus und arbeitete überdies an einem gigantischen Werk, der Neuausgabe des Bilguerschen „Handbuchs des Schachspiels", dessen 8. Auflage 1916 mit einem Umfang von 1040 Seiten erschien.

Chronologie eines Weltmeisterschaftskampfes

Der WM-Kampf 1910 zwischen Weltmeister Emanuel Lasker und dem Wiener Carl Schlechter hat Diskussionen wie kaum ein anderer Wettkampf in der Geschichte des Schachspiels ausgelöst. Da die genauen Bedingungen des Wettkampfes der Schachwelt lange Zeit unklar waren, entstanden im Laufe der Jahre dunkle Spekulationen: War es überhaupt ein WM-Kampf? Unter welchen Bedingungen wurde gespielt? Musste Schlechter vielleicht mit zwei Punkten Vorsprung gewinnen, um den Titel zu erobern? Gab es eventuell sogar geheime Abmachungen, die Lasker den Titel in jedem Fall sicherten?

Versuchen wir, dem Ablauf der Verhandlungen über den Wettkampf chronologisch zu folgen: Anlässlich seines Aufenthaltes in

Berlin forderte Carl Schlechter am 2. Dezember 1908 den regieren-
den Weltmeister Emanuel Lasker zu einem Wettkampf um die Weltmeisterschaft heraus. Lasker, dem die alleinige Entscheidung oblag,
antwortete bereits einen Tag später positiv, gab aber gleichzeitig seine
harten Bedingungen bekannt, mit dem später so umstrittenen Punkt
1: „Ich bin bereit, Ihre Herausforderung zum Match um die Weltmeisterschaft anzunehmen, und füge noch im Einzelnen die bereits
besprochenen Bedingungen hinzu: 1. Der Wettkampf geht auf dreißig Partien. Sieger ist, wer zum mindesten zwei Partien mehr als der
andere gewonnen hat. Im Remisfalle behalte ich den Titel der Weltmeisterschaft bis zum Entscheid eines noch zu arrangierenden Stichkampfes." (Lasker: *Deutsche Schachzeitung* 1908)

Lasker selbst übernahm die Verhandlungen über den Preisfonds
und die Organisation des Wettkampfes. Zunächst versuchte er, tausend Mark pro Partie zu erhalten, was an Kaufkraft gegenwär-
tig immerhin ca. 4.600 Euro entspricht. Bei dreißig Partien wären
das 138.000 Euro gewesen, eine für die damaligen Lebensverhält-
nisse der Schachmeister gewaltige
Summe. Da man davon ausgehen
konnte, dass ein einzelner Mäzen
diese Summe nicht zur Verfügung
stellen werde, teilte Lasker den Wettkampf in mehrere Teile, die er den
großen Schachklubs auf der ganzen
Welt (Wien, Berlin, München, London, St. Petersburg und New York)
anbot. Doch ein potenzieller Ausrich-
ter nach dem anderen sprang ab. Fast
ein Jahr herrschte Funkstille. Und
je näher der geplante Termin rückte,
umso klarer wurde, dass der Wettkampf nicht in seiner ursprünglich
geplanten Form stattfinden würde.

Emanuel Lasker (1868–1941)

Zwei Aufrufe Laskers und Schlechters in den *Deutschen Schachblättern* und der *Deutschen Schachzeitung* an die Schachwelt, zum Preisfonds beizutragen, blieben ohne Widerhall. Offenbar traute es niemand dem bescheidenen Wiener zu, Lasker ernsthaft gefährden zu können. Selbst der sonst so freigiebige Baron Albert Rothschild trug nichts zum Preisfond bei. Anfang Dezember zog dann Schatzmeister Johann Nepomuk Berger eine erste, niederschmetternde Bilanz: Der Wettkampf konnte in seiner ursprünglich geplanten Form nicht stattfinden, der Preistopf war noch gähnend leer. Die Anzahl der Partien musste stark reduziert werden, und damit wackelte auch die 2-Punkte-Bedingung. Nur drei Partien in Wien und fünf in Berlin konnten fixiert werden. Nach intensiven Verhandlungen zwischen Lasker, Schlechter und den Organisatoren entschied der Wiener Schach-Club, der die ersten drei Partien finanzierte, noch zwei Partien dazu zu nehmen. Am 17. Dezember stand endlich fest: „Der Wettkampf Lasker – Schlechter um die Weltmeisterschaft ist nun erfreulicherweise gesichert. ..." (Marco: *Neues Wiener Tagblatt* 17.12.1909)

Bei nur zehn Partien erfuhren aber auch die Wettkampfbedingungen eine gewaltige Änderung. Lasker verzichtete auf den Großteil seiner Forderungen, darunter auch auf den Zwei-Punkte-Vorsprung. „Der Wettkampf Lasker – Schlechter um die Weltmeisterschaft beginnt am 6. Jänner 1910 in Wien und wird in Berlin beendet. Es werden nur zehn Partien gespielt. Die Mehrzahl der Points gewinnt den Wettkampf und den Titel der Weltmeisterschaft. Bei Pointgleichheit entscheidet der Schiedsrichter." (Schlechter: *Allgemeine Sportzeitung* 19.12.1909) Die etwas seltsame Formulierung des letzten Satzes ist so zu verstehen, dass dem Schiedsrichter der Formalakt obliegt, das Ergebnis des Wettkampfes offiziell der Öffentlichkeit mitzuteilen und über eine Fortsetzung zu entscheiden. Es handelt sich also eindeutig um eine Weltmeisterschaft, da Schlechter sogar zweimal darauf hinweist. Und vor allem: Der Sieger braucht nur einen Punkt Vorsprung, um den Titel zu gewinnen. Einen weiteren Beleg dafür, dass der höchste Titel auf dem Spiel stand und nur ein Punkt

Differenz genügte, bringt Lasker selbst in einem Kommentar zur achten Partie, geschrieben noch während des Kampfes: „The match with Schlechter is nearing its end, and it appears to be probable that for the first time in my life I shall be loser. If that should happen, a good man will have won the world's championship." (Lasker: *New York Evening Post* 19.2.1910)

Das waren also die Bedingungen, als mit einem Tag Verspätung am Freitag, den 7. Januar 1910, genau um 17 Uhr in den Räumen des Wiener Schach-Clubs in der Wallnerstraße Nr. 2 vor zahlreichen Mitgliedern und Ehrengästen des Clubs der Wettkampfleiter Georg Marco das Signal zum Start gab. Die erste Partie endete unentschieden, ebenso die zweite, die dritte, die vierte. In der fünften Partie schien Lasker endlich einen entscheidenden Vorteil herausgespielt zu haben, doch im Eifer des Gefechts machte er einige weniger gute Züge und plötzlich gelang es Schlechter, den gegnerischen König

Wettkampf Schlechter – Lasker, Wiener Schach-Club 1910, links am Brett sitzend Carl Schlechter, rechts Emanuel Lasker

einzukreisen. 1-0 für den Wiener Herausforderer zur Halbzeit! Ein Resultat, mit dem wirklich niemand gerechnet hatte.

Danach zog der Tross nach Berlin zur zweiten Wettkampfhälfte weiter. Auch hier das gleiche Bild: Die sechste Partie wurde remis, die siebente, die achte und auch die neunte nach schwerem Kampf! Nur noch eine Partie blieb Lasker, um seinen Titel zu verteidigen, und er musste sie gewinnen!

Die zehnte Partie

Diese ominöse zehnte Partie war ein psychologisches Drama par excellence: Es ging also um den Titel, ein Remis hätte Schlechter genügt. Dass Lasker verwegen auf Gewinn spielte, ist verständlich, aber warum tat es Schlechter, und warum verfehlte er, den man den „Remiskönig" nannte, eine relativ einfache Fortsetzung, die zum Unentschieden geführt hätte? Darüber lässt sich heute nur spekulieren, indem man Schlechters Charakter und die Wettkampfsituation in Berlin berücksichtigt. Vielleicht war es Schlechters „Gegenstrategie", mit der er in diesem Wettkampf bislang so gut gefahren war: Er wusste, dass Lasker nach dem Verlust der fünften Partie auf Gewinn spielen musste und mit dem Remiswillen des Gegners rechnete; deshalb Schlechters Konzept, selbst aggressiv zu spielen. Zudem stand Schlechter von Beginn der Berliner Phase an unter einem gewissen Druck der Organisatoren, die offensichtlich durch viele entschiedene Partien mehr Eintrittskarten abzusetzen hofften, und des Berliner Publikums, das für sein Geld „Blut" sehen wollte. So wurden während und nach den Remisen in der 6., 7. und 8. Partie Stimmen der Enttäuschung laut, und Schlechter sah sich in seinen Kommentaren genötigt, Rechtfertigungen zu finden – er betonte, dass er keineswegs auf Remis spiele, sondern in jeder Partie die Entscheidung suche und suchen werde. Zum anderen dürften ein Großteil der Meisterkollegen, des Publikums und schließlich auch der Herausforderer selbst der Ansicht gewesen sein, dass der Gewinn der fünften Partie ein „Zufallssieg" war, moralisch betrachtet zu wenig, um die Würde eines Weltmeisters verdient zu haben. Mit „Glück" den höchsten Titel gewonnen zu haben, wäre ein Vorwurf gewesen, der Schlechter in seiner Ehre tief getroffen hätte; vielleicht wollte er auch, durch den bisherigen Verlauf des Kampfes bestärkt, Lasker durch aggressives Spiel in der letzten Partie noch einen zusätzlichen Punkt abknöpfen und damit klare Verhältnisse schaffen, die jede weitere Diskussion beendet hätten.

Sehr aufschlussreich sind die Kommentare der beiden Spieler und Georg Marcos, des bekannten Redakteurs der *Wiener Schachzeitung*, die unmittelbar nach der Partie entstanden sind und sehr gut die Situation widerspiegeln. Dass Schlechter den Weg zum Remis übersah (39. Zug) und selbst in seinen Analysen nicht erwähnt, ist merkwürdig. Vielleicht zeigt das, wie besessen er von der Idee war, diese Partie zu gewinnen. Seine sonst so sichere Urteilskraft war auch in der Analyse getrübt. Aufschlussreich daher auch seine Anmerkung zum 35. Zug. (35...Td8), womit er zu gewinnen glaubte. Wie spätere genaue Analysen des deutschen Großmeisters Robert Hübner

Wettkampf Schlechter – Lasker, Berlin Hotel de Rome, 1910

gezeigt haben, trifft das nicht zu. Vielleicht war die paradoxe Pointe der zehnten Partie sogar die, dass der „Remiskönig" in der Partie seines Lebens das Remis übersah, weil es gerade in dieser Partie für ihn undenkbar war. Erleben Sie nun dieses alles entscheidende Drama um die Weltmeisterschaft – mit den Originalkommentaren von Lasker, Marco und Schlechter.

Lasker – Schlechter
10. Partie, Berlin 8.-10.2.1910

1.d4 d5 2.c4 c6 3.Sf3 Sf6 4.e3 g6 Mit 4...Lg4 nebst e7-e6, was Alapin empfiehlt, hätte ich eine sehr gute Stellung erlangt. Ich wollte die letzte Partie nicht „auf Remis spielen" und wählte eine wenig gebräuchliche Fortsetzung, die zu interessanten Verwicklungen führt. (S) **5.Sc3 Lg7 6.Ld3 0-0 7.Dc2 Sa6 8.a3 dxc4 9.Lxc4 b5 10.Ld3 b4** Eine geniale, aber im Hinblick auf die Sachlage überraschende Fortsetzung; denn Schlechter brauchte ja nur Remis zu erzielen, um den Wettkampf zu gewinnen. Mancher hätte sich an seiner Stelle nur durch diese Erwägung leiten lassen, aber Schlechters noble Natur wollte offenbar die Weltmeisterschaft nicht bloß dem Zufallssiege in der fünften Partie verdanken und den Wettkampf – um ein Bild vom Karambolespiel herzunehmen – gewissermaßen durch eine Oktave gewinnen, die als Quart intendiert war. (M) **11.Sa4 bxa3 12.bxa3 Lb7 13.Tb1 Dc7 14.Se5** Damit stürzt sich Weiß in schlimme Abenteuer. 14.0-0 nebst Ld2 und Tfc1 hätte ihm ohne jedes Risiko einen beträchtlichen – wahrscheinlich sehr rasch entscheidenden Positionsvorteil verschafft. (M) **14...Sh5** Sieht bizarr aus, ist aber ein Glied in dem geistvollen Entwicklungsplan des Schwarzen. Zöge er 14...Sd7, so käme er sofort in Nachteil: 15.Txb7 Dxb7 16.Lxa6 etc. (M) **15.g4** Da so viel von dieser einen Partie abhing, waren die Gegner begreiflicherweise erregt. Ihre Phantasie riß sie in Abenteuer, die sie bei den im Anfang des Matches gespielten Partien wahrscheinlich beiseitegelassen hätten. (L) Fortsetzung des Abenteuers. Weiß kompromittiert seine Stellung in bedenklichster Weise. 15.f4 hätte den Stellungsvorteil noch immer festgehalten. (M) **15...Lxe5 16.gxh5** Weit schwächer war 16.dxe5 gewesen; Schwarz hätte 16...Sg7 gezogen und eine sichere Stellung eingenommen. (S) **16...Lg7 17.hxg6 hxg6 18.Dc4!** Droht Txb7 und auch Lxg6. (M) Droht außer Lxg6 auch Txb7. (S) **18...Lc8** Pariert beide Drohungen, falls nun 19.Lxg6, so 19...Le6! 20.Lxf7+ Lxf7 21.Dxa6 Ld5 und Schwarz erlangt starken Angriff. (S) **19.Tg1** Natürlich hätte auch 19.Lxg6 geschehen können. Aber der Bauerngewinn brächte keinen Segen. Es würde folgen 19...Le6 20.Dxa6 fxg6 etc. (M) **19...Da5+ 20.Ld2 Dd5 21.Tc1 Lb7 22.Dc2 Dh5! 23.Lxg6?** Mein 23. Zug wurde durch Schlechter widerlegt, indem er überraschenderweise seinen Sa6 einstehen ließ. Ich durfte ihn nicht nehmen, da sonst Schwarz nach f2 hineingeschlagen hätte. Weit einfacher und besser als mein 23. Zug wäre 23.Tb1 gewesen, wonach irgend eine ausreichende Verteidigung nicht ersichtlich ist. Ferner kam 23.Db3 in Betracht. (L) **23...Dxh2 24.Tf1 fxg6 25.Db3+ Tf7 26.Dxb7 Taf8** Jetzt erst wird Schlechters tiefe Konzeption verständlich. Schlüge Weiß den Springer a6, so wird er durch 27...Txf2 sofort vernichtet, z. B. 28.Txf2 Txf2. Weiß kann das Matt nicht abwenden. (M) **27.Db3** Ganz schwach und nur durch die hochgradige Aufregung erklärlich, die den schwer bedrohten Weltmeister nach dem furchtbaren Keulenschlag 26...Taf8 befallen haben mag. 27.f4 war geboten. Schlechter hätte dann zunächst seinen Springer salvieren (in Sicherheit bringen , Anm. d. A.) müssen und dann war Db3 augenscheinlich unvergleichlich besser. (M) **27...Kh8 28.f4 g5! 29.Dd3 gxf4 30.exf4 Dh4+ 31.Ke2 Dh2+ 32.Tf2 Dh5+ 33.Tf3** Hier drohte ich 34.Th1 Dxh1 35.Th3+. Dies wäre sehr günstig gewesen, wenn Schlechter die naheliegende Antwort 33...Sb8 gemacht hätte. Er zog es mit Recht vor, einen Bauern zu opfern. (L) **33...Sc7 34.Txc6 Sb5** Sehr stark (und vielleicht entscheidend) war 34...Sd5. (S) Schlechters kühne Angriffsführung ist ebenso bewundernswert, wie die unerschütterliche, kaltblütige Verteidigung des Weltmeisters. Hier aber hätte er mit 34...Sd5 eine viel einfachere Fortsetzung wählen können. Alle seine Streitkräfte wären zu voller Offensivwirkung gelangt, während die Truppen des Weißen zum Teil deplacirt (z. B. der

Sa4 und der Tc6), zum Teil gelähmt und unwirksam (wie der Tf3 oder der Ld2) postirt sind. In derartigen Fällen ist die Verteidigung gewöhnlich aussichtslos. Man erwäge z. B. folgende Möglichkeiten: I. 35.Tc5 Txf4 36.Lxf4 Sxf4+ 37.Kd1 Sd5 (oder auch 37...e5) etc. II. 34...Sd5 35.Dg6! Dxg6 36.Txg6 Sxf4+ 37.Lxf4 Txf4 etc. In beiden Varianten (I und II) hätte Schlechter auf die allerbequemste Weise den Remisschluß erzwingen können und Remis genügte ja zum Gewinn des Wettkampfes. Allerdings muss zugegeben werden, daß Schlechters Fortsetzung 34...Sb5 noch stärker ist, da sie bei richtigem Spiel zum Gewinn der Partie führen müsste! **35.Tc4** Nicht 35.Tc5 wegen 35...Sxd4+. (M) (Diagramm 1)

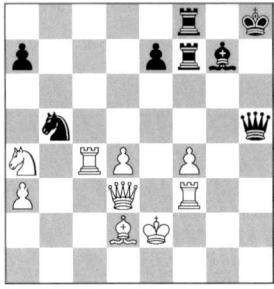

Diagramm 1

35...Txf4? Diese Kombination ist falsch. Ich rechnete auf 36.Lxf4 Txf4 37.Tc8+ Lf8 38.Kf2! Dh4+ 39.Kg2! Dg4+ und sah zu spät die Widerlegung 40.Tg3! Dxc8 41.Dg6. Entscheidend war 35...Td8, falls dann 36.Le3, so 36...e5. (S) Eine Halluzination. 35...Td8 hätte unfehlbar zum Gewinn geführt, wie im „Rückblick auf den Wettkampf" bewiesen werden wird. Der anscheinend starke Angriff des Schwarzen wird von Dr. Lasker in überraschend einfacher Weise widerlegt. (M) **36.Lxf4 Txf4 37.Tc8+ Lf8 38.Kf2 Dh2+ 39.Ke1** (Diagramm 2)

39...Dh1+ Ein entscheidender Fehler. Mit 39...Dh4+ hätte Schwarz zweifellos Remis erzwungen: I. 40.Kd2! Dh2+ 41.Ke3 Txf3+ 42.Kxf3 Dh3+ 43.Ke2 Dxc8 44.Dxb5. II. 40.Kf1 Dh3+ 41.Kf2 Txf3+ 42.Dxf3 Dxc8 43.Dh5+ Kg8 44.Dxb5. Auf 40.Kd1 oder 40.Tg3 darf sich Weiß nicht einlassen, da Schwarz hierauf gewinnen würde, im ersteren Falle mit 40...Dh1+ 41.Ke2 Txf3! etc., im zweiten Falle mit 40...Dh1+ 41.Kd2 Tf2+ etc. (M) **40.Tf1 Dh4+ 41.Kd2 Txf1** Die einzige Fortsetzung des Angriffes. Ganz verfehlt wäre 41...Txd4 wegen 42.Tcxf8+ Kg7 43.T1f7+ Kh6 44.Th8+

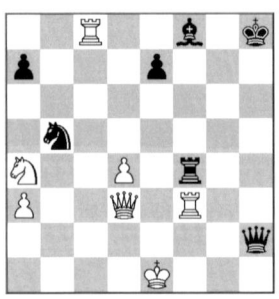

Diagramm 2

Kg5 45.Txh4 etc. (M) **42.Dxf1 Dxd4+ 43.Dd3 Df2+** In dieser
Stellung wurde die Partie abgebrochen. Zwar hat Schwarz vorläufig
noch den Angriff, aber der materielle Vorteil des Weißen muß bald
zur Geltung kommen. Die Partie nahm am 10. Februar folgenden
Verlauf: (M) **44.Kd1 Sd6 45.Tc5 Lh6 46.Td5 Kg8 47.Sc5 Dg1+
48.Kc2 Dc1+ 49.Kb3 Lg7 50.Se6 Db2+ 51.Ka4 Kf7 52.Sxg7
Dxg7 53.Db3 Ke8 54.Db8+ Kf7 55.Dxa7 Dg4+ 56.Dd4 Dd7+
57.Kb3 Db7+ 58.Ka2 Dc6 59.Dd3 Ke6 60.Tg5 Kd7 61.Te5
Dg2+ 62.Te2 Dg4 63.Td2 Da4 64.Df5+ Kc7 65.Dc2+ Dxc2+
66.Txc2+ Kb6 67.Te2 Sc8 68.Kb3 Kc6 69.Tc2+ Kb7 70.Kb4
Sa7 71.Kc5** 1-0

*(Zeitgenössische Kommentare von Lasker (L): Allgemeine Sport-
zeitung 27.2.1910; Marco (M): Wiener Schachzeitung 1910; Schlechter (S): Allgemeine Sportzeitung 27.2.1910)*

Der Wettkampf endete mit der formellen Bekanntgabe des Ergeb-
nisses durch den Berliner Hauptschiedsrichter Ehrhardt Post im
Hotel de Rome: „Der Wettkampf endete 5:5; somit ist es Schlechter nicht gelungen, Lasker die Weltmeisterschaft zu entreißen." Die
Frage des Stichkampfes, wie sie in den Vertragsbedingungen aus-
gehandelt worden war, wurde jedoch nicht mehr aufgegriffen. Als
einer der wenigen setzte sich Johann Nepomuk Berger für das mora-
lische Recht des unbesiegten Herausforderers ein: „Ein neuer Ent-
scheidungskampf zwischen Lasker und Schlechter ist nun nicht zu
umgehen. Schlechter erkennt zwar freiwillig an, dass Lasker den
Weltmeistertitel weiter führen kann, Lasker darf aber dem Entschei-
dungskampf nicht ausweichen, sobald sich Schlechter stellt." (Berger:
Deutsche Schachzeitung 1910, 94)

Doch die ursprünglich dem Schiedsrichter zugefallene Aufgabe
der Organisation eines Stichkampfs erwies sich jetzt nur noch als
Wunschdenken. Zwar wäre nun ein längerer Wettkampf leichter
zu organisieren gewesen, aber Lasker hatte nicht die Absicht, seine
Kräfte so schnell wieder mit dem gefährlichen Widersacher zu messen. Eine zweite Chance sollte der Wiener Meister nie mehr erhalten.

Nachspiel

In der Januar-Ausgabe 1919 der *Deutschen Schachzeitung* finden sich zwei Artikel: der eine über eine gut besuchte Vortragsreihe Weltmeister Emanuel Laskers in den USA, in der er seine Philosophie des Lebenskampfes vorstellt. Der zweite Artikel bringt die Todesnachricht Carl Schlechters, der nur 44 Jahre alt in Budapest starb. Die schwere Zeit des Ersten Weltkriegs untergrub die ohnehin zarte Gesundheit Schlechters, da es für Schachmeister nun kaum mehr Möglichkeiten gab, Geld zu verdienen. Dazu kam die galoppierende Inflation, die seine Ersparnisse, die er zudem mit seiner Mutter teilen musste, schnell aufzehrten. Er hungerte sich buchstäblich durch die letzten Kriegsjahre, und als er im Dezember 1918 nach Budapest zu einem Turnier und einer Simultanvorstellung eingeladen wurde, brach er am Bahnhof zusammen und starb wenige Tage später am 27. Dezember 1918 an einer verschleppten Lungenentzündung. Eine kleine Straße in Wien-Donaustadt erinnert heute an diesen Jahrhundertspieler der Habsburg-Metropole.

Wie wäre Carl Schlechters Leben wohl verlaufen, hätte er mit den Zügen 35 oder 39 in dieser seiner Schicksalsnacht am 10. Februar 1910 eine andere Strategie verfolgt? Weltmeisterehren statt Hungertod?

Literatur

Allgemeine Sportzeitung, Wien 1909 – 1910

Das Interessante Blatt 1910

Deutsche Schachzeitung 1908 – 1910

Glavinic, Thomas: Carl Haffners Liebe zum Unentschieden. Berlin, Volk und Welt 1998

Hagemann, Tim: Schlechter versus Lasker. Der Weltmeisterschaftskampf 1910. Tübingen (Tübinger Beiträge zum Thema Schach, Band 2), Promos Verlag 1995

Hoffer, Leopold: Lasker v. Schlechter. All Tournament and Match Games between these Masters up to and including the Championship Match, 1910. London, Michell und Hollings 1911

Hübner, Robert: Der Weltmeisterschaftskampf Lasker – Steinitz 1894 und weitere Zweikämpfe Laskers. Berlin, Arno Nickel 2008, S. 200–225

Neues Wiener Tagblatt 1909 – 1910

New York Evening Post 1910

Wiener Schachzeitung 1908 – 1910

DIE VERSCHOBENE ZEITENWENDE

Das Großmeisterturnier in St. Petersburg 1914 war eine große Enttäuschung für José Raúl Capablanca, die ihn erschütterte und ein Trauma auslöste, an dem er noch lange zu leiden hatte. Dabei hätte gerade dieses „Zarenturnier" eine Zeitenwende bringen sollen – mit der Ablöse des Weltmeisters Emanuel Lasker.

Das Großmeisterturnier in St. Petersburg 1914

Am 21. April 1914 begann in St. Petersburg das Prestigeturnier des Jahrzehnts. Die vornehme St. Petersburger Schachgesellschaft lud zu ihrem 10-jährigen Bestehen die Weltelite in das Zarenreich. Ursprünglich war geplant, die 16 besten Spieler des Planeten zu versammeln, um einen Herausforderer für Weltmeister Emanuel Lasker zu finden, der seit zwanzig Jahren auf dem Thron saß; für viele schon zu lange. Doch die europäische Krise, die wenige Monate später zum Ersten Weltkrieg führen sollte, warf ihre Schatten voraus: Kein Spieler aus Österreich-Ungarn kam, und so begnügte man sich mit elf Spielern. In St. Petersburg sollte eine Zeitenwende anbrechen; nicht nur, dass die Garde der Herausforderer bereitstand – in Akiba Rubinstein und José Raúl Capablanca waren Lasker zwei gewaltige Rivalen um

1 Isidor Gunsberg – 2 Frank Marshall – 3 Joseph Henry Blackburne –
4 Alexander Aljechin – 5 Emanuel Lasker – 6 Siegbert Tarrasch –
7 Akiba Rubinstein – 8 José Raúl Capablanca – 9 David Janowski –
10 Aaron Nimzowitsch – 11 Ossip Bernstein

dem WM-Thron erwachsen. Es sollte auch über die Gründung eines Weltschachbundes und die Vergabe des Titels „Großmeister" beraten werden.

Der Begriff „Großmeister" stammt aus dem mittelalterlichen Ordensrecht, wo die Oberen eines Ritterordens so tituliert wurden. Es ist bemerkenswert, dass diese Bezeichnung im 18. Jahrhundert von den Freimaurern für die Vorsitzenden ihrer Großlogen verwendet wurde. Erst Anfang des 19. Jahrhunderts taucht dieser Titel erstmals in britischen Schachkreisen auf und wird ab der Mitte dieses Jahrhunderts auch im deutschsprachigen Raum bekannt. Offiziell wurde der Terminus „Großmeister" erst 1950 vom Weltschachbund eingeführt, aber schon Anfang des 20. Jahrhunderts wurde es üblich, die „normalen Meister" von der Elite zu trennen. So bezeichnete Siegbert Tarrasch das Turnier von Ostende 1907, durch dessen Gewinn er unwiderruflich zum Herausforderer Emanuel Laskers avancierte, als

„Championturnier" und die Teilnehmer – die erfolgreichsten Meister dieser Zeit – als „Großmeister". Der Terminus dürfte sich schnell verbreitet haben, denn schon 1914 beim Turnier von St. Petersburg ist er ganz üblich und wird erstmals zum Streitpunkt. Man verstand damals diesen rein informellen Begriff enger als heute, seine Träger sollten potentielle Weltmeisterschaftskandidaten sein. Es begann sich eine Art Faustregel durchzusetzen: Derjenige solle als Großmeister angesehen werden, der entweder ein erstklassiges Turnier gewonnen habe oder zwei zweite oder drei dritte Plätze in derartigen Turnieren vorweisen könne. Die Organisatoren des St. Petersburger Turniers luden nur Spieler ein, die ein großes internationales Turnier gewonnen hatten, und zwar unabhängig vom Alter, was Kritik nach sich zog. Georg Marco fragte sich in der *Wiener Schachzeitung*: „Wer ist aber ‚Großmeister'? Die Petersburger Schachgesellschaft definierte: Jeder, der mindestens einmal in einem internationalen Meisterturnier den ersten Preis errungen hat. Diese Definition musste Bedenken erregen; sie ist zu umfassend und trotzdem zu eng; zu umfassend, weil sie Meister einschließt, die den Zenit ihrer Vollkraft schon vor zwanzig Jahren überschritten haben, zu eng, weil sie viele wirklich große Meister ganz willkürlich ausschließt. Spielmann, Dr. Tartakower u. a., welche über jedes Turnier den Glanz ihrer Kombinationen verbreiten, waren dadurch von vornherein ausgeschaltet."

Erlesenes Starterfeld

Am Start waren also neben dem Weltmeister der junge Kubaner José Raúl Capablanca, dessen Stern drei Jahre zuvor in San Sebastián aufgegangen war, Siegbert Tarrasch, Dawid Janowski, der gewaltige Akiba Rubinstein, der 1912 alle großen Turniere gewonnen hatte, Frank Marshall aus New York, der 27-jährige Exzentriker Aaron Nimzowitsch, Ossip Bernstein, die Veteranen Isidor Gunsberg und „Black Death" Joseph Henry Blackburne und schließlich der junge russische Adelige Alexander Aljechin. Wessen Turnier sollte St. Petersburg werden?

Das Reglement sah vor, dass zunächst ein Rundenturnier gespielt werde, wonach die besten Fünf ins Siegerturnier aufsteigen. Wie so oft hatte sich Lasker in der ersten Hälfte des Turniers ein wenig gehen lassen. Sein Spiel war bestenfalls mittelmäßig. Capablanca hingegen spielte mühelos und überzeugend und schien dem Feld davonzulaufen. Mit 1,5 Punkten Vorsprung vor Lasker und Tarrasch ging er ins Finalturnier. Die negative Überraschung war Rubinstein, der sich als Siebenter nicht für das Finale qualifizieren konnte. Dass Zar Nikolaus II. persönlich die Teilnehmer, die sich für die Siegergruppe qualifizierten – Emanuel Lasker, José Raúl Capablanca, Siegbert Tarrasch, Frank Marshall und Alexander Aljechin – zu den ersten Großmeistern ernannt haben soll, ist eine Legende. Der Zar hatte zwar das Turnier großzügig gefördert, war aber zur Zeit der Veranstaltung nicht in St. Petersburg.

Im Finale, das als Doppelrundenturnier gespielt wurde, holte Lasker Runde für Runde auf, doch schien er zunächst seinen gewaltigen Rückstand nicht mehr wettmachen zu können. Das den Kiebitzen

Das Finalturnier: 1 Emanuel Lasker – 2 Alexander Aljechin–
3 José Raúl Capablanca– 4 Frank Marshall – 5 Siegbert Tarrasch

gütige Schicksal hatte Lasker und Capablanca erst in der siebenten Runde zur Entscheidungspartie zusammengeführt. Capablanca
genügte ein Remis, während Lasker gewinnen musste, um überhaupt
noch eine Chance auf den ersten Platz zu wahren. Dennoch wählte
der Weltmeister zum großen Erstaunen aller eine als remisträchtig
geltende Eröffnung. Und erteilte dem jungen Kollegen eine Meister-
lektion in psychologischem Schach.

Psychologische Kriegsführung

Emanuel Lasker (1868–1941)   José Raúl Capablanca (1888–1942)

Lasker – Capablanca
St. Petersburg 1914

1.e4 e5 2.Sf3 Sc6 3.Lb5 a6 4.Lxc6 Eine Überraschung: Die spanische Abtauschvariante gilt als ruhige Eröffnung. Und damit will
Lasker gegen den technisch so versierten Capablanca gewinnen?
4...dxc6 5.d4 exd4 6.Dxd4 Dxd4 7.Sxd4 Enttäuschung bei den
zahlreichen Zuschauern. Hatte Emanuel Lasker den Gedanken an
den ersten Preis schon aufgegeben und nur mehr ein Sicherheitsre-
mis im Sinn? Doch die so harmlos scheinende Abtauschvariante hat
ihre Tücken: Weiß hat eine gesunde Bauernmehrheit am Königsflügel, die er nach und nach mobilisieren kann, die schwarze Bauern-

mehrheit am Damenflügel ist hingegen durch den Doppelbauern entwertet. Dafür besitzt Schwarz das Läuferpaar und muss aktiv, ja aggressiv zu Werke gehen, um seine positionellen Nachteile, die entwertete Bauernformation am Damenflügel, zu kompensieren. Genau das stand aber im Widerspruch zu Capablancas Absicht, ein schnelles Unentschieden zu erreichen, da er zum Turniersieg nur einen halben Punkt benötigte. **7...Ld6 8.Sc3 Se7 9.0-0 0-0** Bereits hier sieht man, dass Lasker seinen Gegner exzellent eingeschätzt hatte. Viel aktiver war 9...Ld7 nebst großer Rochade oder 9...f5 10.Te1 0-0 11.e5 Lc5 12.Sb3 La7 mit unklaren Verwicklungen. Damit kann sich jedoch der Kubaner, der klare Verhältnisse anstrebt, nicht anfreunden. **10.f4 Te8** Noch hat Schwarz alles unter Kontrolle. Er konnte aber seinen Figuren mit 10...Lc5 11.Le3 Te8 oder 10...f5 11.e5 Lc5 12.Le3 Lxd4 13.Lxd4 b6 mehr Bewegungsfreiheit verschaffen. **11.Sb3 f6** (Diagramm 1)

12.f5! Der alte Löwe zeigt seine Pranke! Obwohl der Be4 rückständig und dadurch sehr schwach wird und Schwarz das Feld e5 für seine Figuren gewinnt, hemmt dieser Zug die weitere planmäßige Entwicklung der schwarzen Figuren. **12...b6?!** Langsam wird es Zeit etwas zu unternehmen. Nach 12...Ld7 13.Lf4 Lxf4 14.Txf4 Sc8 bzw. sogar 12...g5!? 13.fxg6 Sxg6 14.Txf6 Le5 15.Tf1 Lxc3 16.bxc3 Txe4 stand die Sache für Schwarz gar nicht so schlecht. Aber Capablanca spielt befangen und sitzt in Laskers psychologischer Falle. **13.Lf4 Lb7?** Stärker war 13...Lxf4! 14.Txf4 c5! 15.Td1 Lb7 16.Tf2 Tad8 17.Tfd2 (17.Txd8 Txd8 18.Td2 Txd2 19.Sxd2 Sc6) 17...Txd2 18.Txd2 Sc6 19.Td7 Tc8 und nach Se5 steht Schwarz gut. Nun wird der Bd6 schwach und der weiße Springer nistet sich auf dem Idealfeld e6 ein. **14.Lxd6 cxd6 15.Sd4 Tad8?!** Regen oder Traufe. Lässt Schwarz den Springer nicht nach e6 und spielt 15...Lc8, so folgt 16.Tad1 nebst Td2, Tfd1 und der Bd6 fällt. **16.Se6 Td7 17.Tad1 Sc8** Driftet in vollständige Lethargie ab. Der Befreiungsversuch 17...c5 mit

Diagramm 1

der Idee d6-d5 konnte versucht werden. Wenn 18.Sd5, so 18...Lxd5. **18.Tf2 b5 19.Tfd2 Tde7 20.b4** Verhindert jegliches Gegenspiel am Damenflügel. **20...Kf7 21.a3 La8?!** Hier war schon das Qualitätsopfer 21...Txe6 22.fxe6+ Txe6 notwendig. **22.Kf2 Ta7 23.g4** Schwarz wird systematisch eingeschnürt. **23...h6 24.Td3 a5?** Der Versuch eines Gegenspiels, doch bald wird Weiß die a-Linie in Besitz nehmen. **25.h4 axb4 26.axb4 Tae7** Ein trauriger Rückzug. Warum nicht wenigstens 26...Ta3? Der Kubaner ist nicht wiederzuerkennen. **27.Kf3 Tg8 28.Kf4 g6 29.Tg3 g5+** Auch 29...gxf5 30.exf5 d5 31.g5! hxg5+ 32.hxg5 fxg5+ 33.Sxg5+ Kf8 34.f6 Ta7 35.Ke5! bringt keine Entlastung. **30.Kf3** Weiß muss nicht tauschen, sondern wartet noch einen Zug, um selbst in den Besitz der h-Linie zu gelangen. **30...Sb6** Ganz schlecht wäre 30...gxh4 31.Th3 nebst Txh4 mit einem weiteren Schwachpunkt auf h6. **31.hxg5 hxg5 32.Th3!** Lasker lässt sich nicht verlocken – 32.Txd6 Sc4 33.Td1 Th8 – sondern verfolgt konsequent seinen Plan. **32...Td7** Nach 32...Sc4 würde Weiß mit 33.Ta1 auch die a-Linie besetzen und mit beiden Türmen in die schwarze Stellung eindringen. **33.Kg3 Ke8 34.Tdh1 Lb7** Kann sich Schwarz doch noch irgendwie retten? (Diagramm 2)

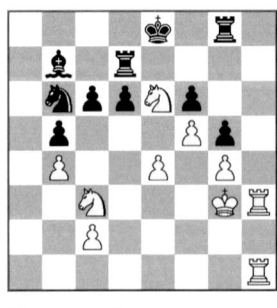

Diagramm 2

35.e5! Nein! Mit eiserner Faust zertrümmert Lasker die schwarze Stellung. Durch dieses Räumungsopfer soll der bisher untätige Sc3 über e4 am Zerstörungswerk mitwirken. **35...dxe5 36.Se4 Sd5 37.S6c5** Gewinnt durch die Drohung Sxb7 nebst Sd6+ schlicht und einfach die Qualität. **37...Lc8 38.Sxd7 Lxd7 39.Th7 Tf8 40.Ta1** Die Krönung des weißen Plans! Nun kommt er auch noch über die a-Linie. **40...Kd8 41.Ta8+ Lc8 42.Sc5** Gegen die Drohungen 43.Sb7+ oder 43.Se6+ gibt es keine Verteidigung mehr, daher 1-0

Eine verheerende Niederlage für Capablanca, die ihn erschütterte und ein Trauma auslöste, an dem er noch lange zu leiden hatte. In der nächsten Runde verlor er auch noch gegen Tarrasch und konnte so mit Lasker, der im Finale sieben Punkte aus acht Partien erzielte, trotz aller Anstrengungen nicht mehr mithalten.

Endstand St. Petersburg 1914

		Vorr.	1	2	3	4	5	
1.	Emanuel Lasker	6½	• •	½ 1	1 1	1 ½	1 1	13½
2.	José Raúl Capablanca	8	½ 0	• •	½ 1	1 0	1 1	13
3.	Alexander Aljechin	6	0 0	½ 0	• •	1 1	1 ½	10
4.	Siegbert Tarrasch	6½	0 ½	0 1	0 0	• •	0 ½	8½
5.	Frank James Marshall	6	0 0	0 0	0 ½	½ ½	• •	8

Emanuel Lasker blieb nach diesem Triumph noch sieben weitere Jahre Weltmeister, bis er 1921 seinen Titel gegen Capablanca verlor. Doch auch in diesem WM-Kampf wagte es der Kubaner noch immer nicht, den Zug 3...a6 in der Spanischen Partie zu spielen. Die Erinnerung an die Schicksalsstunde in St. Petersburg 1914 blieb zeitlebens wach.

Literatur

Pachman, Luděk: Entscheidungspartien. Die bedeutendsten Schachereignisse von Baden-Baden 1870 bis zur Weltmeisterschaft 1972 ausgewählt und kommentiert. Düsseldorf, Walter Rau Verlag, 2. Auflage 1975

Tarrasch, Siegbert: Das Großmeisterturnier zu St. Petersburg im Jahre 1914. Sammlung sämtlicher Partien mit ausführlichen Anmerkungen. Nürnberg, Selbstverlag 1914

The Grand International Master's Chess Tournament at St. Petersburg 1914. The whole of the games, with notes, both original and compiled from various sources. London, Frank Hollings 1914

Uhlin, Eric: Stormästarturneringen in St. Petersburg 1914. Orebro, Tidskrift för Schacks Förlag 1955

Wiener Schachzeitung 1914

WIE AN FEINEN FÄDEN

Die Sternstunde des Rudolf Charousek, sein Triumph über Weltmeister Emanuel Lasker, inspirierte den expressionistischen Schriftsteller Gustav Meyrink zu seinem absurd-phantastischen Roman „Der Golem", eine Hommage auf dieses allzu früh verstorbene Schachgenie.

Gustav Meyrinks Hommage an Rudolf Charousek, 1915

Gustav Meyrink (1868–1932)
um 1890

Gustav Meyrink (1868–1932), der dunkle Romantiker in der Nachfolge E.T.A. Hoffmanns und Edgar Allen Poes, gehörte nicht nur zum Kreis um Max Brod und Franz Kafka, sondern knapp vor der Jahrhundertwende auch zu den stärksten Mitgliedern des Prager Schachklubs. 1868 in einem Wiener Hotel als unehelicher Sohn eines württembergischen Staatsministers und der Hofschauspielerin Marie Meyer geboren, verbrachte Gustav Meyer, wie er mit bürgerlichem Namen hieß, seine Schulzeit wegen der oft wechselnden Engagements seiner Mutter in München, Hamburg und Prag. Nachdem er in Prag die Handelsakademie absolviert hatte, gründete er im Alter von 20 Jahren mit seinem Kompagnon Johann David Morgenstern das Bankhaus „Meyer und Morgenstern".

Das Jahr 1902 brachte eine jähe Wende seiner gutbürgerlichen Existenz, als er sich ungerechtfertigten Betrugsvorwürfen ausgesetzt sah, die ihn für drei Monate ins Gefängnis brachten und ihn zur Geschäftsaufgabe zwangen. Danach begann seine Karriere als Schriftsteller. Seine Arbeiten wurden mit wachsendem und begeistertem Interesse gelesen: „Meyrinks Geschichten im Simplicissimus, geheimnisvoll, grotesk, gespenstisch, boshaft, witzig und funkelnd, regten zu jener Zeit die Phantasie der geistig bewegten Jugend mächtig an. Man stürzte sich über jede neue Nummer des Münchener Blattes, und stand ein neuer Meyrink drin, so war für etliche Abende Diskussionsstoff vorhanden." (Erich Mühsam 1978, Kapitel 12)

Gustav Meyrink, wie er sich nun nannte, war dem Schach regelrecht verfallen und tat sich auch als zynischer Kiebitz hervor, wie manchmal zu lesen ist. Er gewann sogar drei Mal die Meisterschaft des Schachklubs Starnberg und spielte bis zu seinem Tod am ersten Brett für diese Mannschaft. Sein Kollege und Freund Roda Roda, aber auch Erich Mühsam erwähnen ihn in Zusammenhang mit dem Schachspiel: „Zum Stammlokal wurde das ‚Café Stefanie' gewählt, an der Peripherie des Künstlerviertels, im Münchener Quartier Latin gelegen. Hier verkehrten massenhaft Maler, Schriftsteller und Genieanwärter jeder Art, auch viele ausländische Künstler, Russen, Ungarn und Balkanslawen, kurz das, was der Münchener Eingeborene in den Sammelnamen ‚Schlawiner' zusammenfaßt. Ein Ecktisch war für eine Anzahl Berühmtheiten reserviert, deren einige dem Schachspiel oblagen, andere die Tagesereignisse auf den Gebieten der Literatur, der Kunst

Gustav Meyrink (1868–1932) um 1925

und des Theaters erörterten. Dort lernte ich Max Halbe kennen und Max Dauthendey und habe dann jahrelang an dem Ecktisch fast täglich Schach gespielt mit Roda Roda und Gustav Meyrink, mit dem Syndikus der Münchener Kunstakademie Professor Eugen von Stieler und mit dem ‚Major', dem Maler und Schriftsteller August von Hoffmann-Bestenhof, einem ehemaligen österreichischen Offizier, mit dem Maler Max Nonnenbruch und vielen anderen." (Erich Mühsam: 1978, Kapitel 13)

Der Golem

Seinen ersten großen Erfolg hatte Meyrink mit dem Roman „Der Golem" (1915), von dem schon nach zwei Jahren 145.000 Exemplare verkauft waren. Das Werk, das in eine absurd-phantastische Traumwelt eintaucht, gilt mittlerweile als Klassiker der phantastischen Literatur und des Expressionismus.

Das Buch stellt nicht zuletzt eine Hommage an den früh verstorbenen Schachmeister Rudolf Charousek (1873–1900) dar. Charousek, dessen internationale Karriere nur vier Jahre dauerte, war das Urbild des Genies: Schachlich noch in einem stilistischen Gärungsprozess begriffen, war er ein hervorragender Taktiker, der durch wüste und gewagte Manöver seine Gegner in wilde Abgründe lockte. 1873 in Prag geboren, übersiedelte Charouseks Familie bald ins ungarische Debrecen. Als Rudolf zu Weihnachten 1888 ein Schachspiel geschenkt bekam, spielte er schon recht gut. Die Familie lebte dann in Miskolc, wo Rudolf das Gymnasium besuchte. Zur erfolgreich bestandenen Abitur bekam er das Handbuch des Schachspiels von Bilguer, damals die wohl umfangreichste und wichtigste Schachpublikation. Das Spiel zog ihn so sehr in seinen Bann, dass er das Studium der Rechtswissenschaften abbrach, um

Rudolf Charousek (1873–1900)

fortan als Berufsschachspieler zu leben. Nach ersten lokalen Erfolgen in Ungarn folgten Einladungen zu internationalen Turnieren. In den Jahren 1896 bis 1898 sorgte Charousek mit beeindruckenden und brillanten Leistungen für Aufsehen. So erreichte er bei dem vom Pester Schachklub veranstalteten Turnier zur Tausendjahrfeier Ungarns 1896 den Stichkampf um den ersten Platz, den er aber gegen Michail Tschigorin verlor. 1897 gewann Charousek das Jubiläumsturnier der Berliner Schachgesellschaft und belegte beim Kongress des Deutschen Schachbundes in Köln 1898 den geteilten zweiten Platz.

In Meyrinks Roman „Der Golem" fällt der anonyme Erzähler in einen unruhigen Halbschlaf und gleitet in eine Traumwelt, in der er Ereignisse erlebt, die sich vor mehr als dreißig Jahren im Prager Judenviertel zugetragen haben. Er nimmt die Identität des Antiquitätenrestaurators Athanasius Pernath an und wird in einen Rachefeldzug gegen den Trödler Aaron Wassertrum verwickelt, den der bettelarme Medizinstudent Innozenz Charousek führt. Der Student, der offensichtlich Züge des Schachmeisters Charousek trägt, ist eine der drei Hauptfiguren und Wassertrums unehelicher Sohn. Der Roman nimmt sogar deutlich Bezug auf eine Partie Charouseks. In der entscheidenden Szene schildert Charousek, wie er Wassertrum mit unerbittlicher schachlicher Logik zur Strecke bringen will: „*Neben mir stand der Student Charousek, den Kragen seines dünnen, fadenscheinigen Überziehers aufgeschlagen, und ich hörte, wie ihm vor Kälte die Zähne aufeinanderschlugen. Er kann sich den Tod holen in diesem zugigen, eisigen Torbogen, sagte ich mir, und ich forderte ihn auf, mit hinüber in meine*

Der Golem, Schutzumschlag der englischen Übersetzung

Wohnung zu kommen. Er aber lehnte ab. ‚Ich danke Ihnen, Meister Pernath‘, murmelte er fröstelnd, ‚leider habe ich nicht mehr so viel Zeit übrig; – ich muß eilends in die Stadt. – Auch würden wir bis auf die Haut naß, wenn wir jetzt auf die Gasse treten wollten – schon nach wenigen Schritten! – – Der Platzregen will nicht schwächer werden!‘ ‚Meister Pernath, ich bin so arm, daß ich es selbst kaum mehr begreife; ich muß halbnackt gehen wie ein Vagabund, sehen Sie her, und ich bin doch Student der Medizin, – bin doch ein gebildeter Mensch!‘

Er riß seinen Überzieher auf und ich sah zu meinem Entsetzen, daß er weder Hemd noch Rock anhatte und den Mantel über der nackten Haut trug. ‚Und so arm war ich bereits, als ich diese Bestie, diesen allmächtigen, angesehenen Dr. Wassory zu Fall brachte, – und noch heute ahnt keiner, daß ich, ich der eigentliche Urheber war. Man meint in der Stadt, ein gewisser Dr. Savioli sei es gewesen, der seine Praktiken ans Tageslicht gezogen und ihn dann zum Selbstmord getrieben hat. – Dr. Savioli war nichts als mein Werkzeug! sage ich Ihnen. Ich allein habe den Plan erdacht und das Material zusammengetragen, habe die Beweise geliefert und leise und unmerklich Stein um Stein in dem Gebäude Dr. Wassorys gelockert, bis der Zustand erreicht war, wo kein Geld der Erde, keine List des Ghettos mehr vermocht hätten, den Zusammenbruch, zu dem es nur noch eines unmerklichen Anstoßes bedurfte, abzuwenden.

Wissen Sie, so – so wie man Schach spielt. Gerade so wie man Schach spielt. Und niemand weiß, daß ich es war!‘ Und Charousek schlug sich vor die Stirn und lachte wild. ‚Aaron Wassertrum wird es bald erfahren; genau an dem Tage, an dem er Dr. Savioli an den Hals will! Genau an demselben Tage! Auch diese Schachpartie habe ich ausgerechnet bis zum letzten Zug. – Diesmal wird es ein Königsläufergambit sein. Da gibt es keinen einzigen Zug bis zum bittern Ende, gegen den ich nicht eine verderbliche Entgegnung wüßte. Wer sich mit mir in ein solches Königsläufergambit einläßt, der hängt in der Luft, sage ich Ihnen, wie eine hilflose Marionette an feinen

Fäden, – an Fäden, die ich zupfe, – hören Sie wohl, die ich zupfe, und mit dessen freiem Willen ist's dahin.' Der Student redete wie im Fieber, und ich sah ihm entsetzt ins Gesicht."

Charouseks Triumph

Hier das dramatische Aufeinandertreffen mit dem Weltmeister Emanuel Lasker anlässlich Charouseks erstem internationalen Auftreten. Der junge Mann aus Debrecen war ein gewaltiges Versprechen für die Zukunft.

Charousek – Lasker

Nürnberg 1896

1.e4 e5 2.f4 exf4 3.Lc4 Das riskante Königsläufergambit, und das gegen den großen Lasker! **3...d5** Der sofortige Damenausfall 3...Dh4+ 4.Kf1 d6 5.Sf3 Dh5 6.Sc3 c6 7.d4 g5 8.h4 h6 bringt Schwarz gutes Spiel, aber nach neuesten Untersuchungen von John Shaw soll Schwarz mit 3...Sc6! 4.d4 Sf6 5.Sc3 Lb4! oder 5.e5 d5! bzw. 4.Sf3 g5! 5.d4 Lg7 klaren Vorteil erhalten. **4.Lxd5 Dh4+ 5.Kf1 g5 6.Sf3** Tschigorin versuchte gegen Maróczy 6.g3 fxg3 7.Df3 g2+ 8.Kxg2 Sh6 9.Dg3 (Wien 1903). **6...Dh5 7.h4 Lg7** Nicht 7...h6? 8.Lxf7+! Dxf7 (8...Kxf7? 9.Se5+) 9.Se5 nebst Dh5+. **8.Sc3 c6** Dieser Zug gilt im Allgemeinen in dieser Variante für schlecht. (Tarrasch) Interessant wäre 8...h6 9.d4 Se7 10.Dd3 Sbc6 11.Lxc6+ bxc6 12.Kg1 g4. **9.Lc4 Lg4** Hier sollte h7-h6 geschehen, um die Bauernkette intakt zu erhalten. Sowie dem Weißen die Sprengung desselben gelingt, ist Schwarz verloren. (Tarrasch) **10.d4 Sd7** Auch hier konnte noch h7-h6 geschehen. Weniger gut wäre 10...Lxf3 11.Dxf3! (11.gxf3 Lxd4 12.Dxd4 Dxf3+ 13.Kg1 Dg3+) 11...Dxf3+ 12.gxf3 Lxd4 13.hxg5. (Tarrasch) **11.Kf2** Durch die Drohung hxg5 kommt Weiß nun in Vorteil. (Tarrasch) **11...Lxf3?!** Besser 11...gxh4 12.Le2 0-0-0 13.Lxf4. **12.gxf3 0-0-0** (Diagramm 1)

Diagramm 1

13.hxg5! Gut gespielt. (Tarrasch) **13...Dxg5** Auf 13...Lxd4+ folgt 14.Dxd4 Dxh1 15.Lxf4 Dxa1 16.Dd6 resp. 15...Dh4+ 16.Lg3 Dxg5 (droht Dc5) 17.Dxa7 Dc5+ 18.Dxc5 Sxc5 19.Lxf7 und Weiß ist durch die beiden verbundenen Freibauern in entscheidendem Vorteil. (Tarrasch) **14.Se2 De7 15.c3 Se5 16.Da4 Sxc4** Nach 16...b5 17.Da6+ Db7 18.Dxb7+ Kxb7 19.dxe5 bxc4 20.Lxf4 Se7 21.Lg5 Tde8 22.Tad1 hat Weiß großen Vorteil. **17.Dxc4 Sf6 18.Lxf4** Nun hat Weiß ein gewonnenes Spiel. (Tarrasch) Charousek hat einen Bauern mehr und ein gewaltiges Zentrum. **18...Sd7 19.Da4 a6 20.Da5 Sf8 21.Sg3 Se6 22.Sf5 Df8** Auf 22...Df6 geht die Dame durch 23.Le5 Dg5 24.f4 Dg4 25.Tag1 verloren. (Tarrasch) **23.Lg3 Td7** (Diagramm 2)

Diagramm 2

24.Sxg7! Durch diese Abtauschkombination gewinnt Weiß einen zweiten Bauer; er konnte auch mit a2-a4, b2-b4-b5 einen unwiderstehlichen Angriff eröffnen. (Tarrasch) **24...Dxg7 25.De5** Droht 26.Db8 matt, daher muss Schwarz die Damen tauschen und in ein verlorenes Endspiel gehen. Nicht so klar wäre 25.Db6?! Dg5 26.Tad1 Tg8. **25...Dxe5 26.Lxe5 f6 27.Lxf6 Tf8 28.Th6 Sf4 29.Ke3 Sg2+ 30.Kd2 Tdf7 31.e5 Sf4 32.Tah1 Tg8 33.c4 Se6 34.Ke3 Sf8 35.d5 Td7 36.e6** Eine große, beeindruckende Partie gegen den Weltmeister. 1–0

Nach dieser Partie bekannte Emanuel Lasker: „Gegen diesen jungen Mann werde ich noch einen Weltmeisterschaftskampf spielen müssen." Doch es kam nicht dazu. Die Tuberkulose, eine Folge von Charouseks ärmlicher Kindheit und Jugend, brach 1898 aus und zerstörte alle Hoffnungen. Rudolf Charousek starb im Alter von nur 26 Jahren, ein kolossales Talent, das nur kurze Zeit blühte und noch in seiner Jugend gefällt wurde, wie John Keats oder Jimi Hendrix.

Literatur

Bachmann, Ludwig: Pillsbury und Charousek. Ein Lebensbild zweier genialer Jungmeister des Schachspiels. Ansbach, C. Brügel & Sohn 1914

Charuchin, Viktor A.: Chess Comet Rudolf Charousek 1873–1900. Unterhaching, Schachfirma Fruth 1997

Meyrink, Gustav: Der Golem. Leipzig, Kurt Wolff Verlag 1915

Mühsam, Erich: Unpolitische Erinnerungen. Ausgewählte Werke, Band 2: Publizistik. Berlin, Volk und Welt 1978

Nickel, Arno: Gustav Meyrink – Schriftsteller und Schachspieler. In: Schach-Kalender 2013. Berlin, Edition Marco 2012, 160–175

Sergeant, Philipp W.: Charousek's Games of Chess. London, G. Bell and Sons Ltd. 1919

Tarrasch, Siegbert/Schröder Christian: Das internationale Schachturnier des Schachclubs Nürnberg im Juli-August 1896. Leipzig, Verlag von Veit & Comp. 1897

DIE GEBURT EINER VERTEIDIGUNG

*Der Plan, eine neue Verteidigung gegen die Damen-
bauereröffnung zu erfinden, hielt den Wiener Meister
Ernst Grünfeld während des langen Winters 1921/22
in seiner Studierstube fest. Hier schlug diesem vom
Forschergeist Besessenen die glückliche Stunde:
die Geburt seiner Indischen Verteidigung.*

Ernst Grünfelds „Indische Verteidigung", Wien 1922

Die Diskussion um Wahrheit oder Prinzipien des Stils im Schach erscheinen im Zeitalter der Datenbanken und superschnellen Analysemaschinen antiquiert. Nicht der Computer ahmt das Denken des Menschen nach, wie Weltmeister Michail Botwinnik noch in den Achtzigerjahren glaubte, sondern der Mensch orientiert sich zunehmend an den Analysen des Computers; die Welt des Schachspiels wird zusehends berechenbar.

Einen letzten Versuch, eine Stilrichtung im Schach zu begründen, stellte die „Hypermoderne Schule" der jungen Meister der Zwanzigerjahre des vorigen Jahrhunderts dar. Die Überlegungen von Aaron Nimzowitsch, Gyula Breyer, Richard Réti, Savielly Tartakower und anderen waren der Einbruch der Avantgarde ins Schachspiel, ein letztes Aufblitzen alteuropäischer Suche nach Wahrheit in der Kunst wie im Schach. „Die neuen Ideen im Schach", schreibt Richard Réti in seinem Manifest 1922, „haben mit dem Expressionismus manche Ähnlichkeit. Unser Ideal ist nicht mehr das, was man naturgemäße Entwicklung nannte, wir glauben, dass in der Ausführung menschlicher Ideen tiefere Möglichkeiten verborgen liegen als in der Natur."

Also galt nun die funktionelle Beherrschung des Raumes statt seiner mechanischen Besetzung, Elastizität und Nachhaltigkeit statt der Jahrhunderte lang gepredigten schnellen Entwicklung und des Königsangriffs. Daraus resultierte eine neue Ästhetik des Raumes, eine architektonische Idee, die neben Réti niemand so konsequent träumen sollte wie der junge Wiener Ernst Franz Grünfeld.

Der Variantenkoffer

Grünfeld war seine Bestimmung nicht in die Wiege gelegt. 1893 im achten Wiener Gemeindebezirk als siebentes Kind des Bronzewarenerzeugers Julius Grünfeld und seiner Frau Aloisia geboren, musste ihm schon im Alter von fünf Jahren infolge eines Unfalls das linke Bein amputiert werden. Dazu war er stark kurzsichtig, was ihn von den Spielen seiner Altersgenossen fernhielt. Dafür war der aufgeweckte Knabe in Bezug auf visuelles Gedächtnis und Merkfähigkeit eine Jahrhunderterscheinung. Doch erst im Alter von 18 Jahren, als er im Zuge der Weltmeisterschaft Lasker – Schlechter 1910, deren erster Teil in Wien gespielt wurde, das Schachspiel kennenlernte, konnte er diese Fähigkeiten ideal anwenden und schaffte durch unglaublichen Fleiß und große Disziplin innerhalb weniger Jahre den Aufstieg zum Weltklassespieler. Als zwei Brüder und der Vater an den Folgen

Ernst Grünfeld (1893–1962), 1924

des Ersten Weltkriegs starben und der Familienbetrieb geschlossen werden musste, wurde Grünfeld professioneller Schachspieler. Wie wenige seiner Zeitgenossen war Ernst Grünfeld ein Spätberufener, der dem Schach dennoch erstaunliche Impulse zu geben vermochte.

Er war ein Schachforscher im besten Sinn, dessen Arbeitsmethode und Leben eine Einheit bildeten. In der Einsamkeit des Prüfens, in der Strenge der immer wiederkehrenden und vollständigen Analyse fühlte er sich wohl und wagte sich erst nach getaner Arbeit mit frisch gefülltem „Variantenkoffer" in die Öffentlichkeit des Turniersaals, um den Wert seiner geleisteten Arbeit prüfen zu lassen. Grünfeld konzentrierte sich auf den ersten Teil der Partie, die Eröffnung, indem er jede verfügbare Partie sammelte und eine riesige Bibliothek von Varianten daraus formte, die er mithilfe eines abstrakten Bewertungssystems katalogisierte. Daraus wiederum entnahm er das Material für seinen gefürchteten Variantenkoffer, einer Tasche mit vielen Fächern, die vor jedem Turnier je nach Gegner neu aufgefüllt wurde. Diese Vorgangsweise stieß bei seinen Zeitgenossen noch auf Unverständnis, sollte jedoch eine der Grundlagen des modernen Schachs – quasi die Vorwegnahme computerunterstützter Vorbereitung – werden. Schon bei einem seiner ersten großen internationalen Turniere, in Budapest 1921, kam er hinter dem späteren Weltmeister Alexander Aljechin auf den zweiten Platz; bis zwei Runden vor Schluss stand der Neuling sogar unangefochten an der Spitze: „Weit mehr Aufsehen als Aljechins Erfolg erregt der des Wiener Meisters Grünfeld. Dieser bildet einen eigenartigen, in sich durchaus abgeschlossenen Typus. Wir möchten ihn als reproduktives Genie bezeichnen, obwohl wir damit eigentlich eine ‚contradictio in adjecto‘ aussprechen. Seine Kenntnisse in der Eröffnungstheorie gehen schon über das Maß des Erlaubten hinaus. Das ‚Handbuch‘, das er vollkommen auswendig kennt, stellt für ihn, sozusagen, nur das Gerippe dar, auf dem sich die Ergebnisse seiner Spezialstudien aufbauen. Die ersten zehn bis fünfzehn Züge der Partie pflegt er daher a tempo zu machen, so daß er meist glatt eine Stunde Bedenkzeit spart. Auch im Endspiel ist ihm alles geläufig, was man lernen kann." (Mieses in *Deutsche Schachzeitung* 1921, 218)

Eine geniale Entdeckung

Unmittelbar nach diesem Erfolg zog sich das „wandelnde Schachlexikon" während des ganzen Winters 1921/22 in seine häusliche Studierstube zurück, um die Mängel seines Spiels zu analysieren. Die Turniere des Jahres 1921 hatten ihm deutlich vor Augen geführt, wo sein schwächster Punkt lag. Sein Eröffnungsrepertoire mit Weiß war perfekt. Als Schwarzer hatte er gegen 1.e4 neben dem klassischen 1...e5 nun auch Aljechins neue Verteidigung 1...Sf6 aufgenommen, die ihn faszinierte. Aber gegen 1.d4 gab es mit Schwarz keine rechte Antwort. Hier waren zwei Verlustpartien des Jahres 1921 besonders schmerzlich gewesen und forderten seine analytischen Fähigkeiten heraus, die beiden Damengambits gegen Friedrich Sämisch in Wien und gegen Boris Kostić in Budapest, wobei letztere ihn sogar den Turniersieg gekostet hatte. Wenn er weiter zur Spitze vorstoßen und sich dort halten wollte, musste er hier ansetzen. Um 1950 erinnerte sich Grünfeld an seinen gedanklichen Weg zu einer neuen Verteidigung: „Der Gedanke, eine neue Verteidigung gegen die Damenbauereröffnung zu erfinden, entstand bereits im Jahre 1921. Damals war es nämlich für den Nachziehenden noch sehr schwer, gegen das herrschende Damengambit eine Spielweise zu wählen, die Schwarz Aussichten auf die Erreichung einer gleichwertigen Position eröffnete. Die zu dieser Zeit bekannten Varianten konnten nicht befriedigen. Die Tarrasch-Verteidigung (1.d4 d5 2.c4 e6 3.Sc3 c5) ergab den vereinzelten Damenbauern und galt durch die Rubinsteinsche Behandlung g3 nebst Lg2 als abgetan, während die Schwierigkeiten der orthodoxen Verteidigung mir schon in meinen Begegnungen gegen Sämisch (Wien 1921) und gegen Großmeister Kostić aus dem Budapester Turnier viele Sorgen bereiteten. Die sogenannten indischen Systeme waren zur damaligen Zeit aber so gut wie unerforscht und wirkten sich in der Praxis als günstig für Weiß aus. Aus diesem

Grunde erwies sich die Notwendigkeit immer dringender, an die Schaffung einer neuen Verteidigung zu denken, welche sowohl das Gleichgewicht in der Mitte durch c7-c5 herstellt, ohne einen isolierten Damenbauer hervorzurufen, als auch die unangenehme Bindung durch Lc1-g5 vermeidet. Es gelang mir nun, diese beiden Voraussetzungen in der unter dem Namen ‚Grünfeld-Variante' bekannten und beliebten Spielweise zu vereinigen." (Grünfeld: Manuskript ca. 1950)

Sein Ansatzpunkt bei der Suche nach einer neuen Verteidigung waren die Partie Swiderski gegen Wolf, Nürnberg 1906, die mit 1.c4 c6 2.d4 d5 3.e3 Sf6 4.Sc3 g6 begann, und die letzte Partie des WM-Kampfes 1910 Lasker – Schlechter, in der der Wiener 1.d4 d5 2.c4 c6 3.Sf3 Sf6 4.e3 g6 versuchte. Auch Grünfelds Lehrer und Partner Siegfried R. Wolf bevorzugte diese Verteidigung und spielte sie vor dem Krieg mehrere Male in Trainingspartien gegen Grünfeld. In all diesen Begegnungen fianchettierte Schwarz den Königsläufer („Indisch") und spielte den Stützzug c7-c6, wonach er zwar sicher, aber etwas perspektivlos stand. Grünfeld ging an das Problem radikaler heran, indem er entdeckte, dass dieser Stützzug für den Bauern d5 nicht notwendig war, sondern dass das Zentrum sofort mit c5 aufgebrochen werden könne: „Der Grundgedanke der Seitenentwicklung des Königsläufers von Schwarz beruht in der Hauptsache darin, seine Zentrumsbauern c und d durch Abtausch aus der Mitte zu entfernen! Ein wichtiges Erfordernis ist die Durchsetzung von c7-c5. Seinen Damenbauern zieht Schwarz in dem Augenblick zwei Schritte, sobald Weiß e4 droht, was in der Regel mit Sc3 durchgeführt wird; kommt dann d5, cxd5 Sxd5, e4, so wird der Sc3 abgetauscht und das Zentrum mit c5 angegriffen. Späterer Abtausch auf d4 schafft die hängenden Bauern e4 und d4 und seine Bauernmajorität am Damenflügel sichert dann Schwarz das überlegene Endspiel." (Grünfeld in Schorr (Hrsg.) 1923, 33)

Das war der Ursprung eines vollkommen neuen Verteidigungssystems, einer eigenartigen Mischung aus Indisch und Damengambit, aber mit völlig neuen Ideen bereichert, die ideale Demonstration des hypermodernen Schachgedankens. Bald verbreitete sich in Wiener Schachkreisen das Gerücht, dass Grünfeld mit einer völlig neuen Verteidigung experimentiere, die er Freunden aus dem Landstraßer Schachbund und dem Deutschen Schachverein vorführte.

Der praktische Beweis

Zwei für das Schicksal dieser Verteidigung bedeutsame Partien des Jahres 1922 waren zunächst die Premiere im Wettkampf mit Albert Becker im März und schließlich im November der große frühe Erfolg gegen den späteren Weltmeister Aljechin, dessen Widerlegungsversuch kläglich scheiterte. Die Kommentare im Originalton der Zeit stammen von Albert Becker, Josef Lokvenc und Ernst Grünfeld selbst.

LOD. PRINS

GRÜNFELD VERDEDIGING
EN
SCHAAKPRACTIJK

Beschouwingen, aan meesterpartijen ontleend,
over een veelgespeelde opening

Met tal van diagrammen

N.V. Uitgeversmaatschappij „De Tijdstroom", Lochem

Die erste Monografie über die Grünfeld-Indische Verteidigung, 1941

Becker – Grünfeld

Wien 1922, 4. Wettkampfpartie

1.d4 Sf6 2.Sf3 g6 Dieses Entwicklungssystem, das der Führer der Schwarzen mehrmals im Pystianer Turnier 1922 erfolgreich anwandte, bestand in der vorliegenden Partie die Feuerprobe. **3.c4 Lg7 4.Sc3 d5 5.cxd5** In der Partie Sämisch – Grünfeld des genannten Turniers setzte Weiß mit 5.Lf4 fort. Es folgte 0-0 6.e3 c6 7.Tc1 Sbd7 8.Ld3 dxc4 9.Lxc4 c5 10.dxc5 (falls 10.d5, so 10...Sb6!) 10...Sxc5 11.0-0 Dxd1 12.Tfxd1 Le6! und das Spiel wurde bald unentschieden. **5...Sxd5 6.e4 Sxc3 7.bxc3 c5!** (Diagramm 1)

Dieser Zug zeigt den Sinn der Eröffnungsanlage. Das scheinbar riesige Zentrum des Weißen wird erschüttert und der Lg7 kommt zu großer Wirksamkeit. Außerdem erlangt Schwarz die fürs Endspiel

Diagramm 1

bedeutsame Bauernübermacht am Damenflügel. **8.Le2 0-0** Ein wohlüberlegter Zug. Weiß wollte 8...Sc6 nun mit 9.d5! beantworten, z.B. 9...Lxc3+ 10.Ld2 Lxa1 (10...Lxd2+ 11.Dxd2 und 12.Dc3 usw.) 11.Dxa1 Sd4 12.Sxd4 cxd4 13.Dxd4 und das weiße Spiel ist wegen des gewaltigen Läuferpaares und der starken Mitte vorzuziehen. Schwarz hat aber diese Opferwendung rechtzeitig gemerkt und vermeidet die Gefahr. **9.0-0 cxd4 10.cxd4 Sc6 11.Le3 Lg4 12.d5!** Die Stellung ist für Weiß nicht leicht zu behandeln, denn Bd4 ist bedroht und nach 12.e5 Le6 wird der Punkt d5 schwach. Wieder bietet Weiß ein Wertopfer ähnlich dem in der vorigen Anmerkung an, das dem Gegner große Schwierigkeiten bereitet. **12...Se5** Nach 12...Lxa1 13.Dxa1 rächt sich das Fehlen des Lg7, der wirksamsten Figur des Schwarzen; z.B. 13...Sb4 14.Db2! Sa6 15.Dxb7 oder 15.Lh6 usw. Nach 12...Sb4 13.Db3 ergeben sich ähnliche Wendungen. **13.Tb1 Sxf3+** Der Bb7 ist nicht gut zu decken. Auf 13...Dd7? folgt 14.Sxe5; auf 13...Dc7 oder 13...Dc8 geschieht 14.Db3 nebst Tfc1; endlich 13...b6 hätte 14.Sd4 Lxe2 15.Dxe2 nebst f4 zur Folge. **14.gxf3 Lh3 15.Txb7** Das Beste! Schwächlich wäre 15.Te1 wegen 15...Lc3, während das Wertopfer dem Anziehenden gute Gewinnaussichten bietet. **15...Lxf1 16.Lxf1 Dd6** Nach 16...a6 17.Da4 erlangt Schwarz kein günstiges Zusammenspiel seiner Figuren; z.B. 17...e6 18.Lc4 exd5 19.Lxd5 drohend Lc5 oder Td7) oder 17...Dd6 18.Td7 Df6 19.f4 nebst e5. **17.Lxa7 Le5 18.h3 Da3 19.Le3 Tfb8** Falls 19...Dxa2, so 20.Txe7 und der weiße Freibauer wird sehr unangenehm. **20.Txb8+ Txb8 21.Lc4 Dc3 22.Lb3 Dc7 23.Kg2** Ein schwacher Zug, nach welchem Schwarz Ausgleich erzwingen

Ernst Grünfeld (1893–1962) um 1950

kann. Es musste 23.Dd2 geschehen. **23...Lf4 24.Ld4 Le5** Schwarz will natürlich einen Läufer des Gegners beseitigen, wonach er sogar einige Gewinnaussichten behalten würde. Weiß kann dem drohenden Abtausch nur durch Zugwiederholung entgehen. **25.Le3** Unentschieden. (Becker in *Österreichische Schachrundschau* 1922, 52f)

Aljechin – Grünfeld

Wien 1922, 5. Runde

1.d4 Sf6 2.c4 g6 3.Sc3 d5! 4.Lg5 (Diagramm 2) **4...Se4!** Eine der Pointen dieser Verteidigung! Wäre dieser Zug nicht möglich, so könnte 4.Lg5 als Widerlegung angesehen werden, da 5.Lxf6 mit Bauerngewinn droht! Z. B.: 4...c6 5.Lxf6 exf6 6.cxd5 cxd5 7.Db3. Bei 4...dxc4 aber würde Weiß mit 5.e4 eine starke Mitte erlangen! (G) **5.cxd5 Sxc3** Auch 5...Sxg5 6.h4 c6 7.hxg5 cxd5 ist gut für Schwarz. (G) **6.bxc3 Dxd5 7.Sf3 Lg7 8.e3 c5! 9.Lb5+ Ld7**

Diagramm 2

10.c4 De4 11.0-0 Lxb5 12.cxb5 Sd7 13.Tc1 b6! 14.Db3 h6 Vielleicht war hier die sofortige Rochade noch etwas stärker, damit die Bauernschwächung vermieden wird. Z. B. 14...0-0 15.Sd2 Df5 16.Lxe7 Tfe8 17.Lh4 cxd4 und Schwarz hat den Bauern zurückgewonnen. (G) **15.Lh4 0-0 16.Tc4 De6!** Für Weiß günstig wäre 16...cxd4 17.exd4 e6 18.Tc7. (G) Notwendig, da 17.dxc5 drohte. (L) **17.Td1 Tfe8 18.d5 Dd6** Ein grober Fehler wäre 18...Df5 wegen 19.g4 mit Damengewinn. (G) **19.Lg3 e5 20.dxe6** Aussichtsreicher war wohl die Unterlassung dieses dem Gegner willkommenen Tauschs. (G) **20...Dxe6 21.Td6 De7** Weiß hat etwas Angriff erlangt, aber wenn Schwarz das Mittelspiel übersteht, hat er mit seinem gedeckten Freibauer auf dem Damenflügel die besseren Aussichten. (L) **22.Ta4** Droht Txg6, was von Schwarz sofort pariert wird. Der weiße Turm a4 ist nun aber etwas außer Spiel. (L) **22...Sf8 23.Dd5 Tad8 24.Sd2 Txd6 25.Lxd6?** Darauf kommt Schwarz in Vorteil. Richtig war 25.Dxd6; Schwarz hätte dann mit 25...Db7! fortgesetzt (26.Dc6 Te7). (G)

25...Td8! 26.Sc4 Dd7 27.h4 Se6 Die Drohung 28...Lf8 mit Figurengewinn nötigt Weiß nun zu dem folgenden Rückzug, wenn er nicht mit 28.Dc6 Lf8 die Damen tauschen will, was allerdings zu einem vorteilhaften Endspiel für Schwarz führen würde. Nun gewinnt Schwarz die Qualität. Der Verteidigung harren aber noch schwere Aufgaben. (G) Nun droht Lf8 mit Figurengewinn. Auf 28.e4, um 28...Lf8 mit 29.e5 zu beantworten, könnte 28...Sd4 mit der Drohung Se2+ nebst Sc3 mit Qualitätsgewinn bzw. Sxb5 mit Bauerngewinn die Folge sein. (L) **28.De4?** Ein Fehler, der die Qualität kostet. Notwendig war 28.Df3. (L) (Diagramm 3)

Diagramm 3

28...Lf8! 29.Lxf8 Dd1+ 30.Kh2 Dxa4 31.Le7 Te8 32.Lf6 Sg7 33.Dd3 Dxa2 34.Lb2 Te6 35.Dc3 f6 36.Dd3 h5 37.e4 Da4 38.Sd6 Db4! Eine starke Antwort, die den weißen Springer zurückzwingt, da 39.La3 oder 39.Lc3 wegen 39...Txd6! offenbar nicht angängig ist. Jetzt ist der Kampf für Schwarz entschieden. (G) **39.Sc4 Dxb5 40.f4 Dc6** Grünfeld wehrt alle Angriffsversuche des Gegners umsichtig ab und sein Gewinn ist nur noch eine Frage der Zeit. (L) **41.e5 f5 42.Sd6 Te7 43.Dg3 Kh7 44.Dg5 Dd7 45.Dg3 Se6 46.Df3 b5 47.Da8** Würde sich Schwarz nun habgierig den Bauern f4 nehmen, so könnte er nach 48.e6! die Waffen strecken. Weiß führt die Partie unverdrossen weiter, die eigentlich für ihn schon im 40. Zuge aussichtslos war. (G) **47...Dd8 48.Dd5 b4 49.g3 a5 50.Dc6 Dd7 51.Da6 a4 52.La1 a3 53.Dc4 Dc6 54.Kg1 Df3** Weiß gab auf, indem er alle Figuren vom Brett fegte. (L) Die erste Niederlage Aljechins in diesem Turnier! Eine meiner schwersten Partien. (G) (Grünfeld in *Deutsche Schachzeitung* 1924, 18f; Lokvenc in Lachaga (Hrsg.) 1969, 18f)

Ein Blick in die Zukunft

Von der Mehrzahl der Großmeister, wie Aljechin, Euwe, Nimzowitsch oder Réti wurde die neue Verteidigung sofort mit Begeisterung aufgenommen, wenigen anderen, wie Richard Teichmann, entging es völlig, dass hier ein neues System das Licht der Welt erblickt hatte. Neben Tartakower war Kurt Emmrich einer der ersten Kommentatoren, die den Wert dieser Verteidigung erahnten: „Unter den unregelmäßigen Verteidigungen des Damenbauernspiels nimmt die von Grünfeld herrührende Behandlung mit Flankenentwicklung des Königsläufers in Verbindung mit d7-d5 einen höchst beachtlichen Rang ein. (...) Die Unterbindung der Bildung eines weißen Zentrums oder doch wenigstens dessen Schwächung bildet den Kernpunkt dieser geistreichen Verteidigung." (Emmrich 1924, 47)

Seltsamerweise vertraute Ernst Grünfeld seiner Verteidigung nicht mehr, nachdem er sie bis Mitte der Zwanzigerjahre angewendet hatte, und sie geriet allmählich in Vergessenheit. Erst nach dem Zweiten Weltkrieg begannen sich sowjetische Großmeister mit Grünfelds Idee wieder intensiv zu beschäftigen und erkannten ihre komplexe Dynamik und ihren hohen Wert. Die Grünfeld-Indische Verteidigung, eines der letzten großen selbstständigen Eröffnungssysteme des 20. Jahrhunderts, gelangte bald zu Weltruhm. Diese unsterbliche Idee, die sich mittlerweile in zahlreiche Untersysteme gliedert, wird auch von Spielern der Weltelite des 21. Jahrhunderts häufig angewendet und ist auch bei Weltmeisterschaften ein regelmäßiger Gast. Eine Reihe von Weltmeistern, darunter Wassili Smyslow, Bobby Fischer und Garri Kasparow spielten sie selbst mit Erfolg, andere, wie Michail Botwinnik oder Anatoli Karpow, schrieben Bücher über sie. Die Tiefe des Gedankengebäudes, das uns Ernst Grünfeld im einsamen Studium geschenkt hat, hat bis heute nichts von seinem Reiz und seiner Komplexität verloren.

Ernst Grünfeld bei einer Simultanvorstellung, ca. 1960

Literatur

Awruch Boris: Grünfeld-Indische Verteidigung. Band 1 und 2 (= Groß-meister-Repertoire 8 und 9). Glasgow, Quality Chess 2011

Deutsche Schachzeitung 1921, 1924

Emmrich, Kurt: Die unregelmässigen Verteidigungen der Damenbau-ereröffnung. Berlin und Leipzig, de Gruyter 1924

Grünfeld, Ernst: Über die Entstehung der Grünfeld-Indischen Vertei-digung, Manuskript, Wien ca. 1950

Lachaga, Milciades Angel (Hrsg.): Internationaler Schachkongress Wien 1922. Sammlung aller Partien. Buenos Aires, Lachaga 1969

Österreichische Schachrundschau 1922

Réti, Richard: Die neuen Ideen im Schachspiel. Wien, Rikola 1922

Schorr, Josef (Hrsg.): Schachkongress Teplitz-Schönau im Oktober 1922. Sammlung sämtlicher glossierter Partien des internationa-len Meisterturniers, der Aufgaben des ersten internationalen Prob-lemturniers des Teplitz-Schönauer Anzeigers 1921/22, nebst vielen Aufsätzen hervorragender Autoren. Teplitz-Schönau-Thun, Deut-scher Schachklub 1923

EIN MYSTERIÖSER INDER

Mir Sultan Khan war wohl eine der größten Sensationen im europäischen Schachgeschehen. Als er 1929 nach Europa kam, kannte er die europäische Spielweise erst seit drei Jahren und da er keine europäische Sprache weder in Wort noch in Schrift beherrschte, musste ihm die gesamte Schachliteratur fremd bleiben. Und doch war der mysteriöse Inder in fast jedem Turnier, an dem er teilnahm, unter den Preisträgern zu finden.

Mir Malik Sultan Khan, London 1929

Am 29. Dezember 1930 trafen in der dritten Runde des traditionellen Großmeisterturniers in Hastings zwei Spieler aufeinander, die gegensätzlicher nicht hätten sein können: Auf der einen Seite José Raúl Capablanca (42), eleganter Diplomat und Weltmeister der Jahre 1921 bis 1927, „die Schachmaschine aus Kuba"; die mit ihrem fehlerfreien, makellosen Spiel Generationen von Schachspielern begeisterte; ihm gegenüber saß der geheimnisvolle Inder mit Turban, Mir Malik Sultan Khan (24), ein Mann, der aus dem Nichts aufgetaucht war und der bald wieder für immer der Schachwelt entzogen werden sollte.

Mir Malik Sultan Khan (1905–1966)

José Raúl Capablanca (1888–1942)

Sultan Khan war wohl eine der größten Sensationen im europäischen Schachgeschehen des 20. Jahrhunderts. Als er 1929 nach Europa kam, kannte er die europäische Spielweise erst seit drei Jahren und da er keine europäische Sprache weder in Wort noch in Schrift beherrschte, musste ihm die gesamte Schachliteratur fremd bleiben. Und dennoch war er in den vier Jahren von 1929 bis 1933 seiner kurzen Schachkarriere in fast jedem Turnier, an dem er teilnahm, unter den Preisträgern zu finden.

Der Mann aus dem Punjab

Sultan Khan wurde 1905 in Mittha Tawana, einem Teilgebiet des Punjab, das damals zu Britisch-Indien gehörte und heute in Pakistan liegt, als eines von neun Kindern eines religiösen Führers geboren. Das Schachspiel erlernte er mit neun Jahren von seinem Vater, der selbst ein guter Spieler war. Allerdings nach indischen Regeln, in denen der Bauer im ersten Zug nur ein Feld vorwärts gehen darf, es keine Rochade gibt und das Patt als Gewinn bewertet wird. Erst als er 1926 in die Dienste des Colonel Nawab Sir Umar Hayat Khan, eines wohlhabenden Schachmäzens, trat, wurde er mit der europäischen Spielweise vertraut. Er wurde als Hausdiener angestellt, dessen Aufgabe es war, das Essen aufzutragen und wieder abzuservieren. Sein Gebieter organisierte eine allindische Meisterschaft 1928, die Sultan Khan überlegen gewann. Als sein Gebieter im Frühling 1929 nach England reiste, nahm er seinen Schützling mit und präsentierte ihn den Londoner Schachkreisen.

Die europäische Karriere

Beim ersten Turnier, an dem Sultan Khan auf europäischem Boden teilnahm, wurde er nur Letzter. Aber nachdem die britischen Meister Frederick Yates und William Winter ihm einige Eröffnungen gezeigt hatten, gewann er bereits im selben Jahr die britische Meisterschaft in Ramsgate. Das war der Beginn einer kurzen, aber sehr erfolgreichen Schachkarriere, deren herausragende Leistungen hier kurz erwähnt seien: Sultan Khan wurde dreimal britischer Champion (Ramsgate 1929, London 1932 und Hastings 1933), im Turnier von Lüttich (Liège) 1930 Zweiter hinter Tartakower, in London 1932 Dritter hinter Aljechin und Flohr, in Bern

Mir Malik Sultan Khan, Sieger der britischen Meisterschaft 1929 in Ramsgate

Savielly Tartakower – Mir Sultan Khan, Wettkampf 1931 im Hotel Panhans am Semmering

1932 Vierter. Er war erfolgreicher Teilnehmer an den Schacholympiaden von Hamburg 1930, Prag 1931 und Folkestone 1933, wo er jeweils am ersten Brett für England spielte. Er gewann einen Wettkampf gegen Tartakower 1931 im Hotel Panhans am Semmering mit 6,5-5,5 und verlor gegen den Weltmeisterschaftskandidaten Salo Flohr 1932 nur knapp mit 2,5-3,5.

Obwohl Sultan Khan keinerlei schachliche Ausbildung genossen hatte, gehörte er zu den zehn besten Spielern seiner Zeit. Sein Spielstil zeigte klarerweise mangelnde Eröffnungskenntnisse, doch seine Stärke lag im Mittelspiel und vor allem im Endspiel. In dieser Spielphase wurde Sultan Khans Naturtalent ganz deutlich sichtbar. Das musste sogar der große Capablanca in seiner Partie gegen Sultan Khan erfahren.

Sultan Khan – Capablanca
Hastings 1930/31
1.Sf3 Sf6 2.d4 b6 3.c4 Lb7 4.Sc3 e6 5.a3 Eine ungebräuchliche Fortsetzung, welche den Ausfall Lf8-b4 verhindern soll, aber gegenüber der Spielweisen 5.Lg5 oder 5.Dc2 ein Tempo vergibt. (Becker) Heute, mehr als 80 Jahre später, gehört dieser Zug zum Standardrepertoire der damenindischen Verteidigung und ist nach Weltmeister Tigran Petrosjan benannt. **5...d5 6.cxd5 exd5** Eine ebenfalls gute und logische Fortsetzung wäre 6...Sxd5 7.Dc2 Sxc3. **7.Lg5 Le7** Hiermit ist ein streng-orthodoxes Damengambit entstanden. (Becker) **8.e3 0-0 9.Ld3 Se4** Danach hat es Schwarz schon schwer. Besser ist 9...Sbd7. **10.Lf4** Denn 10.Lxe7 Dxe7 11.0-0 Sd7 12.Tc1 c5 führt zum Ausgleich. **10...Sd7 11.Dc2 f5** Einer jener Flüchtigkeitsfehler in der Eröffnung, wie sie dem Kubaner immer wieder passieren. Man denke nur an die Sensationspartie Sämisch – Capablanca aus dem letzten Karlsbader Turnier. Zu ihrer psychologischen Erklärung genügt es nicht, darauf hinzuweisen, dass Capablanca durch ein volles Jahr dem ernsten Turnierkampfe ferngeblieben ist, die Ursache liegt tiefer. Capablanca, der an „ursprünglicher" Schachbegabung, an Positionsverständnis und Kombinationskraft wohl von keinem anderen

Schachmeister übertroffen wird, hat nicht die felsenfeste Überzeugung von der Mission des Schachspiels, wie sie z. B. Aljechin eigen ist, wie sie diesen zu höchsten Schachtaten aneifert. Capablanca steht dem Schachspiel fast kühl gegenüber, er beschäftigt sich auch mit anderen Tätigkeitsgebieten des menschlichen Geistes und ist deshalb nicht geneigt, intensiv Eröffnungstheorie zu studieren, seine Spielkraft weiter zu vervollkommnen und während eines Schachturnieres an nichts anderes als an den schachlichen Kampf zu denken. Diese geistige Einstellung Capablancas ist es, die ihn an einer restlosen Konzentration hindert und dadurch jene Flüchtigkeitsfehler verursacht. (...) Der Fehler des Textzuges besteht in der Schwächung des Punktes e6, welche zusammen mit einer Schwäche des Punktes c7 die Drohung Sb5-c7-e6 gestattet. (Becker) Allerdings führt 11...Sdf6 12.Lxc7! Dxc7 13.Sxe4 Dxc2 14.Sxf6+ nebst 15.Lxc2 ebenfalls zu einer Gewinnstellung für Weiß. (Diagramm 1)

Diagramm 1

12.Sb5! Ld6 Sonst geht mindestens ein Bauer verloren: 12...c6? 13.Sc7 Tc8 14.Se6. (Becker) **13.Sxd6** Ganz schlecht wäre 13.Sxc7? wegen 13...Tc8 14.Se6 De7. **13...cxd6** Der isolierte Doppelbauer ist nun eine Schwäche des schwarzen Spiels, es ist aber sehr zweifelhaft, ob Schwarz schon rettungslos verloren ist! (Becker) **14.h4!** Um den gefährlichen Gegenangriff g7-g5 abzuwehren, der nach 14.0-0 g5 15.Lg3 h5 gekommen wäre. **14...Tc8 15.Db3 De7** Nachteilig wäre 15...Sdf6, denn es folgt 16.Sg5! De7 17.f3 Sxg5 18.hxg5 Se8 (18...Sd7 19.Db4) 19.g4! mit starkem Angriff. (Becker) **16.Sd2** Auf 16.Sg5 würde nun 16...h6 folgen. **16...Sdf6 17.Sxe4 fxe4** Schwächer war 17...Sxe4 18.f3 Sf6 19.Lxf5 mit Bauernverlust. **18.Le2 Tc6 19.g4!** Mit Recht geht Weiß jetzt mutig vor. (Becker) **19...Tfc8** Ein Bauernopfer! Passive Verteidigung ergäbe eine sehr schlechte Stellung, z. B. 19...De6 20.g5 Sd7 (20...Se8 unterbricht die Verbindung der Türme!) 21.Lb5 Tc7 22.Db4 usw. (Becker) **20.g5 Se8** (Diagramm 2)

Diagramm 2

21.Lg4! In Betracht kam die Annahme des Opfers, allerdings erlangt Schwarz Gegenspiel: 21.Dxd5+ Kh8 22.Db3 Tc1+ 23.Kd2 Txa1 24.Txa1 Dc7 bzw. 23.Txc1 Txc1+ 24.Ld1 La6. (Becker) Ein starker und mutiger Zug. Nach 21.Dxd5+ Df7 22.Dxf7+ Kxf7 steht eher schon Schwarz besser. **21...Tc1+** Falls 21...T8c7, so 22.Dxd5+ Df7 (22...Kh8 23.0-0) 23.Le6 Tc1+ 24.Txc1 Txc1+ 25.Kd2 Lxd5 26.Lxf7+ und Weiß hat eine Qualität mehr. **22.Kd2 T8c2+** Der Entschluss, zwei Türme für die Dame zu geben, ist nicht gerade glücklich. Mehr Chancen bot 22...Txa1 23.Txa1 Tc4. (Becker) **23.Dxc2 Txc2+ 24.Kxc2 Dc7+** Der Vorteil von Weiß ist groß, wird er aber zum Gewinn reichen? Schwarz hatte noch andere Ressourcen, das taktische 24...Lc8 oder 24...La6 25.b3 Ld3+ 26.Kb2. Immer schwebt die Partie zwischen großem Vorteil und Gewinn für Weiß. **25.Kd2 Dc4 26.Le2! Db3 27.Tab1** Just ist es möglich, das Eindringen der schwarzen Dame abzuwehren. (Becker) **27...Kf7** Hans Kmoch glaubt, dass Schwarz hier durch Gegenangriff das Spiel halten konnte. Sicher ist das nicht, z. B. 27...b5 28.Thc1 b4 (28...a5 29.Tc3 Da2) 29.axb4 Dxb4+ 30.Tc3 oder 27...Lc6 28.Thc1 Lb5 29.Tc3 Da4 30.b3 Da6 31.Lxb5 Dxb5 nebst 32.Tbc1. (Becker) **28.Thc1 Ke7 29.Tc3 Da4 30.b4!** Droht Absperrung der Dame durch b4-b5 und Tb1-b4. (Becker) **30...Dd7 31.Tbc1 a6 32.Tg1 Dh3 33.Tgc1** Droht Gewinn zweier Figuren für einen Turm (34.Tc7+ usw.). (Becker) **33...Dd7 34.h5 Kd8 35.T1c2 Dh3 36.Kc1 Dh4 37.Kb2** Weiß bringt den König in Sicherheit. Er kann dies gefahrlos tun, Schwarz darf ja nicht auf f2 schlagen: 37...Dxf2? 38.Lxa6. (Becker) **37...Dh3 38.Tc1 Dh4 39.T3c2 Dh3 40.a4** Nach einigem Lavieren beginnt Weiß die Stellung auf beiden Flügeln abzuschließen. (Becker) **40...Dh4 41.Ka3 Dh3 42.Lg3 Df5 43.Lh4 g6** Natürlich nicht 43...Kd7? wegen 44.Tg1, ebenso nicht 43...Dh3? wegen 44.g6+! Dxh4 45.gxh7 nebst h8D. (Becker) **44.h6 Dd7 45.b5 a5** Nach 45...axb5 46.Lxb5 gewinnt der Abtausch auf e8 nebst Eindringen der Türme auf der siebenten

Reihe leicht. **46.Lg3 Df5 47.Lf4 Dh3 48.Kb2 Dg2 49.Kb1** Wieder
ein Zögern vor dem entscheidenden Schlage, offenbar um Zeit zu
gewinnen. (Becker) **49…Dh3** 49…Dxf2? kostet sofort die Dame:
50.Lh5 Dh4 51.Th2 usw. (Becker) **50.Ka1 Dg2 51.Kb2 Dh3** Schwarz
hat all seine Offiziere zur Abwehr eines feindlichen Einbruchs pos-
tiert, der Springer und Läufer sind tot, verwehren aber den feindlichen Türmen den Einbruch auf der c-Linie. Weiß droht aber nicht
bloß ein Eindringen auf der Vertikalen, sondern nach **52.Tg1** auch auf
der Diagonale g4-c8 und dagegen hat Schwarz keine befriedigende
Abwehr (Becker) **52…Lc8** Die Dame war in Gefahr durch 53.Lg4 Dh4
54.f3 exf3 55.Lxf3! (55.Th2? f2) 55…Dh3 56.Lg4 Dh4 57.Th2. Wenn
aber 52…De6 53.Lg4 Df7, dann folgt 54.Tgc1! nebst 55.Lc8 La8
56.La6 und gewinnt. (Becker) (Diagramm 3)

53.Tc6! Die Entscheidung! **53…Dh4** Auf
53…Lb7 folgt nicht 54.Txb6 Kc7!, sondern 54.Lg4!
Dh4 55.Tc2 mit baldigem Damenfang. **54.Tgc1 Lg4**
Falls 54…Ld7, so 55.Lg3 nebst Txb6. **55.Lf1! Dh5**
Noch immer geht 55…Dxf2+ nicht wegen 56.T6c2,
z. B. 56…Df3 57.Lg2 oder 56…Dh4 57.Th2 oder
56…Dg1 57.Tg2. (Becker) **56.Te1** Sofort 56.Txb6
ist wegen 56…Le2 unvorsichtig: 57.Lxe2 Dxe2+
58.Tc2 De1! usw. (Becker) **56…Dh1 57.Tec1 Dh5**

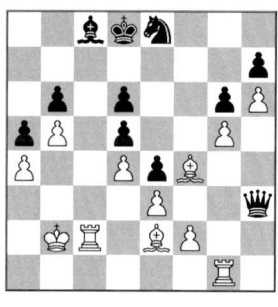

Diagramm 3

58.Kc3! Der König hilft den drohenden Einbruch
abzuwehren: 58…Le2 59.Kd2. (Becker) **58…Dh4** Auch das etwas
bessere 58…Le2 59.Kd2 Lxf1 60.Txf1 Df3 61.Lg3 Dg4 62.Tfc1 Dxg5
63.Txb6 Dxh6 64.Tb8+ Ke7 65.Txe8+ Kxe8 66.b6 verliert. **59.Lg3
Dxg5 60.Kd2 Df5** Weiß konnte ruhig die Bauern g5 und h6 im
Stich lassen, weil er nach Txb6 einen gewaltigen Freibauern erlangt,
der glatt in die Dame zu marschieren droht. (Becker) **61.Txb6 Ke7
62.Tb7+ Ke6 63.b6 Sf6 64.Lb5** Noch immer muss Weiß auf
der Hut sein: Falls 64.Tcc7, so 64…Df3. (Becker) **64…Df3 65.Tb8**
Aufgegeben. Falls etwa 65…Sd7, so 66.Te8+ Kf7 67.b7! und dann
befreit 68.Te1 den Lb5. Eine grandiose Kampfpartie! (Becker)

Mir Malik Sultan Khan (1905–1966)

So musste sich der Ex-Weltmeister in seiner einzigen Turnierpartie dem einfallsreichen Naturtalent geschlagen geben. Das imponierte Capablanca, der nur 36 Turnierpartien in seinem Leben verlor, und er bezeichnete seinen Bezwinger kurzerhand als „Genie". „Es ist gar nicht auszudenken, wie stark er spielen würde, wenn er erst mal richtig Theorie studieren könnte", staunte Hans Kmoch 1931 über ihn.

Herr und Diener

Doch blieb Sultan Khan durch die Abhängigkeit von seinem Herrn und seinen niedrigen Status in seiner Ausbildung beschränkt, und oft kam es zu seltsamen Situationen: So wurde nach der Schacholympiade von Folkestone 1933 das siegreiche US-Team in das Haus von Sir Umar eingeladen. Mit einigem Befremden mussten die Schachmeister zur Kenntnis nehmen, dass ihr Kollege Sultan Khan, gegen den sie eben noch gespielt hatten, hier der Hausdiener war, und Reuben Fine stellte etwas pikiert fest, „dass es eine sehr spezielle Situation war, in die wir gerieten, nämlich, dass unser Essen von einem Schachgroßmeister serviert wurde."

Das Schachwunder hatte ein abruptes Ende. Im Dezember 1933 reiste Sir Umar endgültig wieder nach Indien zurück und nahm auch seinen Diener mit, der sich nach der Ankunft in seiner Heimat bald gänzlich vom Schach zurückzog. Nur 1935 spielte er einen Wettkampf gegen den damals besten Spieler Indiens, Khadilkar, wobei er von zehn Partien neun gewann und nur ein Unentschieden zuließ. Sultan Khan soll die Rückkehr in seine Heimat wie eine Befreiung aus einem Gefängnis erlebt haben; das unwirtliche englische Klima behagte ihm nicht, die ganze Zeit war er mit Grippe und Halsentzündungen konfrontiert, und außerdem vertrug er das Essen nicht.

Als sein Herr 1944 starb, hinterließ er ihm ein kleines Stück Land, auf dem Sultan Khan wohnte und das er bebaute. Nun hörte man fast nichts mehr von ihm. Ein Besucher berichtete 1958, dass er Sultan Khan im Schatten eines Baumes seine Wasserpfeife rauchend und mit den Nachbarn plaudernd antraf, während die Frauen die Arbeit verrichteten. In der britischen Zeitschrift *Chess* wurde 1966 ein Leserbrief veröffentlicht, in dem Mohammed Yusuf aus Lahore, West Pakistan, schrieb: „Ich kenne Sultan Khan seit 1918. Er lebt als kleiner Grundbesitzer im Sargodha District im alten Punjab. Der Grund für sein Verschwinden aus der Schachwelt liegt darin, dass sein Patron, der Malik Sir Umar Hayat Khan Tiwana 1944 gestorben ist. Seitdem gab es keine große Möglichkeit, die überall im Land verstreut lebenden Spieler zu treffen. Außerdem ist es allgemein bekannt, dass die Englischkenntnisse von Sultan Khan seine Fähigkeiten ein Notationsformular zu lesen kaum übertrafen. Der Sekretär des verstorbenen Sir Umar half ihm gewöhnlich dabei, Partieaufzeichnungen zu lesen. Heute hat er niemanden, der ihm dabei helfen könnte, sich mit Schach zu beschäftigen. Aber dennoch ist er sicher immer noch der beste Spieler Pakistans, wahrscheinlich auch Indiens. Er ist ein Genie."

1966 starb Sultan Khan im selben Bezirk in dem er einst auf die Welt gekommen war. Sultan junior, sein ältester Sohn, erinnerte sich, dass sein Vater die Enkel nicht Schach lehren wollte; er meinte, sie sollten mit ihrem Leben etwas Sinnvolleres anfangen. Der Weltschachbund FIDE hat dem größten natürlichen Talent und einem der stärksten Spieler des 20. Jahrhunderts bislang keinen Titel verliehen.

Literatur

Chess 1966

Coles, Richard Nevil: Mir Sultan Khan. St. Leonards on Sea. The British Chess Magazine Ltd. (B.C.M. Quaterly No. 19) 2.A. 1977

Mazukewitsch, Anatoli: Kometa Sultan-Khana. Moskau, Ripol Klassik 2003

Wiener Schach-Zeitung 1931 – 1933

EIN SCHWINDEL, DEN JEDER VERZEIHT

Eine abenteuerliche Partie war der schicksalshafte Angelpunkt und Beginn der großen internationalen Schachkarriere des Esten Paul Keres. Und es war eine Partie, die in Wahrheit sein Freund begonnen hatte und die Keres nach dessen Erkrankung weiterführte.

Paul Keres, Pärnu 1930

Wie kommt jemand zum Schachspiel? Nicht der Moment ist gemeint, in der das Spiel erlernt wird, sondern jener, in der das Spiel nicht mehr Spiel bleibt, sondern der Spieler sich ernsthaft damit zu beschäftigen beginnt. Eine interessante Frage, nicht nur für Schachtrainer und Psychoanalytiker, sondern auch um Besonderheit und Stil eines Meisters aus seiner Genese verstehen zu können. In den meisten Fällen wie bei Weltklassespielern à la Karpow, Kramnik oder Kasparow verläuft der Weg recht geradlinig: vom harmlosen Spiel in der Familie oder im Freundeskreis in den Schachklub der Heimatstadt in den internationalen Turniersaal. Bei anderen, wie etwa Ernst Grünfeld, vereinigten sich theoretische Forschungen mit dem praktischen Spiel. Ganz anders war der Weg des großen Avantgardisten Marcel Duchamp, der Kunst und Schach in Wechselwirkung zueinander sah und erst nach künstlerischen Erfolgen Spieler der französischen Olympiamannschaft wurde.

Schicksal Fernschach

Nicht so einfach war die Sache bei Paul Keres (1916–1975) aus Estland. Keres wuchs in Pärnu auf, in den Zwanzigerjahren eine Schacheinöde der schlimmsten Art. Er spielte gerne mit seinem Freund Anton Kaskema, aber hätte nie eine internationale Karriere gemacht, wäre er nicht dem Bäckergesellen Martin Villemson begegnet. Villemson war kein großer Meister, aber doch ein leidenschaftlicher Fernschachspieler von Niveau mit bemerkenswertem Mut zum Risiko. In dieser Form des Schachspiels werden die Züge per Brief ausgetauscht und dies ermöglicht es auch abgelegen wohnenden Spielern, sich mit internationalen Größen zu messen und gut besetzte Turniere zu spielen. In Villemsons Partien ging es stets drunter und drüber, er pflegte unter anderem das Königsgambit in seinen wildesten Formen, z. B. 1.e4 e5 2.f4 exf4 3.d4!? und 3.Sc3!? Im Sommer 1930 erkrankte Villemson schwer und war nicht mehr in der Lage, seine begonnenen Korrespondenzpartien fertig zu spielen. Keres sprang für den Freund ein, fälschte Villemsons Unterschrift auf den Postkarten und spielte die Partien für ihn zu Ende. Der kleine Dankbarkeits-Schwindel für den todkranken Freund, den jeder Gott, der den Namen verdient, lächelnd verzeiht, begründete die Schachkarriere von Paul Keres. Die pseudonym begonnene Leidenschaft ließ den jungen Mann nicht mehr los. Ab 1931 nahm Keres an Fernschach-Turnieren teil, nun unter eigenem Namen, aber weiterhin im riskanten Stil des Freundes. Keres spielte bald bis zu 150 Partien parallel, experimentierte mit neuen Ideen in der Eröffnung und entwickelte sein Gefühl für präzise Kombinationen. Das Fernschach-Studium im einsamen Pärnu hatte seinen Stil geprägt. Bisweilen stellen seine Fernpartien in diesen Jahren im Übrigen ein kleines Rätsel dar, denn Keres gab manche Partie plötzlich auf. Die Erklärung ist einfach: Der junge Mann hatte kein Geld mehr für Briefmarken!

Paul Keres (1916–1975),
Jugendporträt

Dem Freund gewidmet

Die folgende abenteuerliche Partie, die von Paul Keres selbst kommentiert wurde, war der schicksalshafte Angelpunkt und Beginn seiner internationalen Schachkarriere. Ab der ersten Diagrammstellung hatte Keres die Partie von seinem Freund übernommen und führte sie nach unglaublichen Verwicklungen zum Sieg.

Le Pontois – Villemson

1. internationales Fernturnier der Deutschen Schachzeitung 1930–1932

1.d4 d5 2.c4 e6 3.Sc3 Sf6 4.Lf4 Sbd7 5.e3 Lb4 6.Db3 c5 7.Ld3 Da5 8.Sge2 Der richtige Zug war hier 8.cxd5 Sxd5 (8...exd5 9.Dc2) 9.Sge2, obwohl auch dann Schwarz das bessere Spiel hätte. **8...b5! 9.cxb5 c4 10.Lxc4 dxc4 11.Dxc4 Sb6 12.Dd3 Sa4 13.Tb1 Sd5 14.0-0** Der Bauer war nicht zu halten. **14...Lxc3 15.bxc3 Saxc3 16.Sxc3 Dxc3 17.Dxc3 Sxc3 18.Tb2 Lb7** Der richtige Zug war 18...Ld7!, womit Schwarz einen Bauern gewänne. **19.Ld6 Ld5 20.a3** Der einzige Zug, um Bauernverlust zu vermeiden, war 20.Ta1. **20...Lc4! 21.Tc1?** Hier war wohl 21.Te1 mit der Folge 21...Sxb5 22.Lc5 der einzige Zug. Nach dem Textzug geht noch die Qualität verloren, so dass Schwarz einen ganzen Turm mehr behält. **21...Se2+ 22.Txe2 Lxe2 23.a4 Kd7 24.Lc5 Thc8** Danach gerät der Läufer in ernste Gefahr. 24...Ld3 nebst Lc4 oder falls 25.f3, so 25...Lg6 war hier die richtige Folge. **25.f3! Ld3 26.e4 f5** Mit 26...a6 27.b6! Tab8 (sonst a5 nebst La6) 28.Tc3 Lb1 29.Tc1 (29.Tb3 Lc2) 29...La2 30.Ta1 Lc4 31.Tc1 Lb3 konnte Schwarz seinen Läufer retten. Schwarz hoffte aber, dass Weiß im nächsten Zuge e5 spielt, worauf f4 folgt. **27.Kf2! f4** Auf 27...fxe4 gewinnt Weiß mit 28.Ke3 den Läufer. Nach dem Textzug hoffte Schwarz auf das folgende Manöver: 28.Tc3? Lb1 29.Tc1! La2 30.Ta1 Lc4 31.Tc1 Lb3 32.Tb1! Lxa4 33.Tb4 Lxb5! 34.Txb5 Tcb8 35.Ta5! Tb2+ 36.Kf1

Martin Villemson (1897–1933)

a6 und Schwarz gewinnt (Tc2 nebst Tb8). Weiß lässt sich aber auf nichts ein. **28.Ke1 Tab8! 29.Kd2 Lxb5 30.axb5 Txb5 31.Ta1 a5 32.Kd3 Ta8 33.g4 Tb3+ 34.Ke2 Tb2+ 35.Kd3 Txh2** Besser war wohl 35...Tf2 36.e5 Txf3+ 37.Ke4 Tf2 und Schwarz hat zwei Freibauern. **36.e5! g5** Mit der Drohung Tf2 (37.Ke4 Te2+ 38.Kd3 Te3+). **37.Tb1 a4** Das ist ein schwerer Fehler, der zum Remis führen sollte. Nach 37...Kc7 38.Ld6+ Kc6 konnte Weiß mit seinem Turm nicht ins schwarze Lager eindringen. **38.Tb7+ Kc8 39.Te7 a3** Nach 39...Th6 konnte Schwarz immer noch Gewinnchancen behalten (40.d5 exd5 41.e6 a3 42.Te8+ Kb7 43.Txa8 Kxa8 44.e7 Te6 45.Lxa3 Kb7 usw.). **40.Te8+ Kb7 41.Te7+ Kc6 42.Txe6+ Kd7 43.Te7+ Kd8 44.Tf7!** Diesen guten Zug übersah Schwarz bei seiner Vorausberechnung. Er hatte nur 44.Tg7 in Betracht gezogen. (Diagramm 1)

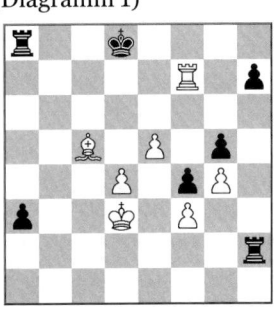

44...Tc8! Damit stellt Schwarz dem Weißen eine teuflische Falle, in die dieser auch hineinfällt. Auf andere Züge wäre das Spiel Remis; z. B.: 44...Ta6 45.d5 Ta5 (sonst Dauerschach) 46.Tf8+ Kc7 47.Tf7+ Kc8 48.Tf8+ Kb7 49.Tf7+ Ka6 50.Ta7+ Kb5 51.Txa5+ Kxa5 52.Lxa3 und die Gewinnchancen sind eher auf Seiten der Weißen. **45.Tf8+ Kd7 46.Txc8?** Es ist ja ganz natürlich, dass Weiß die folgende studienartige Gewinnführung übersah. Mit 46.Tf7+ Kd8

Diagramm 1

47.Lxa3 war das Spiel remis zu machen. **46...Kxc8 47.Lxa3 h5 48.gxh5** Schwieriger wäre der Gewinn nach 48.Le7! gewesen. Man beachte: 48...Tf2! (nach 48...h4 49.Lxg5 h3 50.Lxf4 Ta2 51.Ke4 h2 52.Lxh2 gewinnt Weiß; und nach 48...hxg4 49.fxg4 Tg2 50.Lxg5 Txg4 51.Lf6 wird das Spiel Remis. Auch 48...Th3 ist wegen 49.Ke2 falsch) 49.Ke4! (nach 49.Lxg5 Txf3+ 50.Ke2 [50.Ke4 hxg4 51.Lxf4 Tb3 52.Le3 g3 und gewinnt] 50...hxg4 51.d5 [was sonst?] 51...Te3+ 52.Kf2 g3+ 53.Kg2 [53.Kf1 Td3] 53...Te2+ 54.Kg1 f3 und gewinnt) 49...Te2+ 50.Kf5! (50.Kd3 Te3+ 51.Kc4 h4 52.Lxg5 h3 53.Lxf4 Txf3 54.Lh2 Tf2 55.Lg3 Tg2 56.Lf4 Txg4 und gewinnt) 50...h4! 51.Lxg5 h3 52.Lxf4 Te3 53.Kg5 (53.Ke6 Txf3 54.Lh2 Tf2 55.Lg3 Tg2 56.Lf4

Txg4 usw.) 53...Txf3 54.Lh2 Tf2 55.Lg3 Tg2 56.Kh4 h2 57.Lxh2 Txh2+ 58.Kg5 Kd7 und gewinnt. **48...g4! 49.fxg4** Auch nach 49.Lc1 gxf3 50.Lxf4 Ta2 gewinnt Schwarz leicht. **49...Th3+ 50.Ke4 f3** Nach 50...Txa3 51.Kxf4 gewinnt Weiß. **51.Ke3 f2+ 52.Kxf2 Txa3 53.Kg2 Kd7 54.d5 Ke7** (Diagramm 2)

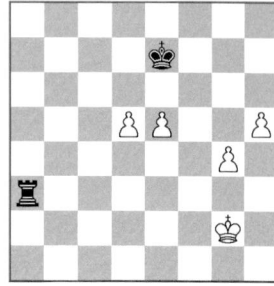

Diagramm 2

55.g5 Td3 56.h6 Kf8! Nach 56...Kf7 gewänne Weiß durch 57.e6+. Aufgegeben, denn nach 57.d6 folgt 57...Td5 (nicht 57...Kf7 wegen 58.e6+ 58.Kg3 Txe5 59.Kf4 Td5 nebst Kf7). Ein sehr lehrreiches Endspiel.

Es sei angemerkt, dass Paul Keres im jugendlichen Überschwang den rettenden Zug 55.h6! übersah. Wenn dann 55...Ta6 (falls 55...Kf8, so 56.e6 Te3 57.Kh2 Te5 58.Kg3 Txd5 59.Kf4 Ta5 60.g5 Ta4+ 61.Ke5 Th4 62.Kf6 Th2 63.e7+ Ke8 64.Kg7 Kxe7 65.h7 Ke6 66.h8D Txh8 67.Kxh8 Kf5 mit remis), so 56.e6 Td6 57.h7 Td8 58.Kg3 Th8 59.Kf4 Kd6 60.Kf5 Txh7 61.Kf6 Th3 62.Kf7 Tf3+ 63.Ke8 Tg3 64.e7 Te3 65.g5 Txe7+ 66.Kf8 Tc7 67.g6 Ke5 68.g7 Kf6 69.g8S+ Ke5 70.Se7 Kd6 71.Sf5+ Kxd5 72.Sg7 und Schwarz kann nicht gewinnen.

5 Krooni Banknote zum 75. Geburtstag von Paul Keres (1916–1975), 1991 (Estland)

Der ewige Zweite

Martin Villemson starb im Juni 1933 im Alter von nur 36 Jahren. Paul Keres stieg mit dem Rüstzeug, das er sich im Fernschach erworben hatte, unaufhaltsam auf und debütierte international 1935 bei der Schacholympiade in Warschau, wo er auf Brett 1 gegen die besten Spieler der Welt erstaunliche 12,5 Punkte aus 19 Partien holte. Ab diesem Zeitpunkt wagte sich Keres in die internationalen Turniersäle und forderte mit Erfolg die besten Spieler dieser Zeit, Aljechin, Euwe, Flohr und Botwinnik.

Trotz unzähliger Turniererfolge blieb Keres 40 Jahre lang der „ewige Zweite". Er war neben Akiba Rubinstein und Viktor Kortschnoi der wohl stärkste Großmeister des 20. Jahrhun-

Paul Keres (1916–1975), Altersporträt

derts, der von Caissa nie die Chance erhielt, Weltmeister zu werden. Aber bis zu seinem letzten Turnier, das er wenige Tage vor seinem Tod gewann, blieb er ein ernsthafter Kandidat für den Weltmeistertitel und einer der stärksten Spieler aller Zeiten. Auch wenn ihm der höchste Titel nicht vergönnt war, vergessen ist Keres nicht: Die 5-Kronen-Banknote Estlands zeigte sein Porträt. Er ist damit der bisher einzige Schachspieler, der auf einer Banknote abgebildet wurde.

Literatur

Aus unseren Fernturnieren, Deutsche Schachzeitung 1932, 22–24

Heuer, Valter: Paul Keres. Moskau, Olimpia Press 2004

Keres, Paul: Ausgewählte Partien 1931–1958. Zugleich ein Lehrbuch des praktischen Schachs. Amsterdam, W. ten Have Verlag 1964

AUFZEICHNUNGEN EINES EXILANTEN

Jacques Mieses zur 15., von Rassenhass gekenn-
zeichneten Auflage seines bekannten Werks „Lehr-
buch des Schachspiels": „Die Schachweltmeister
Steinitz und Lasker haben überhaupt niemals gelebt.
Einen Kolisch, Zukertort, Tarrasch, Rubinstein usw.
wird man vergeblich im biographischen Inhaltsver-
zeichnis suchen, und alle die Glanzpartien, die sie
geliefert haben, sind gestrichen worden. Nur einige
wenige Partien von ihnen durften stehen bleiben,
nämlich solche, in denen sie die Verlierer sind."

Jacques Mieses' „Lehrbuch des Schachspiels", 1941

Er war keiner der ganz Großen, doch die Liste seiner Gegner liest sich wie eine Schachgeschichte: Sie reicht von Steinitz, Lasker und Capablanca bis Aljechin und Euwe und endet erst bei Flohr und Reshevsky. Der Leipziger Jacques Mieses (1865–1954) spielte über 60 Jahre lang Turnierschach und gewann viele Schönheitspreise, aber nur ganz wenige Turniere. Das lag an seinem Naturell und seinem

Stil: abenteuerlustig, risikofreudig, mit einer Vorliebe für zweischneidige Eröffnungen. Er war einer der anerkanntesten und vielseitigsten Meister des deutschen Schachlebens; ein aufmerksamer Beobachter, der von 1888 bis 1948 die Schachszene als Spieler, Schriftsteller, Journalist und Organisator miterlebte und mitverfolgte. Mieses entstammte einer aus Brody (damals Österreich-Ungarn) gebürtigen jüdischen Kaufmannsfamilie und war schachlich vorbelastet: Zwei seiner Onkel, Samuel Mieses und Fabius Mieses, sowie ein Cousin, Viktor Mie-

Jacques Mieses (1865–1954)

ses, hatten sich als Schachspieler und Problemkomponisten bereits einen Namen gemacht. Mieses besuchte die Thomasschule in Leipzig und studierte dann Physik und Chemie in Leipzig und Berlin, wo er Mitglied der Berliner Schachgesellschaft war und dann allmählich in den Bann der Schachmuse gezogen wurde.

Er leitete als Schiedsrichter eine Reihe von internationalen Turnieren, schrieb Turnierberichte für Zeitschriften und Magazine und betreute Schachspalten in ganz Europa. Wie viele Berufsschachspieler gab er auch oft Blind- und Simultanvorstellungen und organisierte Turniere. Seine bedeutendste Leistung aber, die ihn populär machte, war seine Arbeit als Autor und Theoretiker. Von 1901 an gab er in der Nachfolge von Jean Dufresne über mehrere Auflagen hinweg das renommierte „Kleine Lehrbuch des Schachspiels" heraus. Das Werk von Jean Dufresne hatte ab seiner Erstauflage 1881 Generationen von Schachspielern für das Spiel begeistert. „Klein" war nur das Format, war doch der über 750 Seiten starke Dufresne/Mieses das bekannteste und auflagenstärkste Schachbuch im deutschsprachigen Raum.

Unter den Augen der Schergen

Die lange Lebensgeschichte des Jacques Mieses lässt sich auch als Zeitgeschichte des 20. Jahrhunderts lesen. Ab 1933 waren die Naziherrschaft und ihre Folgen wie in anderen Bereichen des intellektuellen und kulturellen Lebens auch im Schachspiel verheerend. Schachklubs wurden aufgelöst, jüdische Mäzene und führende Schachmeister wurden in die Emigration gezwungen oder ermordet. Ab 1933 wurden jüdische Spieler systematisch von der Mitgliedschaft in deutschen Schachvereinen ausgeschlossen. 1938 im Alter von 73 Jahren musste Mieses Deutschland verlassen und emigrierte nach England, wo der stets elegante Mann völlig mittellos ankam. Dort wurde er einer der Mitarbeiter der Exilschrift *Die Zeitung*. Seine Aufzeichnungen zum infamsten Editionsprojekt des 20. Jahrhunderts, aus denen wir im Folgenden zitieren wollen, zeichnen sich durch Ironie und auch Verbitterung aus: „Die ‚deutsche Gründlichkeit‘ kann man den Nazis bei Ihren ‚kulturellen‘ Bestrebungen wahrlich nicht absprechen. Gleich vom ersten Tage ab, da sie zur Macht kamen, haben sie alle Zweige wissenschaftlicher, künstlerischer, schriftstellerischer und sportlicher Betätigung vom Rassenstandpunkt aus mit Beschlag belegt. Selbst das eine eigenartige Welt für sich bildende Gebiet der Schachspielkunst hat sich ihren verhängnisvollen Eingriffen nicht entziehen können. Der seit 1877 bestehende ‚Deutsche Schachbund‘ wurde natürlich sofort zum ‚Großdeutschen Schachbund‘ erhoben und unter der Losung ‚Das Schach muss das Nationalspiel der Deutschen – natürlich der Nazideutschen – werden‘ durch und durch ‚arisiert‘." (Mieses, London 1940)

In grotesker Weise wurde im totalitären Regime die Schachgeschichte manipuliert. Das Problem war, dass ein auffallend hoher Prozentsatz der besten Schachspieler „nichtarischer" Herkunft war und viele Schachweltmeister Juden waren:

„Der ‚Großdeutsche Schachbund‘ sah sich somit vor die kitzlige Aufgabe gestellt, das ‚Spiel der Rabbiner‘ zum ‚Nationalspiel Nazi-Deutschlands‘ umzumodeln. Als geeignetes Mittel hierzu veranstaltete er, von der Partei finanziell unterstützt, eine Serie von Wettkämpfen und Turnieren, von denen manche für die Schachwelt gewiss interessant waren, obwohl sie keineswegs die Bedeutung hatten, die ihnen von der Nazipresse in marktschreierischer Weise zuerkannt wurde.

Bei allen schachlichen Veranstaltungen in Nazi-Deutschland waren natürlich, wie erwähnt, nichtarische Meister ausgeschlossen und damit hatte man in einfachster Weise die drohende Gefahr beseitigt, dass einer von diesen den Siegespreis davontragen könnte. Aber es gab noch einen anderen wunden Punkt, der den Nazischachfreunden das Herz schwer machte: die Schachliteratur. Auch sie war stark ‚verjudet', indem einerseits viele anerkannt vortreffliche Schachbücher jüdische Verfasser hatten, andererseits auch in den aus arischer Feder stammenden Schachwerken und in den Schachzeitschriften die Leistungen nichtarischer Matadore rühmend hervorgehoben wurden. Überhaupt die ganze Schachgeschichte der letzten hundert Jahre ist, wie leicht begreiflich, für die Nazis ein recht unerfreuliches Kapitel, und da sich allgemein bekannte Tatsachen auch mit aller Nazipropaganda nicht aus der Welt schaffen lassen, so wurden sie grundsätzlich totgeschwiegen. Ein groteskes und zugleich amüsantes Beispiel dieser lächerlichen Vogel Strauss-Politik gebe ich im Nachfolgenden zum Besten, obwohl ich dabei selbst ein Leidtragender bin." (Mieses, London 1940)

Die berüchtigte 15. Auflage

Am 27. Juni 1941 erschien die 15. Auflage des *Lehrbuch des Schachspiels*. Mieses dazu: „Von allen Schachlehrbüchern in deutscher Sprache war zweifellos das ‚Lehrbuch des Schachspiels' von J. Dufresne und J. Mieses (Verlag von Philipp Reclam jun. in Leipzig) das bei weitem populärste. Jedenfalls hat es mehr als fünfzig Jahre hindurch einen Absatz gefunden, wie ihn bisher noch kein Schachwerk auch nur annähernd gehabt hat. Die ersten sechs Auflagen hat Dufresne herausgegeben. Nach seinem Tode habe ich von 1901 ab alle Neuauflagen bearbeitet. Schon bei der letzten von diesen, es war

Dufresne – Lehrbuch des Schachspiels,
15. Auflage 1941

Max Blümich (1886–1942)

die 1937 herausgekommene, vierzehnte Auflage, stieß der Verlag auf unliebsame Schwierigkeiten, darin bestehend, dass die Kommissionsbuchhändler es nicht riskieren wollten – oder konnten – ein von zwei nichtarischen Autoren verfasstes Buch in Vertrieb zu nehmen."

Die 15. Auflage wurde von Max Blümich besorgt. Diese Auflage scheint auf den ersten Blick unpolitisch. Keine hetzerische oder rassistische Bemerkung findet sich im Buch. Dennoch ist die Editionsarbeit des fleißigen sächsischen Schachfunktionärs Blümich an Perfidie kaum zu überbieten: „Max Blümich und der Verlag tragen also nolens, volens der Schachwelt gegenüber die öffentliche Verantwortung für die Eigenart der fünfzehnten Auflage, die vor einiger Zeit das Licht der Welt erblickt hat. Nolens, volens, denn hinter den Kulissen wirkte als spiritus rector der ‚Großdeutsche Schachbund' mit, der die ganze deutsche Schachliteratur nazibehördlich bevormundet. Mit anderen Worten: Es wurde dem Verlag ‚nahegelegt', dass der ‚Dufresne-Mieses' einer gründlichen Umarbeitung vom Rassenstandpunkt aus dringend bedürfe. Und nun sehe man sich einmal das ‚arisierte' Schachlehrbuch an. Mein Name musste selbstverständlich vom Titelblatt und auch im Text des Werkes verschwinden. Dass Dufresne als Verfasser noch genannt werden durfte, ist eine erstaunliche Konzession, die man einem weniger angesehenen Verlag als Philipp Reclam schwerlich gemacht haben würde. Im Anhang an den schachtheoretischen Inhalt, von dessen Besprechung ich hier absehen will, enthielt das Schach-lehrbuch auch noch einen ziemlich ausführlichen historischen Teil, und diesem hat natürlich die besondere Aufmerksamkeit der Nazi-schachbehörde gegolten. Man darf es doch nicht an die große Glocke hängen, dass Nichtarier so oft über Arier auf dem Schachbrett gesiegt haben. Also fort mit allen diesen jüdischen Namen! Die Schachwelt-meister Steinitz und Lasker haben überhaupt niemals gelebt. Einen Kolisch, Zukertort, Tarrasch, Rubinstein usw. wird man vergeblich im biographischen Inhaltsverzeichnis suchen, und alle die Glanzpartien, die sie geliefert haben, sind gestrichen worden. Nur einige wenige Par-tien von ihnen durften stehen bleiben, nämlich solche, in denen sie die Verlierer sind. Die ganze Schachgeschichte macht einen Sprung von Morphy bis zur Weltmeisterschaft Capablancas, also von 1859 bis 1921! Was sich die Nazikultur damit auf schachliterarischem Gebiete geleistet hat, ist im Prinzip etwa dasselbe, als wenn man in einer allge-meinen Literaturgeschichte die Namen Dante, Shakespeare, Goethe, Schiller unerwähnt lassen würde. Eines jedoch wird diese fünfzehnte Auflage des ‚Dufresne' vor allen ihren Vorgängern und, hoffentlich, auch vor ihren Nachfolgern vorausahben. Sie bildet in ihrer Art einen drastischen Beitrag zur Nazikulturgeschichte und, als solcher bewer-tet, dürfte sie sich in der Schachliteratur eine traurige Unsterblichkeit gesichert haben." (Mieses, London 1940)

Die „schwebende Dame"

Eine Partie, die Mieses' selbst kommentiert hatte und auf die er zu Recht stolz war, fiel dieser Arisierung zum Opfer. Volle sechs Züge lang steht die weiße Dame frei „zur Entnahme", schwebt gleichsam schwerelos im Raum – um letztlich doch die Entscheidung zu erzwin-gen. Eine Partie, die in keiner Anthologie fehlen sollte! Sein Gegner Dawid Markelowicz Janowski wurde übrigens wie Mieses selbst von den Schach-Arisierern totgeschwiegen.

Mieses – Janowski

Paris 1900

1.e4 e5 2.Sc3 Sf6 3.Lc4 Lc5 4.d3 d6 5.f4 Sc6 6.f5 Sa5 Ein verfrühtes Manöver, wie der charakteristische Verlauf dieser Partie zeigt. Der richtige Zug ist 6…Sd4. **7.Df3** Dieser Zug ist, wie sich später zeigt, von großer Wichtigkeit. Er verhindert einerseits bis auf weiteres d6-d5, andererseits unterstützt er das beabsichtigte Vorrücken der g- und h-Bauern. **7…c6 8.g4 h6** Schlecht wäre 8…h5 wegen 9.g5 Sg4 10.Sh3 und der Springer auf g4 ist abgeschnitten und droht gelegentlich durch h2-h3 erobert zu werden. **9.h4 b5 10.Lb3 Sxb3 11.axb3 h5 12.gxh5** Jetzt wäre 12.g5 ein Fehler, weil der feindliche Springer auf g4 nicht mehr wie früher durch den h-Bauern angegriffen werden kann. **12…Sxh5** Nicht 12…Txh5 wegen 13.Lg5. **13.Sge2 Db6** Besser wäre 13…Dc7. **14.Sg3 Sf6 15.Lg5 Lb7 16.h5!** Das Vorrücken dieses Bauern verleiht der Partie einen typischen Charakter. **16…Sh7** Es droht h5-h6. **17.Ld2 0-0-0 18.h6 g6** Nach 18…gxh6 19.Txh6 kann sich der schwarze Springer nicht rühren, während Weiß 0-0-0 nebst Td1-h1 droht. **19.0-0-0 Thg8 20.fxg6 fxg6 21.Tdf1 Kb8** Es drohte Dg4+ nebst Tf7. **22.Df7 Th8** Schwarz glaubt, dass Weiß den g-Bauern wegen Tg8 nicht nehmen darf, übersieht aber die elegante und weitberechnete Antwort, die der Gegner darauf beabsichtigt. Auf 22…Dc7 würde Weiß durch 23.Dxc7+ Kxc7 24.Tf7+ Td7 25.Thf1 in Vorteil gekommen sein. **23.Dxg6 Tdg8** (Diagramm 1)

Diagramm 1

24.Dg7! Das Damenopfer ist völlig korrekt. **24…Lc8** Falls 24…Txg7, so 25.hxg7 Tg8 26.Txh7 Dd8 27.Sf5 und Weiß gewinnt. **25.Sf5 Lxf5 26.Txf5 Lb4** Auch jetzt ist, wie leicht ersichtlich, die Dame nicht zu nehmen. **27.Kb1** Dies geschieht mit Rücksicht auf ein gelegentlich drohendes Damenschach auf g1. **27…Lxc3 28.bxc3!** Dies ist besser, als mit dem Läufer zu schlagen, weil dieser auf der Diagonale d2-h6 wichtig ist. **28…Sf8 29.Thf1!** Die weiße Dame bleibt sechs Züge lang „en prise". **29...Sg6 30.Dd7 Td8 31.De6 Sf4** Schwarz hat nichts Besseres. **32.Lxf4 exf4 33.T5xf4 Dc5 34.Tf7 Dg5** (Diagramm 2)

35.Tf8! Eine energische Schlusskombination. **35...Dc5** Wenn Schwarz den Turm schlägt (35...Thxf8), so gewinnt ihn Weiß durch 36.Txf8 Txf8 37.Dxd6+ zurück, und der h-Bauer geht unaufhaltsam zur Dame. **36.De7** Schwarz gibt auf. Diese Partie wurde im Pariser Turnier mit dem für die glänzendste Partie ausgesetzten Spezialpreise gekrönt.

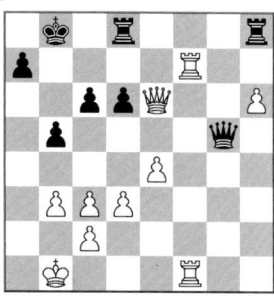

Diagramm 2

Wiederkehr der „schwebenden Dame"

Erst ab der 17. Auflage wurde dem Nazi-Spuk wieder ein Ende gesetzt. Mieses konnte noch zwei Auflagen seines Lehrbuchs betreuen, in denen er er seine Partie mit der „schwebenden Dame" wieder mit eigenen Kommentaren bringen konnte. 1948 wurde er britischer Staatsbürger und kehrte nur noch zu Besuchszwecken nach Deutschland zurück. Im Jahre 1950 war er unter den ersten Spielern, denen der Weltschachbund den Titel eines Internationalen Großmeisters verlieh, weswegen er auch als erster britischer Großmeister gilt. Er blieb bis ins hohe Alter erstaunlich aktiv, jeden Tag absolvierte er gymnastische Übungen, ging mit 86 Jahren noch täglich schwimmen und machte im Hyde-Park Liegestütze. Und er spielte natürlich Schach. Noch mit 88 Jahren nahm er an der Londoner Blitzmeisterschaft teil. Kurz vor seinem 89. Geburtstag starb Jacques Mieses am 23. Februar 1954 in London.

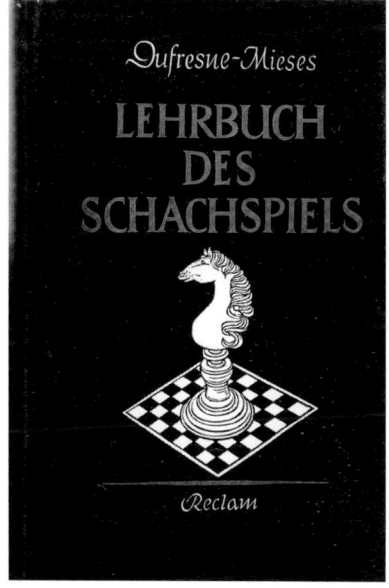

Dufresne/Mieses – Lehrbuch des Schachspiels, 17. Auflage 1949

Literatur

Dufresne, Jean: Lehrbuch des Schachspiels. 15. durch Max Blümich verbesserte Auflage, Stuttgart, Verlag Philipp Reclam 1941

Dufresne, Jean/Mieses, Jacques: Lehrbuch des Schachspiels. 18. verbesserte Auflage, Stuttgart, Reclam-Verlag 1952

Mieses, Jacques: Nazis und – Schachspiel. In: Die Zeitung, London 13.12.1941, Seite 3

STERNSTUNDE EINES VERTRIEBENEN

Obwohl die „Schachnovelle" ein Abgesang auf die alte Welt Europas und die Intellektuellen Europas ist, findet sich hier eine der schönsten Würdigungen des Schachspiels, die dem Erzähler Stefan Zweig wohl aus dem Herzen spricht. Die „Schachnovelle" wurde zum berühmtesten literarischen Werk über das Schachspiel schlechthin.

Stefan Zweigs „Schachnovelle", 1942

Stefan Zweig hatte wenig Vertrauen in sein Werk. Am 29. September 1941 schrieb er an seine erste Frau Friderike nach New York, dass er eine kleine Schachnovelle entworfen habe, die „zu abstrakt für das große Publikum", das Thema „abseitig" und auch in einem unglücklichen Format geschrieben sei: „zu lang für eine Zeitschrift, zu kurz für ein Buch". Ernst Feder, Freund und Schachpartner des Dichters im brasilianischen Exil, erhielt, nachdem Zweig die Arbeiten an der „Schachnovelle" in den ersten Januartagen 1942 beendet hatte, als Erster Einsicht mit der ausdrücklichen Bitte, alle Vorwände rückhaltlos zu äußern.

links: Stefan Zweig (1881–1942), rechts: Journalist Emil Fuchs

Tatsächlich wurde die „Schachnovelle" zum beständigsten Werk Stefan Zweigs in der Gunst des Publikums und das wohl bekannteste und berühmteste literarische Werk über das Schachspiel schlechthin. Es war Zweigs letzte Prosaarbeit. Einen Monat nach der Fertigstellung schied er zusammen mit seiner zweiten Frau Lotte im brasilianischen Exil in Petrópolis am 23. Februar 1942 freiwillig aus dem Leben. Die deutsche Erstausgabe der „Schachnovelle" erschien posthum 1942 in Buenos Aires (Verlag Pigmalion) und 1943 in Stockholm bei Bermann Fischer. Seitdem beweisen unzählige Auflagen in mehr als 40 Sprachen seinen Status als eines der beliebtesten Werke der Weltliteratur. Als die „Schachnovelle" 1960 mit prominenter Besetzung, darunter Curd Jürgens in der Hauptrolle, sogar verfilmt wurde, waren bereits unzählige Auflagen in allen Weltsprachen erschienen.

Die „Schachnovelle" ist Zweigs melancholischer Abgesang auf den europäischen Intellektuellen. Es ist kein Zufall, dass Zweig die Hauptfigur Dr. B. einen Schachspieler und nicht einen Komponisten oder Schriftsteller sein ließ, kein Zufall auch, dass B., als er in der Isolation der Gestapo-Haft geistig überleben will, auf das Schachspiel zurückgreift. Es ist eine geistige Heimat für den Heimatlosen und zugleich Erinnerung an die Wiener „Welt von Gestern".

Zweig und das Schachspiel

Wien war in Zweigs Jugend nicht nur ein lebendiges europäisches Kunstzentrum und Labor des Neuen, sondern auch eine der Schachmetropolen der Welt, mit dem Café Central und dem Wiener Schachklub als Mittelpunkt. Der Klub im Palais Herberstein war *der* Salon des liberalen Großbürgertums, das Café in der Herrengasse *der* intellektuelle Brennpunkt Wiens. Obwohl die meisten Schachmeister keine Intellektuellen waren, entsprach das königliche Spiel jenem Kunstenthusiasmus, der das Lebenselement Zweigs im Wiener Fin de siécle war und es zeitlebens blieb. Die „Monomanie des Kunstfanatismus" und „die Leidenschaftlichkeit zum Geistigen" ging auf Kosten aller anderen Interessen, erinnert sich Zweig in „Die Welt von Gestern", „einzig das Schach fand einige Gnade vor unseren Augen, weil es geistige Anstrengung einforderte."

Stefan Zweig fand man bei seinen Wienbesuchen regelmäßig am Schachbrett: „Sein Haus hatte er in Salzburg, aber zum Wiener Aufenthalt gehörte ein Besuch im Café Central. ‚Eine Plauderei mit Alfred Polgar, eine Schachpartie mit X', begründete seine sanfte, samtweiche Stimme den Besuch. Er spielte Schach nicht eben meisterhaft. Alfred Polgar ist ein guter Löser von Problemen und hat Beziehung zum Schach; davon zeugt sein Angsttraum, von dem er erzählte: Ein Springer sitze auf seiner Nase und biete beiden Augen Schach. Ein guter Schachspieler ist Siegfried Trebitsch; ein sehr guter war Gustav Meyrink." (Soyka 1953, 8) Mit „X" war Otto Soyka selbst gemeint. Auch in Salzburg spielte Zweig des öfteren Schach, wie sich sein jugendlicher Freund Robert Rie erinnert: „Nach Abschluß unseres Essens pflegten wir gewöhnlich in ein kleines Kaffeehaus zu gehen, nicht ins Bazar oder Tomaselli, wo Redakteur Emil Fuchs auf uns

„Die Schachnovelle",
Filmprogramm,
Curd Jürgens – Claire
Bloom – Hans-Jörg Felmy,
August 1960

wartete und mit Zweig zwei Schachpartien spielte, während dessen ich gewöhnlich ganz ungezwungen die lokalen, die Wiener und ausländischen Zeitungen lesen durfte, in die der Dichter hin und wieder einen Blick warf." (Rie 1972, 85)

Das Schachspiel hat Zweig wie in Österreich auch im Exil stets begleitet. Er hatte ein Schachbuch gekauft und spielte zusammen mit seiner Frau Lotte Meisterpartien nach. Zweig selbst bezeichnete sich als „mäßigen Schachspieler" – „ich ‚spiele' Schach", schreibt Zweig, „im wahrsten Sinn des Wortes." In seiner letzten Lebensstation im brasilianischen Petrópolis hatte der Schriftsteller Savielly Tartakowers „Die Hypermoderne Schachpartie" aus dem Jahr 1924 gelesen. Offenbar hat er dabei einige Meisterpartien nachgespielt, und die

Partie von Alexander Aljechin gegen Efim Bogoljubow von 1922 als Grundlage für die berühmte Partie in der „Schachnovelle" verwendet.

Der Fluch der Isolationshaft

Wir erinnern uns: Die Handlung spielt auf einem Passagierdampfer, wo zwei monomane Gegenspieler in einer aus den Fugen geratenen Zeit am Schachbrett aufeinander treffen. Auf der einen Seite der Wiener Rechtsanwalt Dr. B., der dem NS-Regime knapp entkommen ist. Er wurde verhaftet, da er wichtige Geheiminformationen über den Besitz und die Verwaltung kirchlicher Güter in Österreich besaß. In der Folter und Einsamkeit der Isolationshaft gelingt es ihm, ein Schachbuch zu entwenden. Nach der ersten Enttäuschung lernt er die Regeln des Spiels, formt aus abgesparten Brotkrümeln die Figuren und beginnt die Partien aus dem Buch nachzuspielen. Später, als er das Brett nicht mehr benötigt und alle Partien aus dem Buch auswendig kann, beginnt er gegen sich selbst zu spielen. Allmählich bringt ihn das ständige Spiel gegen sich selbst an den Rand des Wahnsinns, und so wird er von den Nazis als unbrauchbar eingeschätzt. Er wird entlassen und emigriert. Sein Gegenspieler an Bord ist der fiktive Schachweltmeister Mirko Czentovic, ein Bauernbub und quasi Analphabet, der nur eine einzige Sache wirklich beherrscht: das Schachspiel. Ansonsten stellt er in seiner Einfältigkeit nur Hochmut und Arroganz zur Schau. Dr. B. greift rettend in eine Konsultationspartie zwischen den Schiffsgästen und dem Weltmeister ein.

Czentovic – Dr. B.

Die ersten 37 Züge folgen der Partie Aljechin – Bogoljubow, Bad Pystian 1922. Die Kommentare in der entscheidenden Partiephase ab dem 38. Zug sind von Stefan Zweig bzw. von Dr. B.: **1.e4 e5 2.Sf3 Sc6 3.Lb5 a6 4.La4 Sf6 5.0-0 Le7 6.Sc3 b5 7.Lb3 d6 8.a4 b4 9.Sd5 Sa5 10.La2 Sxd5 11.Lxd5 c6 12.La2 c5 13.c3 Tb8 14.Ld5 0-0 15.d4 exd4 16.cxd4 c4 17.Le3 Le6 18.Lxe6 fxe6 19.d5 e5 20.Tc1 Dd7 21.Sg5 Lxg5 22.Lxg5 Tbc8 23.De2 h6 24.Lh4 Tf7**

*Menschen mit einer einzig dem Schach zubestimmten Begabung,
spezifische Genies, in denen Vision, Geduld und Technik in einer
ebenso genau bestimmten Verteilung wirksam sind wie im Mathematiker, im Dichter, im Musiker, und nur in anderer Schichtung
und Bindung.* (Zweig 1943, 20f)

Literatur

Poldauf, Susanna/Saremba, Andreas (Hrsg.): 65 Jahre Schachnovelle.
Marginalia – Randbemerkungen zur Geschichte und Kultur des
Schachspiels, Band 1; Berlin, Emanuel Lasker Gesellschaft 2007

Rie, Robert: Erinnerungen an einen Freund und Lehrer. In: Werner,
Arthur (Hrsg.): Begegnung mit Stefan Zweig. Ein Buch der Erinnerung. Wien, Verlag der Stefan-Zweig Gesellschaft 1972, 78–91

Soyka, Otto: Viel Geist war mit von der Partie – Erinnerungen ans
Café Central. In: Die Schau 1953, Nr. 15/16, 7–8

Zweig, Stefan: Schachnovelle. Stockholm, Bermann-Fischer Verlag
1943

Zweig, Stefan: Schachnovelle. Kommentierte Ausgabe herausgegeben
von Klemens Renoldner. Stuttgart, Reclam 2013

DUCHAMPS RÄTSEL

Ein Schachrätsel auf der Rückseite einer Einladungs-
karte zeigt die Handschrift des großen französischen
Avantgardekünstlers und Schachmeisters Marcel
Duchamp, für den eine Schachpartie ein geistig-
visuelles Kunstwerk darstellt. Doch gibt es überhaupt
eine Lösung?

Endspielstudie ohne Lösung, 1943

André Breton nannte ihn den intelligentesten Mann des Jahrhunderts, und es ist bekannt, dass Marcel Duchamp (1887–1968) einen Gutteil seiner Intelligenz dem Schachspiel gewidmet hat. Das Spiel begleitete den wohl einflussreichsten Avantgardekünstler des 20. Jahrhunderts als Motiv von seinen frühen Bildern hin bis zu den geheimnisvollen „neun männischen Formen" im Großen Glas.

Weniger bekannt allerdings ist Duchamps „andere" Karriere, seine Turnierpraxis, seine professionelle Auffassung vom Schach und sein Spielstil. In einem Brief an Walter Arensberg aus dem Jahr 1919 schreibt Marcel Duchamp: „Meine Aufmerksamkeit

Marcel Duchamp (1887–1968)

gehört einzig dem Schach. Ich spiele Tag und Nacht und ich verliere immer mehr das Interesse am Malen."

Avangardist und Schachaficionado

Immer wieder verließ der französische Surrealist und Schachaficionado für Jahre den Kunstbetrieb, um Schach zu spielen. Er nahm von 1923 bis 1935 zumindest an 20 stark besetzten Turnieren teil, einige Male mit sehr gutem Erfolg, und rangierte in dieser Zeit unter den fünf besten Spielern Frankreichs. Sein Stil war undogmatisch, wenngleich er von den Hypermodernen stark beeinflusst wurde, und der Skeptiker einmal sogar bekannte: „Nimzowitsch ist mein Gott". Neben dem praktischen Spiel machte sich Duchamp in der Schachwelt vor allem als Frankreichs Delegierter des Weltschachbundes und als Endspieltheoretiker einen Namen: Er ist gemeinsam mit Vitaly Halberstadt Autor des prächtigen und seltenen Werkes „Opposition und Schwesterfelder sind versöhnt" aus dem Jahr 1932. Im selben Jahr feierte Duchamp übrigens seinen größten Turniererfolg mit dem Gewinn des Meisterturniers im Pariser Schachklub „Caissa" vor fünf französischen Meistern.

Eine Schachpartie ist für Duchamp ein ideales, da geistig-visuelles Kunstwerk, und seine oft zitierte Äußerung, dass „nicht alle Künstler Schachspieler sind, während alle Schachspieler Künstler sind", zeigt seine lebenslange große Zuneigung für das bunte und oft ein wenig verrückte Milieu der Schachspieler.

Duchamps selbst entworfenes
Taschenschach

Das Rätsel eines Künstlers

Ein Schachbrett, zwei Könige, zwei Türme und vier Bauern benötigte der kundige Architekt, um ein kinetisches Labyrinth zu schaffen, das groß und elegant genug ist, um

seit 70 Jahren allen Forschungsreisen und Expeditionen zu widerste-
hen. Im Spätherbst 1943 konzipierte Duchamp für den New Yorker
Galeristen Julien Levy (1906–1981) die Einladungskarte für die Aus-
stellung „Through the Big End of the Opera Glass". Gezeigt wurden
Werke von Joseph Cornell, Yves Tanguy und Duchamp selbst. Auf der
Rückseite der Karte ließ Duchamp das folgende Schachrätsel drucken
(Diagramm 1):

„**Weiß zieht und gewinnt.**", schreibt Duchamp
darunter, signierte, und herausgekommen ist,
was man in Anlehnung an Quentin Tarantino eine
„Duchamp-Situation" nennen könnte. Denn unge-
klärt blieb bislang die Lösung und mehr noch: Unbe-
antwortet blieb die Frage, ob es überhaupt eine
Lösung gibt, stammt doch von Duchamp auch der
auf viele Lebenssituationen flexibel anwendbare Satz:
„Es gibt keine Lösung, weil es kein Problem gibt."

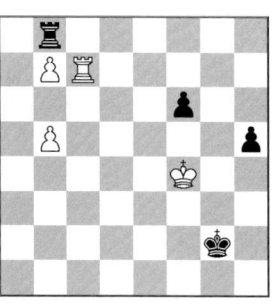

Diagramm 1

Versuchen wir einen Einstieg in dieses irrwitzige
Labyrinth zu finden. Es scheint vier Wege zu geben:

Plan A: Der direkte Weg

Der weiße König wandert zu seinem Freibauern, beiderseits werden
die Türme geopfert und Weiß gewinnt mit einem Tempo Vorsprung.
1.Ke4 h4! Schwarz forciert sofort den h-Bauern, der Weiß noch viele
Sorgen bereiten wird. **2.Kd5 h3 3.Kc6 h2 4.Th7 f5** Der zweite
Wettlauf beginnt zwischen dem schwarzen f-Bauern und dem weißen b5-Bauern. **5.Kc7 Txb7+ 6.Kxb7 f4 7.b6 h1D 8.Txh1 Kxh1
9.Kc6 f3 10.b7 f2 11.b8D f1D** und wie man die Sache auch dreht
und wendet, es fehlen Weiß mindestens zwei Tempi zum Gewinn.

Plan B: Der Versuch, Tempi zu gewinnen

1.Tg7+ Zwingt den König auf ein Feld, wo er seine Bauern verstellt.
1...Kf2 Viel besser als 1...Kh3?, womit sich der König selbst aus-
sperrt: 2.Kf5 h4 3.Ke6 f5 4.Kd6 Kh2 5.Kc7 Th8 6.b8D Txb8 7.Kxb8

f4 8.b6 f3 9.b7 f2 10.Tf7 Kg1 11.Kc8 f1D 12.Txf1+ Kxf1 13.b8D Kg2 14.Df4 h3 15.Dg4+ Kh2 16.Kd7 und plötzlich sind die beiden siegbringenden Gewinntempi vorhanden. **2.Ke4 h4 3.Kd5 h3** Wieder der verflixte h-Bauer! **4.Kc6 h2 5.Th7 Kg2 6.Kc7 Txb7+ 7.Kxb7** (Diagramm 2)

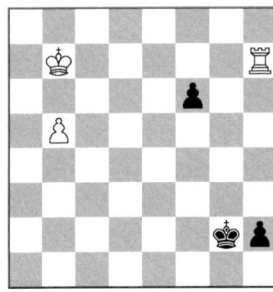

Diagramm 2

7...f5! Wenn 7...h1D, so 8.Txh1 Kxh1 9.Kc6 und Weiß holt den letzten Bauern ab. **8.b6 f4 9.Kc7 f3 10.b7 h1D!** Genau im richtigen Moment. Falls unbedacht 10...f2?, so gewinnt 11.Tg7+ Kf1 12.b8D h1D 13.Db1+ elementar. **11.Txh1 Kxh1 12.b8D f2** und diesmal fehlt nur ein einziges Tempo zum Gewinn. Entstanden ist ein Lehrbuch-Remis, denn Schwarz kann den f-Bauern aufgeben und seinen König auf h1 mit Patt verstecken. Wäre es ein g- oder e-Bauer würde Weiß gewinnen.

Plan C: Radikales Vorgehen

Schwarz werden alle Bauern weggenommen. **1.Kf5 h4 2.Kg4 f5+!** Eine bemerkenswerte Ressource. Hätte Schwarz zu 2...h3 gegriffen, so hätte er noch einige bange Momente zu überstehen gehabt: 3.Tc2+ Kf1! 4.Kxh3 Txb7 5.Tb2 Tb6! 6.Kg3 Ke1 7.Kf3 Kd1 8.Ke3 Kc1 9.Tb4 f5! 10.Kd4 Kd2! 11.Kc5 Tb8 12.Tf4 Tf8 13.b6 Ke3 14.Tb4 f4 und Schwarz erreicht durch genaues Spiel schließlich doch den rettenden Hafen. **3.Kxh4** Oder 3.Kxf5 h3 4.Tg7+ Kf3 5.Th7 Kg2 6.Ke6 h2 7.Kd6 Txb7! mit sofortigem Remis. **3...f4 4.Kg4** Nach 4.Tc2+ Kf3 ist ebenfalls nichts mehr auszurichten. **4...f3** und wieder hat es Schwarz geschafft.

Nach diesen anfänglichen Fehlschlägen, wird schnell klar, dass dieses scheinbar einfache Rätsel von erstaunlicher Komplexität ist. Doch man ist nicht allein mit seinem Kummer: Dankenswerterweise stellte der Duchamp-Forscher Francis Naumann dieses Rätsel bereits im Oktober 1976 in der amerikanischen Zeitschrift *Chess Life* den Experten zur Diskussion und setzte eine Prämie für die Lösung aus.

Großmeister Larry Evans übernahm die Aufgabe, die Einsendungen zu sichten und zu bewerten. Nach Dutzenden von Lösungsversuchen, die alle scheiterten, tauchte im Materialberg der bescheidene Brief eines gewissen John Speights aus Raleigh in North Dakota mit einer ganz neuen Idee auf. Speights schlägt als ersten Zug Ke3! vor und skizzierte einige zum Gewinn führende Varianten.

Plan D: Aktivierung des eigenen Königs, Abdrängung und Zugzwang

1.Ke3! Der schwarze König soll zuerst abgedrängt und Schwarz so in Zugzwang gebracht werden. **1...h4** Noch immer die beste Verteidigung. Das Turmschach 1...Te8+ führt sofort zu einer schlechten Position: 2.Kd4 Tb8 Notwendig. 3.b6 h4 (noch einfacher wird es nach 3...f5 4.Ke5 h4 5.Kd6! h3 6.Tg7+ Kf2 7.Kc7 Tf8 8.b8D Txb8 9.Kxb8 h2 10.Th7 Kg2 11.b7 f4 12.Ka8 h1D 13.Txh1 Kxh1 14.b8D f3 15.Db1+ Kg2 16.De4 Kg3 17.Kb7 f2 18.Dh1 und Ende.) 4.Kc5 h3 5.Kc6 h2 6.Tg7+ Kf2 7.Th7 Kg2 8.Kc7 Tg8 9.b8D Txb8 10.Kxb8 h1D 11.Txh1 Kxh1 12.Kc7 f5 13.b7 f4 14.b8D f3 15.Db7 Kg2 16.De4 und in beiden Fällen werden die entscheidenden zwei Tempi gewonnen. Auch 1...Kh3? wäre nach wie vor wegen der Aussperrung des Königs schlecht: 2.Tg7 Kh2 3.Kf3 Kh3 4.b6 Kh4 5.Kf4 Kh3 6.Kf5 Tf8 7.Ke6 f5 8.Kd7 f4 9.Kc7 f3 10.b8D Txb8 11.Kxb8 f2 12.Tf7 Kg2 13.b7 h4 14.Kc8 f1D 15.Txf1 Kxf1 16.b8D Kg2 17.Df4 h3 18.Dg4+ Kh2 und Schwarz verliert den Bauern. **2.Tg7+ Kf1 3.Kf3!** Die ersten Zugzwangmotive tauchen auf. **3...h3** Es wird kompliziert. Schwarz kann auch mit dem König flüchten: 3...Ke1 4.b6 h3 5.Th7 Kd2 (nicht 5...h2 wegen 6.Txh2 Txb7 7.Ke3 Kd1 8.Td2+! Kc1 9.Td6 Tf7 10.Kd4 Kd2 11.Tc6 Tf8 12.b7 Tb8 13.Tc7 Ke2 14.Ke4 Kf2 15.Kf5 Ke3 16.Kxf6 Kd4 17.Ke6 geschafft!) 6.Ke4 h2 (Was sonst? Wenn 6...Kc3, so 7.Kd5 h2 8.Kc6 f5 9.Kc7 Tf8 10.b8D Txb8 11.Kxb8 f4 12.b7 f3 13.Txh2 und gewinnt) 7.Txh2+ Kc3 8.Kd5 Txb7 9.Kc6 Tb8 (oder 9...Tf7 10.b7 Tf8 11.Th4! Kd3 12.Ta4! Tb8 13.Kc7 Tf8 14.Tf4 Tf7+ 15.Kb6 Tf8 16.Ka7 Ke3 17.Txf6! und aus) 10.Tf2 Tf8 11.Kd5!!

Der Gewinnzug! 11...f5 12.b7 Kd3 13.Tf3+ Ke2 14.Tb3 f4 15.Ke4 f3 16.Te3+ Kf2 17.Txf3+! wieder mit derselben Wendung. **4.Th7 Kg1 5.Tc7!** Ein wichtiger Schwenk! **5...Kh2** Einfach gewinnt 5...f5 6.Tc1+ Kh2 7.b6 Txb7 8.Tb1 f4 9.Kf2 f3 10.Tb5 Kh1 11.Kxf3 und Schwarz geht am Zugzwang zugrunde. **6.Tc2+ Kg1 7.Tc1+ Kh2 8.Tb1 Txb7 9.b6!** Schneidet den Turm von der sechsten Reihe ab. **9...f5 10.Kf2 f4** (Diagramm 3)

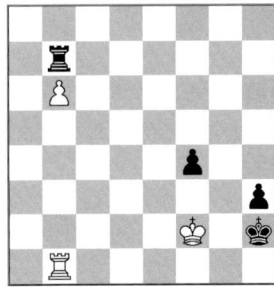

Diagramm 3

11.Kf3! Zwingt den Turm aus seinem Versteck. **11...Td7 12.b7 Td3+ 13.Kxf4 Td8** Er muss zurück, denn 13...Tf3+ (mit Pattgedanken) 14.Kg4 Tg3+ 15.Kh4 hilft genauso wenig wie 13...Td4+ 14.Kf3 Td3+ 15.Kf2 Tf3+! 16.Ke2 Tf2+ 17.Ke1! Tf8 18.b8D+ Txb8 19.Txb8 Kg2 20.Tg8+ Kf3 21.Kf1 h2 22.Th8 Kg3 23.Th7! und der Bauer fällt. **14.b8D Txb8 15.Txb8 Kg2 16.Tb2+ Kf1 17.Kg3** und Ende der schwarzen Vorstellung.

Evans zeigte sich beeindruckt und gratulierte Speights zu seinen präzisen Manövern, wollte aber die Angelegenheit doch noch nicht abschließen, weil die Stellung zu komplex sei und er befürchtete, dass versteckte Manöver die Einschätzung noch ändern könnten.

Zu Recht, denn das bislang letzte Wort in der Angelegenheit sprach der Papst der Endspielstudie, der Holländer Harold van der Heijden. Nach den Speights-Manövern **1.Ke3! h4 2.Tg7+ Kf1 3.Kf3** wurde **3...Ke1!** bis dahin nur als unbedeutende Nebenvariante behandelt. Nach **4.b6 h3 5.Th7** fand van der Heijden jedoch (Diagramm 4)

Diagramm 4

5...f5!! Ein giftiger Zug, der den weißen Königsmarsch um ein entscheidendes Tempo verzögert, weil er ihm das Feld e4 verwehrt. **6.Ke3** Oder 6.Kf4 Kd2 7.Ke5 (noch klarer führt 7.Kxf5 h2 8.Txh2+ Kc3 9.Th7 Kb4 10.Ke6 Kc5 zum Unentschieden) 7...f4 8.Kd6 f3 9.Kc7 f2 10.Tf7 Txb7+! Ein böser Zug! 11.Kxb7 Ke1 mit Remis. **6...Kd1!** Nicht

6...Kf1? 7.Txh3 Txb7 8.Th6! und gewinnt. **7.Kd3 Ke1 8.Kd4 h2 9.Txh2 Txb7 10.Tb2 Kd1 11.Kd3 Td7+ 12.Ke3 Tb7 13.Td2+ Kc1 14.Td6 Kc2 15.Kd4 f4!** Lenkt die weißen Figuren ab. **16.Ke4 Kc3 17.Kd5 Tf7 18.Tc6+** Unentschieden bleibt es auch nach 18.Kc6 f3 19.b7 f2 20.Td1 Tf6+. **18...Kd3** und es ist nichts mehr zu machen.

Die Frage bleibt offen, ob auch in diesen Varianten noch Lücken entdeckt werden oder ob das Duchampsche Rätsel nun doch eine Lösung gefunden hat. Die Diskussion geht freilich weiter, nichts ist sicher. Oder wollte

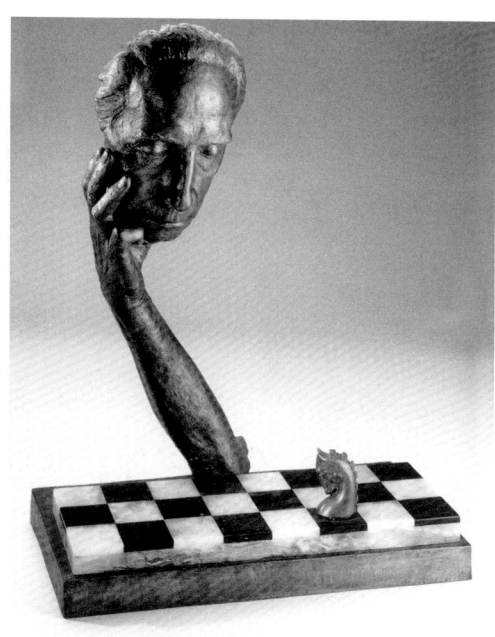

Marcel Duchamp, Skultpur 1967

Marcel Duchamp, nachdem er die Geheimnisse dieser Stellung schon selbst ergründet hatte, der Nachwelt ein pataphysikalisches Rätsel hinterlassen oder sie gar in eine spätdadaistische Falle locken?

Literatur

Bailey, Bradley/Naumann, Francis: Marcel Duchamp. The Art of Chess New York, readymade Press 2009

Chess Life & Review 1976–1978

http://www.toutfait.com/online_journal_details.php?postid=47066

DAS MONUMENTALE LEBENSWERK DES HENRI RINCK

Sein ganzes Leben lang arbeitete Henri Rinck an einem einzigen Buch, das immer größere und gewaltigere Ausmaße annahm und das zu seinem Schicksal wurde. Sein Werk ist wie eine Babuschka-Puppe: Das letzte enthielt jeweils alle anderen. Sein Gesamtwerk erschien unmittelbar vor seinem Tod.

Endspielstudien, 5. Auflage 1952

Nein, nicht *wie* ein Monument liegt es vor uns, es *ist* ein Monument: Die fünfte Auflage von Henri Rincks „1414 Fins de Partie" aus dem Jahr 1952. Fast 3 Kilogramm schwer, 768 Seiten im Lexikon-Oktavformat. Rincks Werk bietet 1414 – durch einen Anhang in Wirklichkeit 1440 – kleine, komplexe, schwierig zu lösende Kunstwerke, sogenannte Endspielstudien, eine Anzahl, die ausreicht, um sich ein ganzes Leben damit zu beschäftigen. Henri Rinck (1870–1952) entstammte einer französischen Unternehmerfamilie und spezialisierte sich, nachdem er mit Auszeichnung Chemie in Lyon und München studiert hatte, bald auf die Herstellung von Olivenöl, mit dessen Produktion er eine Firma in Barcelona etablieren konnte. Außerdem

besaßen Rinck und seine beiden Brüder
eine bekannte Brasserie. Statt dem Müßig-
gang zu frönen, wie dies Söhnen aus wohl-
habendem Haus oft zu eigen ist, begann
Rinck Schach zu spielen. Er war im Lyoner
Schachklub bald ein bekannter und guter
Spieler und nahm auch erfolgreich an Kor-
respondenzturnieren teil. Doch schon vor
der Jahrhundertwende faszinierte ihn die
Endspielstudie und nach einigen wenigen
Gehversuchen begann er mit der Komposition von Studien, eine Tätigkeit, die ihn völlig gefangennahm und zu einer lebenslan-
gen Leidenschaft wurde.

Ökonomie und Kunst

Die Endspielstudie ist eines der jüngeren
Gebiete der Schachkomposition, sie ist das
Bindeglied zwischen praktischer Partie und

Henri Rinck (1870–1952)

Schachproblem. Nicht eine bestimmte Anzahl von Zügen wie beim
Schachproblem wird bei der Lösung gefordert, sondern die Realisierung einer Idee oder eines Manövers in ökonomischer und künst-
lerisch wertvoller Form. Die Forderung beschränkt sich daher auf
einen nachzuweisenden Gewinn oder ein Unentschieden. Derartige
Themen kommen auch im praktischen Spiel vor, in der Endspielstudie werden sie aber in reiner Form ohne störende oder überflüssige
Steine präsentiert. Die Lösung soll wie beim Problem eindeutig sein,
Nebenlösungen entwerten eine Studie.

Der Begriff „Studie" wurde in dieser Form erst 1851 von Bern-
hard Horwitz und Josef Kling in ihrem Buch „Chess Studies" geprägt,
obwohl schon fast tausend Jahre davor Endspielstudien komponiert
wurden, und dieser Terminus im frühen 19. Jahrhundert in erwei-
terter Bedeutung sogar einige Buchtitel zierte. Das erste reine End-

spielstudienturnier fand im Rahmen des Londoner Schachkongresses 1862 statt, es dauerte aber noch Jahrzehnte, bis sich die Kunststudie als eigenständige Kompositionsrichtung herauskristallisierte. Fünf große Komponisten standen am Beginn des 20. Jahrhunderts an der Wiege der modernen Studienkomposition und entwickelten ihre grundlegenden Ideen: Alexej Troitzki, die Brüder Michail und Wassili Platow, Leonid Kubbel und eben Henri Rinck.

1414 Endspielstudien

So raffiniert wie seine Öle waren auch seine Endspielstudien. Rinck war Purist und Minimalist. Seine Studien kommen mit nur wenigen Figuren aus, die Lösung bedarf äußerst subtiler Manöver und enthält tiefe Pointen. Er stellte höchste Ansprüche an seine Werke und prüfte jede Studie mit seinen Kollegen im Schachklub penibel auf ihre Korrektheit. Erwies sich eine Studie als inkorrekt, verbrachte Rinck oft Wochen damit, sie zu verbessern und arbeitete solange, bis sie in seinen Augen als gelungen anzusehen war. Rinck publizierte seine Studien regelmäßig und anschwellend: 150 waren es im Jahr 1909, 1919 bereits 300, und 1927 verzeichnete seine Sammlung stolze 700 Studien. Sein ganzes Leben arbeitete er an einem einzigen Buch, das immer größere und gewaltigere Ausmaße annahm und das zu seinem

150 Endspielstudien, 1909

300 Fins de partie, 1919

1414 Fins de partie 1950

Schicksal wurde. Sein Werk ist wie eine Babuschka-Puppe: Das letzte enthielt jeweils alle anderen. Sein Gesamtwerk erschien kurz vor seinem Tod. Die „1414 Fins de partie" sind ein Mammutwerk. Heute ist der großformatige Band längst vergriffen und sehr gesucht, und selbst der Faksimile-Reprint eines mutigen Verlegers wird schon zu höchsten Preisen gehandelt. Rincks 1414 Endspielstudien reichen fast für ein ganzes Leben. Löst man jede Woche nur eine einzige seiner Studien, was angesichts ihrer Schwierigkeit gar kein so leichtes Unterfangen ist, hätte man für über 27 Jahre Material. Danach könnte man – das Vergessen liegt leider in der menschlichen Natur – wieder von vorne anfangen.

Mit dem Lebenswerk begraben

Zum Einstieg in Rincks Welt drei Beispiele, die genau 50 Jahre seines Schaffens umfassen: Seine erste publizierte Studie aus dem Jahr 1901, als er im 30. Lebensjahr stand, die zweite, die einen ersten Preis gewann, am Höhepunkt seiner Schaffenskraft, und zum Abschluss seine letzte Studie, die ein halbes Jahr vor seinem Tod publiziert wurde.

Henri Rinck, Deutsche Schachzeitung November 1901

Weiß zieht und gewinnt

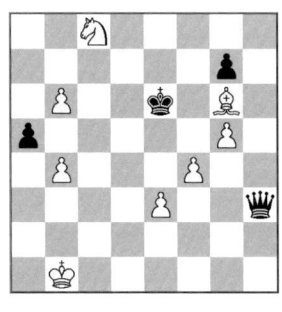

Zwar hat Weiß einen weit vorgeschobenen Freibauern, doch die wendige schwarze Dame scheint alle weißen Gewinnversuche zu verunmöglichen. **1.b7 Df1+ 2.Kb2 Db5** So verhindert Schwarz den Einzug des Bauern. Falls 2...De2+, so folgt 3.Lc2 Db5 4.Lb3+ Kd7 5.La4! Dxa4 6.Sb6+ mit Gewinn oder 2...Dg2+ 3.Lc2 Dxb7 4.Lf5+! Kf7 5.Sd6+ mit Damengewinn. **3.Lf7+!** Die erste Überraschung. Der König kann wegen der Springergabel auf d6 nicht zugreifen und darf aus dem gleichen Grund nicht nach f5. **3...Kd7 4.Le8+!** Jetzt muss der König den Läufer schlagen, weil er sonst seine Dame einbüsst. **4...Kxe8 5.Sd6+**

und gewinnt. Falls jedoch **1...Dh1+**, so **2.Kb2 Dxb7 3.Lf5+!** Wieder bietet sich der Läufer an und wieder kann ihn Schwarz nicht nehmen. **3...Kd5** Denn auf 3...Kxf5 folgt 4.Sd6+. **4.Le4+!** Wieder muss der König zugreifen. **4...Kxe4 5.Sd6+ Kxe3 6.Sxb7** Und falls jetzt **6...axb4**, so **7.f5** und falls **6...Kxf4**, so **7.bxa5**. Eine Studie, die durch ihre echoartigen Läuferopfer besticht.

Henri Rinck, L'Italia Scacchistica 1925

Weiß zieht und gewinnt

Wie können die beiden weißen Türme der schwarzen Bauernübermacht Herr werden? Offenbar nur, indem sie den schwarzen König ständig mit Matt bedrohen und damit die Befreiung der schwarzen Türme verhindern. **1.Ta3! h2 2.Te3+ Kf8 3.Tg2!** Bringt den schwarzen König in eine gefährliche Lage. Wenn jetzt unbedacht 3...h1D?, so folgt 4.Tf3+ Ke7 5.Te2 matt. **3...Tc8+** Einzig durch dieses Turmopfer kann sich der König befreien. **4.Kd7!** Nicht 4.Kxc8 Kf7+ nebst h1D. **4...Td8+ 5.Kxd8** Jetzt kann der König schlagen, weil Schwarz in einem Mattnetz zappelt (Drohung 6.Tf3 matt). **5...Kf7+ 6.Kd7 Td8+** Auch das Opfer des zweiten Turms hilft nicht mehr. **7.Kxd8 h1D 8.Tf2+ Kg7 9.Tg3+ Kh8** Oder 9...Kh6 10.Tf6 matt. **10.Tf8** matt.

Schwarz hat aber noch drei andere Verteidigungen:

1...Kf8 2.Tg1 Ke7 3.Te1+ Wieder hat sich der König in ein Mattnetz verstrickt. 3...Kf6 4.Tf3+ Kg5 5.Tg1+ Kh6 Oder 5...Kh4 6.Tf4 matt. 6.Tf6 matt. Dann 1...h6 2.Te3+ Kf8 3.Tg1 Td4 4.Tf3+ Ke7 5.Te1+ nebst matt. Und schließlich 1...h4 2.Te3+ Kf8 3.Tg1 Kf7 4.Tf3+ Ke6 5.Te1+ Kd5 6.Td3+ Kc4 7.Txd8 mit leichtem Gewinn.

Henri Rinck, Basler Nachrichten 18.8.1951

Weiß zieht und gewinnt

In seiner letzten Studie hat die Dame gegen zwei Türme zu bestehen. **1.De6! Ta7+!** Eine schlaue Ausrede. Die Türme dürfen den Läufer nicht schlagen: 1...Tdxe7 2.Dc8 matt und 1...Tfxe7 2.Dg8 matt. Und auch Züge wie 1...Tf1 2.Ld6+ Kd8 3.Dg8+ führen zu schnellem Verlust. **2.Kb6!** Schlägt der König den Turm, folgt 2...Txe7+ und alles löst sich zum Remis auf. **2...Tb7+!** Wieder geht 2...Tfxe7 3.Dg8+ Kd7 4.Kxa7 nicht. **3.Kc6! Tc7+ 4.Kd6 Tc6+** Die letzte Hoffnung. **5.Kxc6 Tf6 6.Lxf6+** Nimmt die Dame, ist es patt. Was folgt, ist elementar **6...Kf8 7.De7+ Kg8 8.Dg7** matt.

Als Rinck in seinem 82. Lebensjahr stand und an der letzten Ausgabe seines Buches arbeitete, begann ein Wettlauf mit der Zeit. Würde er das Erscheinen seines Lebenswerks noch erleben? Durch ein gnädiges Schicksal erschien die fünfte und letzte Auflage seines Buches genau sechs Tage vor seinem Tod. Auf seinen ausdrücklichen Wunsch wurde es ihm nach seinem Tod in den Arm gelegt und Henri Rinck wurde mit seinem Lebenswerk begraben.

Literatur

Rinck, Henri: 150 Endspielstudien. Leipzig, Veit 1909

Rinck, Henri: 150 Endspielstudien. 2. Auflage Leipzig, Veit 1913

Rinck, Henri: 300 fins de partie (3e édition de „150 fins de partie"), Barcelona, Hijos de Paluzie 1919

Rinck, Henri: 700 fins de partie (4e édition de „150 fins de partie"), Barcelona Tipografia La Academica 1927

Rinck, Henri: 1414 fins de partie (5e édition de „150 fins de partie"), Barcelona Tipografia La Academica 1950 (recte 1952)

DIE PARTIE DES JAHRHUNDERTS

1956 wird Bobby Fischer US-Jugendmeister und entscheidet im Rosenwald-Turnier eine aufsehenerregende Partie gegen Donald Byrne für sich, die der Augenzeuge Hans Kmoch als „die Partie des Jahrhunderts" bezeichnet, und die eine der am meisten publizierten Partien aller Zeiten wird. Von nun an war Fischer die Hoffnung der westlichen Welt.

D. Byrne – Fischer, New York 1956

Wann immer und wo immer man über Schach redet, spricht man von Bobby Fischer (1943–2008). Das wird noch einige hundert Jahre so bleiben, denn es ist so wie sonst nur bei Mozart oder Shakespeare: Fischer gilt als einer der größten Künstler seines Fachs. Zugleich war der Mann aus Brooklyn der erste Popstar unter den Schachspielern, eine Mischung aus Jim Morrison, Howard Hughes und Mike Tyson. Fischer war im Grunde ein schüchterner, äußerst zurückgezogener Mensch, der einmal glaubhaft versicherte, in seinem ganzen Leben nichts anderes als Schach spielen zu wollen. Er spielte aber so gut, dass seine gefährdete private Existenz in aller Öffentlichkeit vollzogen, sprich: „ausgelebt" werden musste. Wo Fischer auftauchte, war die Psychiatrie mit gutachterlicher Tätigkeit nicht weit. Seine Akte ist umfangreich: Paranoiker, Egomane, Sadist mit Mutterkomplex, Fetischist. Sogar „Genie" hat man ihm wegen des unüblichen IQ von 181 nicht erspart.

„… wie Wölfe"

Robert James Fischer wurde 1943 in Chicago geboren und wuchs praktisch ohne Eltern auf. Seinen Vater, Gerhard Fischer, einen deutschstämmigen Physiker, lernte er nie kennen. Seine Mutter, Regina Wender, eine Schweizer Krankenschwester mit starkem linken politischen Engagement, war als Alleinerzieherin mit zwei Kindern überfordert und kümmerte sich kaum um den hochsensiblen Knaben. Nach der Übersiedlung nach Brooklyn lernte Bobby im Alter von sechs Jahren die Grundbegriffe des Schachspiels unter Anleitung seiner fünf Jahre älteren Schwester Joan, die eine Art Mutterersatz für ihn war. Später wird er über seine Kindheit sagen: „Kinder, die ohne Eltern aufwachsen, werden später wie Wölfe! Nach Siegen über russische Großmeister fühle ich mich unwahrscheinlich entspannt und gelöst."

Schach wird schnell zum Mittelpunkt seines Lebens. Mit unglaublicher Besessenheit und Fanatismus spielt er Tag und Nacht gegen sich selbst: „Ich versuchte immer fair zu sein und für beide Seiten die besten Züge zu finden, aber für gewöhnlich gewann ich." Mit zwölf Jahren tritt Bobby in den Brooklyn Chess Club ein. Eine fixe Idee beginnt ihn zu beherrschen: „Die Russen sind die besten, aber ich will der

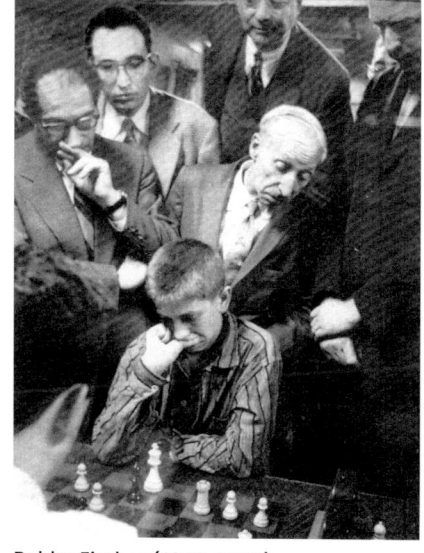

Bobby Fischer (1943–2008) im Manhattan Chess Club

Beste sein." Zunächst bleiben die Erfolge aus, doch der zarte schlaksige Knabe macht unglaublich schnelle Fortschritte. Die New Yorker Schachamateure, gegen die er in den Parks spielt, nennen ihn „boy robot". Bald will niemand mehr gegen ihn spielen, weil man nicht gern sein Geld verliert gegen einen Knaben, dessen höchste Freude es ist, wenn er zusieht, „wie sie sich im Todeskampf winden."

Früher Geniestreich

1956 wird er US-Jugendmeister und entscheidet im Rosenwald-Turnier (6. Platz) eine aufsehenerregende Partie gegen Donald Byrne für sich, die der Augenzeuge Hans Kmoch als „die Partie des Jahrhunderts" bezeichnet, und die eine der am meisten publizierten Partien aller Zeiten wird.

D. Byrne – Fischer
New York 1956

1.Sf3 Sf6 2.c4 g6 3.Sc3 Lg7 4.d4 0-0 5.Lf4 d5 Nachdem Weiß nicht 5.e4 spielt, wonach eine königsindische Verteidigung entstünde, geht Fischer in die Grünfeld-Indische Verteidigung über. **6.Db3** Mit 6.e3 und auch 6.Tc1 konnte Weiß solideres Spiel wählen. **6...dxc4**

7.Dxc4 c6 In diesem nach Weltmeister Wassili Smyslow benanntem Abspiel ist 7...Sa6 8.e4 c5 sehr gut. **8.e4 Sbd7** Nach 8...Lg4 9.Le2 Sfd7 10.Td1 Lxf3 11.Lxf3 e5 12.dxe5 Lxe5 13.Lxe5 Sxe5 14.Txd8 Sxc4 15.Txf8+ Kxf8 16.Le2! steht Weiß etwas besser, aber 8...b5! 9.Db3 Da5 10.Ld3 Le6 11.Dd1 c5 war das aktivste Gegenspiel für Schwarz. **9.Td1 Sb6 10.Dc5 Lg4 11.Lg5?** Weiß will Sfd7 verhindern und begeht bereits einen ersten ernsthaften Fehler. Nach dem ruhigen 11.Le2 Sfd7 12.Da3 Lxf3 13.Lxf3 e5 14.dxe5 De8 15.Le2 Sxe5 16.0-0 steht Weiß eine Spur besser. (Diagramm 1)

Bobby Fischer 1956

11...Sa4!! Der Einbruch des Dämonischen in eine scheinbar harmlose Stellung! Ein erstaunlicher Springerzug, der eine lange Reihe unerhört komplexer Verwicklungen einleitet. **12.Da3** Zu Recht verschmäht Weiß den Springer. Nach 12.Sxa4 Sxe4 13.Dc1 (oder 13.Dxe7 Da5+ 14.b4 Dxa4 15.Dxe4 Tfe8 16.Le7 Lxf3 17.gxf3 Lf8 und Schwarz gewinnt) 13...Da5+ 14.Sc3 Lxf3 15.gxf3 Sxg5 hat Schwarz großen Vorteil. **12...Sxc3 13.bxc3 Sxe4!** Das musste gut kalkuliert werden. **14.Lxe7 Db6!** Die adäquate

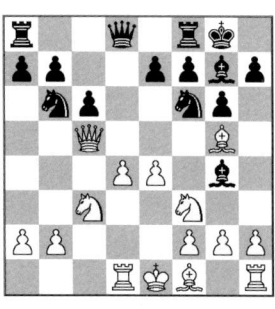

Diagramm 1

Fortsetzung. Weiß darf die Qualität nicht nehmen, weil auf 15.Lxf8 Lxf8 16.Db3 Sxc3! folgt. **15.Lc4** Das bescheidenere 15.Le2 war besser. **15...Sxc3!** Wieder hervorragend berechnet: Nach 16.Dxc3 Tfe8 17.Lxf7+ (falls 17.De3 Dc7) 17...Kxf7 18.Sg5+ Kxe7 19.0-0 Lxd1 20.Txd1 Db5 gewinnt Schwarz. **16.Lc5 Tfe8+ 17.Kf1** Wie soll Schwarz nun weiterkommen? Gegen die beiden Drohungen Lxb6 und Dxc3 scheint es kein Kraut zu geben, und auch 17...Sb5? scheitert an 18.Lxf7+ Kxf7 (18...Kh8 19.Lxb6 Sxa3 20.Lxe8) 19.Db3+ Le6 20.Sg5+. (Diagramm 2)

17...Le6!! Der zweite außerirdische Zug dieser Partie! Schwarz rettet sich nicht nur, sondern nimmt den weißen König ins Visier. **18.Lxb6** Weil auf 18.Lxe6 Db5+ 19.Kg1 Se2+ 20.Kf1 Sg3+ 21.Kg1 Df1+! 22.Txf1 Se2 mit ersticktem Matt folgt, auf 18.Dxc3 Dxc5! 19.dxc5 Lxc3 20.Lxe6 Txe6 und schließlich auf 18.Ld3 Sb5, ergreift Donald Byrne die Chance die Dame zu gewinnen. Der Preis dafür ist aber sehr hoch. **18...Lxc4+ 19.Kg1 Se2+ 20.Kf1**

Diagramm 2

Sxd4+ Der weiße König ist in eine Zwickmühle geraten. **21.Kg1** Es geht nicht anders, 21.Td3 axb6 22.Dc3 Sxf3 verliert. **21...Se2+ 22.Kf1 Sc3+ 23.Kg1 axb6** Gewinnt das geopferte Material mit Zins und Zinseszins zurück. **24.Db4 Ta4 25.Dxb6 Sxd1** Bilanz: Weiß hat den Kampf verloren, zieht es aber vor, bis zum Matt weiterzuspielen. **26.h3 Txa2 27.Kh2 Sxf2 28.Te1 Txe1 29.Dd8+ Lf8 30.Sxe1 Ld5** Schwarz steht nun auch materiell drückend überlegen, doch wer will schon gegen ein Kind aufgeben? **31.Sf3 Se4 32.Db8 b5 33.h4 h5 34.Se5 Kg7 35.Kg1 Lc5+** Der Schlussakkord, Weiß wird mattgesetzt. **36.Kf1 Sg3+ 37.Ke1 Lb4+** Noch schneller ging 37...Lb3. **38.Kd1 Lb3+ 39.Kc1 Se2+ 40.Kb1 Sc3+ 41.Kc1 Tc2** matt.

Nach diesem Geniestreich wurden erstmals die sowjetischen Spieler und Offiziellen auf den Knaben aufmerksam und Juri Awerbach gestand: „Als ich diese Partie sah, wusste ich, dass der Kerl verdammt begabt sein musste."

Der Kalte Krieg am Schachbrett

Die Schachwelt war damals fest in der Hand der Sowjetunion. Seit dem Zweiten Weltkrieg stammten alle Weltmeister aus der Sowjetunion, die auch über die meisten Großmeister verfügte und auf einen enormen Pool von fast 5 Millionen registrierten Schachspielern verweisen konnte. Das rationale, auf wissenschaftlicher Grundlage betriebene Spiel passte sich ideal in die Sowjetideologie ein.

1957 gewinnt Fischer sensationell bereits die US-Meisterschaft der Erwachsenen vor Sam Reshevsky. Die Schule bricht er ab – „nur etwas für Dummköpfe" – und führt danach ein unstetes Leben, von Hotel zu Hotel, mit zwei großen Koffern und seinem geliebten Taschenschach.

1958 im Interzonenturnier von Portoroz wird der 15-Jährige jüngster Großmeister der Schachgeschichte. Das Kandidatenturnier 1959 in Bled, Zagreb und Belgrad ist

Partieformular D. Byrne – Fischer vom 17. Okt. 1956

aber für den jungen Wunderspieler noch eine Nummer zu groß, er wird Letzter.

Der nächste Anlauf zum WM-Titel ist das Interzonenturnier in Stockholm 1962, wo Fischer mit 2,5 Punkten Vorsprung auf die Weltelite gewinnt. Beim Kandidatenturnier auf der Antilleninsel Curaçao 1962 greift Fischer zum ersten Mal ernsthaft nach der Krone, wird aber nur Vierter hinter der Riege der sowjetischen Großmeister Petrosjan, Keres und Geller. Er beschuldigt die sowjetischen Teilnehmer – aus heutiger Sicht zu Recht – der Absprache. Der KGB hatte die Gefahr, die von dem jungen Amerikaner ausging, längst erkannt. Ein unversöhnlicher, lebenslanger Hass beginnt: „Eher sterben als gegen einen Russen verlieren", oder: „Ich bin ein großer Fisch, und verschlinge die Großmeister – die Großmeister aus der Sowjetunion fresse ich", sind Fischers typische Interviewsätze aus dieser Zeit. Immerhin ändert der Weltschachbund den Austragungsmodus, ab nun werden Zweikämpfe statt des Kandidatenturniers gespielt.

Weihnachtspostkarte Bobby Fischer (1956)

Nach seinem Scheitern wurde es eine Zeit lang still um Fischer, 1964 gewann er jedoch die US-Meisterschaft mit 11 Siegen aus 11 Partien. Das Interzonenturnier in Sousse (Tunesien) 1967 verließ der Überempfindliche weit in Führung liegend wegen lächerlicher Differenzen mit den Organisatoren: „Teppichhändler und Erdnussknacker sollten keine Schachturniere organisieren." Zu dieser Zeit bekannte er vor einem Millionen-Publikum der Bob-Hope Show im amerikanischen Fernsehen: „Ich genieße es, wenn sie sich winden. Ich genieße den Augenblick, wenn ich das Ego eines Mannes breche." Sein Selbstbewusstsein war inzwischen ins Unermessliche gewachsen: „Es gibt nur zwei wahre Schachgenies – das andere war Wilhelm Steinitz." Und trotzdem verschwand Bobby Fischer wieder für einige Jahre.

Sollte das Jahrhunderttalent, der Junge aus Brooklyn, der stets an eigenen Unzulänglichkeiten scheitert, nie Weltmeister werden? Das war die große Frage Ende der Sechzigerjahre des vorigen Jahrhunderts.

Literatur

Brady, Frank: Endspiel – Bobby Fischer. Genie und Wahnsinn im Leben der Schachlegende. München, Riva Verlag 2012

Fischer, Bobby: My 60 Memorable Games. London, Batsford 5. A. 2008

Gufeld, Eduard: Bobby Fischer. From Chess Genius to Legend. Davenport, Thinkers Press 2002

Johnson, Daniel: White King and Red Queen. How the Cold War was fought on the Chessboard. Boston-New York, Houghton Mifflin Company 2008

Müller, Karsten: Bobby Fischer. The Career and Complete Games of the American World Chess Champion. Milford, Russell Enterprises 2009

Ponterotto, Joseph G.: A Psychobiography of Bobby Fischer. Understanding the Genuis, Mystery, and Psychological Decline of a World Chess Champion. Springfield, Charles C. Thomas Publisher 2012

SMULLYANS BLICK IN DIE VERGANGENHEIT

Ein Schachrätsel, das einen Blick in die Vergangenheit einer Stellung verlangt, sollte durch eine Kette von Zufällen nach mehr als zwei Jahrzehnten publiziert werden – und dem begnadeten Schöpfer dieser Idee zu spätem Ruhm verhelfen. Raymond Smullyan ist ein Philosoph und Logiker, der dem Denksport Schach ein weiteres neues Gesicht gab.

Retrologik, Manchester 1957

Raymond Merrill Smullyan (*1919) gilt als der Mann der Paradoxien. Philosophie, Logik und Schach – das sind die Steckenpferde dieses genialen Denkers, dessen Leben einer Fahrt auf der Hochschaubahn gleicht. Wer brachte es schon je vom Studienabbrecher zum Universitätsprofessor? Dies ist nur denkbar im Land der unbegrenzten Möglichkeiten, wo nicht Titel zählen, sondern Begabung und Talent. Und darüber verfügt Smullyan reichlich. Raymond ergriff in seiner Vielseitigkeit schon von Kindheit an seine Chancen, ohne je sein Leben gezielt zu planen. Für einige Jahre trat er in Chicago als Barpianist auf, dann als Close-up Magier im Ambassador East Hotel und im Sherman Hotel, eine Zeit, an die Smullyan später mit verklärter Sehn-

Raymond Smullyan (*1919)

sucht zurückdenkt. Hier hatte er den spielerischen Kontakt mit dem Publikum, der in allen seinen Publikationen, ob Logikbücher oder Schachwerke, durch das „Erzählen" und damit Einbetten von Rätselaufgaben in wohlkonstruierte Geschichten durchschlägt. In seinen spannenden und gleichzeitig lebendigen "The Chess Mysteries of Sherlock Holmes" (dt. „Schach mit Sherlock Holmes", 1982) und "The Chess Mysteries of the Arabian Knights" (dt. „Die Schachgeheimnisse des Kalifen", 1984) gibt uns dieser Großmeister der Schwarzkunst mit seinen Smullyantypischen Charakteren einen tiefen Einblick in die weite Welt der Retroanalyse auf dem Schachbrett, wo Figuren gesucht, Stellungen rekonstruiert und verzwickte Mattprobleme gelöst werden müssen. Der „Goldtopf am Ende des Regenbogens" ist nur zu finden, wenn die Vergangenheit einer Position vollständig entschlüsselt ist. Eröffnungswissen, Mittelspielkenntnisse oder Endspielerfahrung helfen kaum, nur das Regelwerk des Schachs muss in allen seinen Feinheiten verstanden werden. Smullyan selbst schreibt in seinem autobiografischen Buch „Some Interesting Memories – A Paradoxical Life", dass er zu der Idee, in seinen Retroanalyse-Aufgaben die Figuren als Hauptcharaktere mitspielen zu lassen, vor allem durch den genialen Lewis Carroll inspiriert wurde. Jahre später hat der Mathematiker und Wissenschaftsjournalist Martin Gardner für Smullyan folgende wunderbaren Worte gefunden: „...eine Persönlichkeit, die gleichzeitig Philosoph, Mathematiker, Musiker, Magier, Humorist, Autor und hervorragender Puzzlemeister ist." Treffender ließe sich der Autodidakt aus den USA auch kaum beschreiben. Denn in der Tat ähneln Smullyans mit Geschichten unterlegte Werke klassischen Denksportaufgaben – auf dem Hintergrund eines Schachbretts.

Wo ist Harun Al-Raschid?

Das vorliegende Problem hat eine ganz besondere Geschichte. Raymond Smullyan hatte es bereits in den Vierzigerjahren komponiert – wie er in seinem autobiographischen Werk festhält. Zu dieser Zeit schrieb er auch seine „Chess Mysteries of the Arabian Knights" (man achte auf den doppelten Wortsinn: knight = Ritter, night = Nacht), inspiriert durch Lewis Carroll's „Alice in Wonderland", wie er freimütig zugibt. Jahre später zeigte er dieses Manuskript einem Studienkollegen in Princeton, der ihm eine rasche Publikation empfahl. Aber Smullyan war auf Grund seines Naturells zu diesem Schritt noch nicht bereit. Nur Wochen später wies besagter Studienkollege Smullyan auf eine unautorisierte Veröffentlichung im „Manchester Guardian" hin. Eine Kette von Zufällen, wenn man so will, denn der Vater des Kollegen war von Smullyans Geistesblitz angetan gewesen und hatte dieses Logikrätsel dem befreundeten Schachkorrespondenten des „Guardian" geschickt. Auf Nachfrage wurde Smullyans Autorenschaft anerkannt und auf Grund des positiven Leserechos ob des „anderen Schachs" baten die Redakteure den Amerikaner, weitere Kostproben seiner Kunst zu liefern. Smullyans Stunde als publizierender Schachkomponist hatte geschlagen.

Doch damit nicht genug. Wieder einige Jahre später brachte Martin Gardner in seiner berühmten Kolumne im „Scientific American" eben dieses Problem mit dem unveränderten Titel „Where Is the White King?", ohne Angabe des Schöpfers. Und auch diesmal half der Zufall. Ein mit Smullyans Kompositionen vertrauter Mathematiker schrieb an Martin Gardner, der dann seinerseits hocherfreut auf den Schöpfer dieser retrograden Aufgabe zukam. Smullyan im Wortlaut in seiner Autobiografie: „Boy, if it had not been for that letter, my life might have turned out differently." Soviel zu Schicksalsstunden! Die aus diesem Briefwechsel resultierende Freundschaft mit Martin Gardner gab Smullyan den letzten Kick, endlich ernsthaft an eine Veröffentlichung seines „Buches" zu denken. Es wären wohl nur die „Arabischen Nächte" daraus geworden, hätte nicht ein weiterer Briefverkehr mit einem

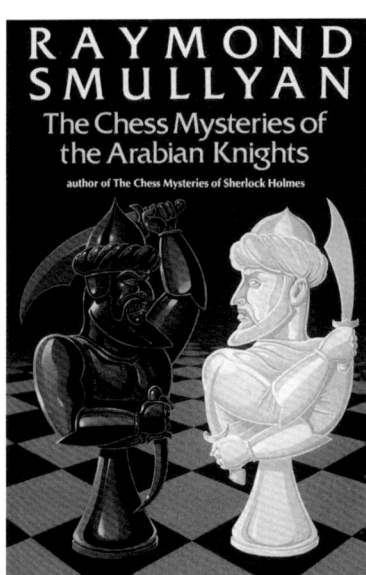

„The Chess Mysteries of the Arabian
Knights", 1981

gewissen Mannis Charosch stattgefunden,
der Smullyan freundlicherweise einen selbst
verfassten Artikel über die retrograde Analyse zukommen ließ, mit dem sprechenden
Titel „Detective at the Chessboard". Neuer-
lich inspiriert, änderte Smullyan seinen ur-
sprünglichen Plan und dachte nun zwei voneinander unabhängige Bücher an, mit dem
„undurchsichtigen" Wort „Mysteries" im Titel. Doch es war zunächst kein Verlag zu finden. Diese Art von Komposition versprach
keinen Erfolg auf dem amerikanischen
Markt. Wieder kam Smullyan das Glück des
Tüchtigen zu Hilfe: Sein Logik-Puzzle-Buch
„What Is the Name of This Book?" wurde
von Martin Gardner – der inzwischen als
Kolumnenverfasser und Rätselbuch-Autor
einen klangvollen Namen hatte – im „Scien-
tific American" enthusiastisch als „das beste Buch mit Alltagspuzzles,
das je geschrieben wurde" bezeichnet. Der zunächst Smullyans Angebot zurückweisende Verleger Alfred A. Knopf sprang endlich auf den
Zug auf, und Raymond Smullyan konnte 22 bzw. 24 Jahre nach
Erscheinen seiner Komposition „Where Is the White King?" endlich
seine zwei Bände der „Chess Mysteries" in Händen halten.

Raymond Smullyan, Manchester Guardian 1957

Wo muss der weiße König stehen?

(im Original: Where Is the White King?)

Schränken Sie erst einmal die Felder ein, auf denen
sich der König überhaupt aufhalten könnte. Um das
Schach des La4 abzudecken, müsste der weiße König
(in Smullyans Buch „Arabian Knights" als Harun al-
Raschid präsentiert) auf b3 stehen, um das Schach

zu ermöglichen, müsste er von b3 wegge-
zogen sein. Doch in beiden Fällen wäre er
zuvor selbst von Turm und Läufer des Gegners bedroht, durch ein an sich unmögli-
ches Doppelschach. Hier hilft nur die Retroanalyse: Was wäre, wenn Harun al-Raschid
einen schwarzen Bauern geschlagen hätte,
der seinerseits einen Zug davor von b4 nach
c3 schlug. Zug für Zug gilt es, sich zurück zu
tasten. Ausgangsstellung: Kb3, wBc2, sBb4,
sLe4. Zugfolge: **1...Ld5+ 2.c4 bxc3e.p.++
3.Kxc3+**. Also lautet die Antwort auf die
Frage „Wo muss der weiße König stehen?“:
auf c3.

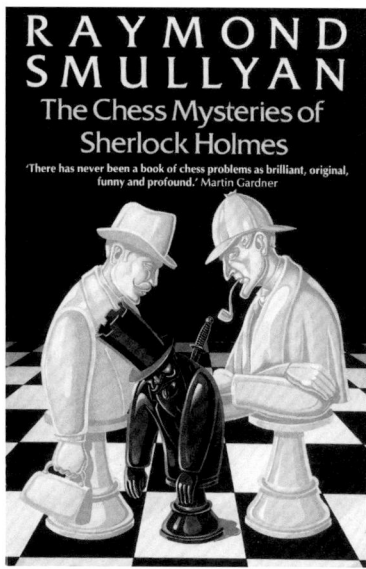

Die Logik des Sherlock Holmes

„The Chess Mysteries of Sherlock Holmes“, 1979

In „The Chess Mysteries of Sherlock Holmes“
lässt Smullyan viele Anspielungen auf den
berühmten Detektiv in seine Rahmenhandlung einfließen. Schritt für
Schritt führt uns Sherlock Holmes in die Geheimnisse des deduktiven
Denkens ein.

Raymond Smullyan, The Chess Mysteries of Sherlock
Holmes 1979 (komponiert 1935)

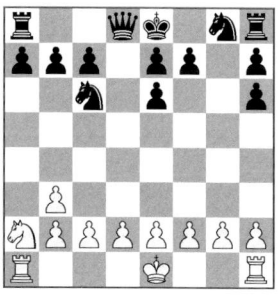

Auf welchem Feld wurde die weiße Dame geschlagen?

Sherlock Holmes im Originalton: „Vier weiße Figuren wurden geschlagen: die Dame, ein Springer und
beide Läufer. Letztere offensichtlich auf den Ausgangsfeldern. Da zwei schwarze Bauern (e6 und h6)
auf Schlagfeldern stehen, muss an einem dieser Orte
die Dame gefallen sein. Aber wo genau?“ Nichts ist unmöglich im
Kunstschach, vorausgesetzt, Sie beherrschen das deduktive Denken

in ähnlichem Ausmaß wie der geniale Philosoph und Logiker Raymond Smullyan und seine Figur Sherlock Holmes.

Der Angelpunkt der Stellung ist der weiße Bauer auf b3. (1) Schritt 1 zurück: Welche Figur schlug der weiße Bauer auf b3? Es kann nur der weißfeldrige schwarze Läufer gewesen sein. (2) Wer wurde zuerst geschlagen, die weiße Dame oder der weiße Läufer auf c1? Um aus ihrem Startgefängnis zu kommen, muss der Dame der Weg über das Feld a2 geöffnet worden sein. Also ist die Antwort klar: Läufer vor Dame. (3) Der Bauer auf e6 muss eine Figur geschlagen haben, bevor der schwarze Läufer auf c8 sein Startfeld verlassen konnte. Da die weißen Läufer auf ihren Ausgangsfeldern geschlagen wurden, kommen nur Dame und Springer in Frage. Die Dame kann es aber auch nicht sein, da ihr erst nach Freilegung der a-Linie der Weg nach außen geöffnet wurde. Und diese Öffnung erfolgt mit dem Schlagen des schwarzen Läufers auf b3. (4) Daher muss die Königin zwangsläufig auf h6 umgekommen sein. Genial logisch!

„...ich habe es bis heute nie übertroffen"

Mit nur 16 Jahren komponierte Smullyan ein überaus tiefschürfendes Logikpuzzle, ein weiteres Beispiel seiner Kunst der Retroanalyse. Wie Raymond Smullyan selbst dieses Rätsel einschätzt, zeigen seine Worte: „... und ich habe es bis heute nie übertroffen." In der Tat ist der Weg zur eindeutigen Lösung wahrlich steinig. In der Rahmengeschichte fragt Sherlock Holmes, warum an Stelle des X (symbolisch für eine Münze) keine Figur verwendet wurde. „Die ging leider verloren", war die Antwort, „doch vielleicht kann er, der berühmte Denker, durch deduktive Schlussfolgerung herausfinden, welche Figur auf h4 stehen muss?" Holmes nahm die Herausforderung an – und gab eine absolut schlüssige Erklärung dafür, dass das X nur ??? sein konnte. Bitte machen Sie es ihm nach und ergänzen Sie die Stelle der drei Fragezeichen. Doch eine Warnung vorweg: Es kann Stunden dauern, bis die Kette der in der Vergangenheit liegenden Verzweigungen vollständig enträtselt ist. Raymond Smullyan hat diese Aufgabe ganz zu Recht in den „Mysteries of Sherlock Holmes" veröffentlicht. Deduktion pur ist gefragt.

Raymond Smullyan, The Chess Mysteries
of Sherlock Holmes 1979

Welche Figur steht auf h4?

Wieder muss in zahlreichen Denkschritten der Weg zur Lösung „erfühlt" werden. Jedenfalls gibt es zunächst exakt zehn Möglichkeiten, nämlich alle weißen und schwarzen Figuren könnten auf dem ominösen Feld h4 platziert sein. (1) Der schwarze König steht im Schach durch den Turm, der jedoch nicht auf dieses Feld gezogen sein kann. Daher war der letzte Zug ein Schlagen auf d8 mit einer Unterverwandlung in einen Turm (cxd8T). (2) Welche Figur wurde geschlagen? Zweifellos kein Turm, denn der hätte ja bereits zuvor den weißen König ins Schach gestellt; auch nicht die Dame mit gleicher Begründung, und von b6 konnte sie ja wegen des dazwischen gestellten Bauern auf c7 nicht gekommen sein. (3) Falls die geschlagene Figur ein Springer war, musste eines der drei schwarzen Rössel durch eine Umwandlung entstanden sein. Aber eine Umwandlung wäre auch nötig gewesen, um einen schwarzen Läufer auf d8 zu bringen, denn der ursprüngliche schwarzfeldrige schwarze Läufer kann nur auf f8 gefallen sein; die Bauern auf e7 und g7 verhinderten jegliche Bewegungsfreiheit. (4) Die fehlende Figur auf h4 muss zudem weiß sein. Der Grund: Eine schwarze Dame oder ein schwarzer Turm würden Schach geben; der einzige fehlende schwarze Bauer wurde in einen Läufer oder Springer umgewandelt und diese Figur eben auf d8 geschlagen, sei es nun Springer oder Läufer. (5) Nun, es kann kein weißer Bauer sein, da der einzig fehlende Bauer sich gerade in einen Turm verwandelt hat. Doch welche der vier Möglichkeiten – Dame, Turm, Läufer, Springer – könnte die Lösung sein? Holmes fand einen Weg, drei Möglichkeiten mit einem Schlag auszulöschen. Sehen Sie ihn? (6) Der entscheidende Gedanke:

Welcher schwarze Bauer wurde umgewandelt? Der Bauer auf a6 kam von der b-Linie, die Bauern auf der c5 und d6 müssen ursprünglich auf c7 und d7 gestanden sein; der Bauer auf c4 kann nur von f7 gekommen sein. Der fehlende schwarze Bauer stand also ursprünglich auf h7. So weit, so gut. (7) Wo konnte dieser schwarze h-Bauer umgewandelt worden sein? Nicht auf h1, denn der weiße Bauer steht im Weg. Er konnte auch nur einen Schlagzug gemacht haben, da inklusive der X-Figur elf weiße Figuren auf dem Brett stehen. Fünf fehlen, wobei der schwarze a-Bauer eine, der Bauer auf c4 (von f7 kommend) drei geschlagen hat; bleibt nur ein Schlagzug übrig. Der h-Bauer muss auf g1 umgewandelt worden sein. (8) Nun zum ersten Schritt der finalen Deduktion mit der Kernfrage: Hat der h-Bauer auf g2 geschlagen oder ist er auf der g-Linie durchmarschiert, was nur möglich ist, wenn der weiße Bauer auf g3 von f2 gekommen ist. Mit diesem Schlagzug und den fünf Schlagzügen, die der von g2 gestartete weiße Bauer bis zur Umwandlung in den Turm auf d8 gemacht hat, ergibt sich insgesamt ein sechsmaliges Schlagen. Und in der Tat fehlen sechs schwarze Figuren. Alles scheint in Ordnung zu sein! Doch halt, der schwarzfeldrige schwarze Läufer wurde auf seinem Startfeld geschlagen. Daher kann es sich so nicht abgespielt haben. Der Bauer auf g3 wurde von g2 einen Schritt nach vor bewegt. (9) Der zweite Schritt im Finale: Der h-Bauer kann daher nicht durchmarschiert sein, sondern muss auf g2 geschlagen haben. Doch dieses Feld ist weiß, ebenso wie die Schlagfelder der beiden anderen schwarzen Bauern auf a6 und c4. Alle weißen Figuren wurden auf weißen Feldern geschlagen! Hier liegt sie, die Lösung: Der schwarzfeldrige weiße Läufer von c1 hätte nur auf einem schwarzen Feld erwischt worden sein können. Er befindet sich also noch auf dem Brett – exakt auf h4! Deduktion pur!

Eine Geschichte über Frank Marshall

Smullyans Werke sind voller persönlicher Geschichten und Anekdoten. Eine davon über den amerikanischen Schachmeister Frank Marshall dürfen wir zum Ausklang wiedergeben. Als Marshall in einer kleinen Westernstadt auf den Zug warten musste, entschied er kurzerhand, einen Friseurbesuch einzuschieben. Dort fiel ihm ein Schachbrett ins Auge, und der nach diesem Spiel süchtige Frank fragte nach, ob irgendwer in diesem Kaff Schach spielen könne. In der Tat wurde ihm ein gewisser Hank empfohlen, ein allzeit zu einer Partie bereiter Arbeitsloser. Hank kündigte großspurig an, die Partie locker zu gewinnen. Nun, in der Tat spielte das Großmaul erratisch und bizarr, so verrückt, dass Marshall, der ihn auf die leichte Schulter genommen hatte, sich ‚veropferte' und die Partie verlor. „Mann, Sie haben gerade den Schachmeister Amerikas geschlagen!" waren Marshalls Worte, „und was mich besonders verblüfft ist, dass Sie Ihre Springer überhaupt nicht gezogen haben." Die lakonische Antwort: „Um ehrlich zu sein, Mister, ich habe bis heute nicht herausgefunden, wie diese Dinger wirklich ziehen."

Diese Anekdote einer „fiktiven Schachbegegnung" soll Smullyans unnachahmliches Geschick illustrieren, in seinen Werken Geschichten und Rätsel mit Humor zu vereinen.

Literatur

Smullyan, Raymond: The Chess Mysteries of Sherlock Holmes. Oxford, Oxford University Press 1979

Smullyan, Raymond: The Chess Mysteries of the Arabian Knights. Oxford, Oxford University Press 1981

Smullyan, Raymond: Some Interesting Memories – A Paradoxical Life. Davenport, Thinkers' Press 2002

DIE STUNDE DES ZAUBERERS

Seine Art zu spielen begeisterte Schachfans in aller Welt. Das junge Genie liebte das Risiko, spielte bedingungslos und mutig auf Angriff und versuchte selbst gegen Weltklassespieler wagemutige Figurenopfer. Sein Stil spottete den marxistischen Anforderungen wissenschaftlichen Denkens Hohn. Statt Ordnung produzierte Michail Tal Chaos auf dem Schachbrett.

Michail Tal besiegt das Sowjetestablishment, Moskau 1960

Von Mitte März bis Anfang Mai 1960 trafen im Moskauer Puschkin-Theater zwei Persönlichkeiten im Kampf um den Weltmeistertitel aufeinander, wie sie gegensätzlicher nicht hätten sein können: Auf der einen Seite der 49-jährige Weltmeister Michail Botwinnik, Elektroingenieur und überzeugter Kommunist, der seit 1948 mit einer kleinen Unterbrechung den Titel hielt. Seine Akribie bei der Vorbereitung, sein streng wissenschaftlicher Zugang, seine Disziplin und Präzision waren Legende. Dieser Meister der Selbstprogrammierung galt als dogmatisch, humorlos und schien die personifizierte Ver-

Gideon Ståhlberg, Michail Botwinnik, Michail Tal, Max Euwe (v.l.n.r.)
bei der Auslosung der WM 1960

nunft zu sein, was sich auch in der Unerbittlichkeit seiner asketischen
Lebensführung ausdrückte. So erinnert sich Tals langjähriger Trainer
Alexander Koblenz in seinen Memoiren an den gestrengen Patriar-
chen des Sowjetschachs: „Die genaue Einhaltung einer ein für allemal
festgelegten Lebensweise betrachtet er als Verhaltensnorm, von der
er um keinen Zollbreit abweicht, und mit größter Beharrlichkeit verfolgt er die jeweils vor ihm stehenden Ziele, Aufgaben und Pläne. Wie
im Leben, so missfällt ihm auch im Schach jede unvorhergesehene
Abweichung."

Der junge Tal

Auf der anderen Seite hatte der um 25 Jahre jüngere Herausforderer Michail Tal innerhalb weniger Jahre mit rasender Geschwindigkeit alle Hürden in Richtung Schachthron spielend überwunden.
Tal war eine faszinierende Persönlichkeit, ein Genie, das sich kaum
an Konventionen hielt. Ein hochbegabter und intelligenter Künstler, der nur für das Schach lebte; für den Geld keine Rolle spielte

Michail Tal (1936–1992), Bled 1961

und der alles, was er unternahm, mit großer Leidenschaft tat. Er achtete auf seine eigene Gesundheit genauso wenig wie auf andere kleine Alltäglichkeiten des Lebens. Trotz schwerer gesundheitlicher Probleme rauchte und trank er exzessiv, war zeitweilig sogar morphiumsüchtig. Schach spielen hatte er im Alter von sieben Jahren gelernt, doch erst als er 1949 Alexander Koblenz kennenlernte, der ein Leben lang sein Trainer und enger Vertrauter wurde, begann Tals rasanter Aufstieg zur Weltspitze. Seine Art zu spielen begeisterte Schachfans in aller Welt. Das junge Genie liebte das Risiko, spielte bedingungslos und mutig auf Angriff und versuchte selbst gegen Weltklassespieler wagemutige Figurenopfer. Sein Stil spottete den marxistischen Anforderungen wissenschaftlichen Denkens Hohn. Statt Ordnung produzierte er Chaos auf dem Schachbrett, lustvoll und fröhlich, seine brillanten Angriffe und spekulativen Opfer waren gefürchtet. Tal brachte eine elektrisierende Atmosphäre in den Turniersaal, seine Züge kamen schnell, dazwischen rannte er wie ein Tiger auf der Bühne hin und her, oft fixierte er den Gegner mit seinem gefürchteten hypnotischen Blick. In einem Zeitalter der sich vervollkommnenden Technik und Verteidigung gab er dem Schach eine schon tot geglaubte Dynamik zurück und verlieh ihm neue Dimensionen. Seine Vorliebe für Theater und Literatur, dazu sein Hang zum alkoholischen Exzess, waren stark ausgeprägt. Es schien als wäre Voland, Bulgakows Teufel in „Der Meister und Margarita", wieder auf Besuch in Moskau.

Doch war der neoromantische Stil dieses respektlosen jungen Mannes dazu geeignet, das Symbol des Sowjetschachs vom Thron zu stürzen? Diese Frage sollte in einem monumentalen Kampf über 24 Partien beantwortet werden – vor der gebannt zusehenden Schachwelt.

Tal – Botwinnik am Brett, Schiedsrichter Harry Golombek

Irritationen im System

Natürlich war das Puschkin-Theater mit seinen 1100 Plätzen bei jeder Partie ausverkauft; hunderte, ja tausende Menschen fanden keinen Einlass mehr. Vor dem Theater kam es zu Tumulten, die Organisatoren mussten große Demonstrationsbretter aufstellen, auf denen die Partien übertragen wurden, um die Menge in den kalten Moskauer Märztagen zu beruhigen. Etwas Unerhörtes, so war sich die Menge bewusst, geschah im Theater. Wie ein Wirbelsturm fegte Michail Tal in diesem Frühjahr durch die erstarrenden Strukturen der Schach-Supermacht Sowjetunion und spielte sein Gegenüber in Grund und Boden. Sogar das *Neue Deutschland* sprach vom „Match des Jahrhunderts". Botwinnik begriff nicht, wie ihm geschah, und auch viele Jahre später war ihm in seinen Erinnerungen der Gedanke an den Lebens- und Spielstil seines jungen Rivalen geradezu verhasst: „Er würde seine Partner hypnotisieren, er wüsste selbst nicht, wie er den Willen seiner Partner zum Widerstand unterdrückte; seine mehr haltlosen als gefährlichen Opfer verkündeten die Entdeckung irgendwelcher neuer

herausstellte." Für Tal selbst war die Sache schon nach vier Minuten Nachdenken klar: „Alles andere ist positionell schlecht: Alle Figuren, die mir übrig blieben, gewannen offensichtlich an Kraft. Besonders aktiv wurde der altindische Läufer, der bis dahin durch die eigenen Bauern blockiert war." **22.gxf4** Es gibt keine Alternative: 22.Lxf4 exf4 oder 22.Dd2 Sxg2 wäre schlecht. **22...exf4 23.Ld2?!** Natürlich nicht 23.Lxa7? Le5 24.Lf3 b6. Besser war hingegen 23.a3 Db3 24.Lxa7 Le5! (24...b6 25.Dd1 Dxb2 26.Ta2) 25.Lf3! Ta8! 26.Dd1 Dxd1 27.Sxd1 Txc1 28.Txc1 Txa7 29.Tc7 Ld4 mit gleichen Chancen. **23...Dxb2?!** Tal riskiert in richtiger Einschätzung Botwinniks weiter Kopf und Kragen. Objektiv stärker war 23...Le5 24.f3 Dxb2 25.Sd1! Dd4 26.Txc4 Txc4 27.Tc1 Txc1 28.Lxc1 Dxd5 29.Lf1, was aber nur zum Remis führt. **24.Tab1 f3!** Ein hübscher Zwischenzug, der Botwinnik völlig verwirrte. Er erwartete 24...Lxb1? 25.Txb1 Dc2 26.Le4 Txe4 27.Dxe4 Dxd2 28.De6+ und Weiß gewinnt. (Diagramm 2)

Diagramm 2

25.Txb2? Flohr: „Botwinnik dachte lange nach – worüber eigentlich – ?? Gibt es denn einen anderen Zug als 25.Lxf3, fragte man sich." Der entscheidende Fehler in brisanter Stellung. Nach 25.Lxf3 Lxb1 26.Txb1 Dc2 27.Le4! Txe4 28.Sxe4! Dxb1 29.Sxd6 Tf8 hätte Weiß noch immer das bessere Ende für sich gehabt. **25...fxe2 26.Tb3 Td4!** Weiß ist plötzlich an Händen und Füßen gebunden. **27.Le1** Denn 27.Le3? Txc3! 28.Tbxc3 Td1 verliert ebenso wie 27.Sxe2 Txd2 28.Txc8 Lxc8. **27...Le5+ 28.Kg1 Lf4** Die Aufregung im Saal wurde nun so groß, dass der Hauptschiedsrichter Gideon Ståhlberg anordnete, das Spiel in einen Nebenraum ohne Publikum zu verlegen. Schneller führte hier 28...Txc3! 29.Tbxc3 Td1 30.Tc4 Lb2 zum Erfolg. **29.Sxe2 Txc1 30.Sxd4** Nicht 30.Sxc1? Td1. **30...Txe1+ 31.Lf1 Le4** Läuferpaar und Mehrbauer sichern Schwarz den Sieg. **32.Se2 Le5 33.f4 Lf6 34.Txb7 Lxd5 35.Tc7** Der Ba7 ist tabu: 35.Txa7? Txe2! 36.Lxe2 Ld4+. **35...Lxa2 36.Txa7 Lc4**

37.Ta8+ Kf7 38.Ta7+ Ke6 39.Ta3 d5
Nicht 39...Lxe2? 40.Te3+. **40.Kf2 Lh4+
41.Kg2 Kd6 42.Sg3 Lxg3** Am einfachsten. **43.Lxc4 dxc4 44.Kxg3 Kd5 45.Ta7
c3 46.Tc7 Kd4** Aufgegeben wegen 47.Td7+
Ke3 48.Te7+ Kd2 49.Td7+ Kc1 50.Txh7 c2
51.Tc7 Te3+ 52.Kg4 Kd2 53.Txc2+ Kxc2
54.Kg5 Tg3+.

Tal – der neue Champion

Nach dieser demoralisierenden Niederlage glaubten Tal und seine Anhänger nun
an eine schnelle Entscheidung, hatten aber
die Zähigkeit des „alten Mannes" unterschätzt. In der 8. und 9. Partie gelangen
Botwinnik unter Aufbietung aller Kräfte
zwei Siege in langen Endspielen und der
Abstand verringerte sich wieder auf einen
Punkt. Doch dann waren seine Kräfte aufge-
zehrt, es spielte nur noch Tal. Nach sechs weiteren Remisen brachte
die 17. Partie nach einem grobem Versehen Botwinniks die endgültige
Entscheidung. Die 19. Partie hielt Tal für seine beste, obwohl, oder
gerade weil er sie im klassischen positionellen Stil seines Gegners
gewann. Nach zwei abschließenden Kurzremisen war der Endstand
von 12,5-8,5 erreicht. Unbeschreiblicher Jubel brach los, als Botwinnik dem neuen, bis dahin jüngsten Weltmeister der Geschichte, als
Erster gratulierte.

Das Ende des Zauberers

Das Wunder sollte nur ein Jahr dauern. Botwinnik machte von seinem Recht auf ein Revanchematch Gebrauch, auf das er sich sorgfäl-
tig vorbereitete. Tal schien das Ganze nicht so ernst zu nehmen und
beging einen Fehler, für den man ihm heute danken muss: Er schrieb
ein ungewöhnlich ehrliches Buch über den ersten Wettkampf, in dem
er seine Strategie, sowie seine Gedanken und Gefühle während der

Partien schildert. Ein phantastisches Buch für jeden Schachliebhaber, aber auch die ideale Wettkampfvorbereitung für Botwinnik. Zudem war Tal beim Rückkampf 1961 gesundheitlich angeschlagen. Nachdem der Wettkampf trotzdem nicht verlegt wurde, war der Talsche Zauber plötzlich verflogen. Botwinniks Disziplin, seine Arbeitskraft und sein fanatischer Siegeswille setzten sich durch: Tal verlor 8-13 und wurde der jüngste Ex-Weltmeister aller Zeiten. Und obwohl Tal danach nie wieder an seine Leistungen der Jahre 1958 bis 1960 anknüpfen konnte, blieb er der Liebling der Fans. Auch wenn ihm seine diversen Krankheiten schwer zu schaffen machten und zu unbeständigen Ergebnissen führten, spielte er immer wieder wunderbare Partien. Tals Leidenschaft für das Spiel wirkt ansteckend und seine Geistesblitze waren stets ein Genuss. Es ist verständlich, dass eine derartige Persönlichkeit Schwierigkeiten mit dem sowjetischen System hatte. Tal wurde von Funktionären schikaniert und Auslandsreisen wurden ihm gelegentlich verweigert. Sein exzessives Leben forderte seinen Tribut. Immer wieder musste er sich wegen verschiedener Krankheiten behandeln lassen. Bereits stark geschwächt starb er an den Folgen einer falsch durchgeführten Operation am 28. Juni 1992 im Alter von nur 55 Jahren in einem Moskauer Krankenhaus.

Literatur

Abramov, Lev/Flohr, Salo: Weltmeisterschaft 1960 Botwinnik − Tal. Hamburg, Wildhagen 1960

Botwinnik, Michail: Schacherinnerungen. Düsseldorf, Walter Rau 1981

Koblenz, Alexander: Schach lebenslänglich. Hollfeld, Beyer 1997

Sosonko, Genna: The World Champions I knew. Alkmaar, New in Chess 2013

Tal, Mikhail: Tal − Botvinnik 1960 Match for the Worldchampionship. Milford, CT Russel Enterprises 2000

Tal, Mikhail: The Life and Games of Mikhail Tal. London, Everyman Chess 2013

KALTER KRIEG IN REYKJAVIK

Bobby Fischer verkörperte den amerikanischen Traum: Ein junger Mann aus Brooklyn, das einsame Genie des Westens, zwingt im Alleingang kraft seiner Individualität, seines Ehrgeizes und seines Genies ein ganzes ideologisches System, ein System der Finsternis, in die Knie: 1972 gewann Fischer gegen Spassky die Schachweltmeisterschaft des Jahrhunderts!

Spassky – Fischer, 13. Partie, Reykjavik 1972

Wie ein Komet kehrte Bobby Fischer 1970 zurück und nahm den Kampf um den WM-Titel mit unglaublicher Energie wieder auf. Einen Freiplatz im Interzonenturnier von Palma de Mallorca nutzt er zu einem 2,5 Punkte Vorsprung auf das restliche Feld. Im WM-Viertelfinale trifft er auf Mark Taimanov. Die glatte Zerstörung des Russen mit 6-0 ohne ein einziges Remis schlägt wie eine Bombe ein. Taimanov erkrankt am „Fischer-Fieber" und findet nie wieder zu seiner alten Spielstärke zurück. Sein Trost als begnadeter Pianist: „Mir bleibt noch die Musik." Bent Larsen, der Schachprinz des Westens, wartet im Halbfinale. Wieder ist das Ergebnis ein unfassbares 6-0. Wieder steht Fischer auf den Titelseiten der internationalen Zeitungen. Im Finale gegen Tigran Petrosjan, dem besten Verteidiger der Schachgeschichte, tritt Fischer stark verkühlt an, dennoch heißt es am Ende 6,5-2,5 für den Amerikaner. Petrosjan muss in den letzten vier Partien vier Mal hintereinander seinen König umlegen. Niemals zuvor und danach hat er mehr als zwei Partien in Folge verloren. So nebenbei stellte Bobby Fischer mit 20 Gewinnpartien in Serie (inklusive der Ausscheidungskämpfe) einen sagenhaften Rekord auf. Schon vor dem eigentlichen Weltmeisterschaftskampf wird Bobby Fischer damit zum Mythos.

Wettkampf der Systeme

Die Krönung des Triumphzuges folgt im Sommer 1972 mit dem Sieg über Weltmeister Boris Spassky – fast zehn Jahre nach Fischers geplantem Buchprojekt 1963 mit dem Titel „Wie ich Weltmeister wurde". Dass der Wettkampf überhaupt zustande kam, grenzte an ein Wunder. Der exzentrische Amerikaner stellte vor und während des Wettkampfs immer neue Bedingungen. Schon der Austragungsort war Gegenstand monatelanger heftiger Debatten. Als dann das isländische Reykjavik als Austragungsort und der Termin für den Wettkampf feststanden, ließ Fischer alle warten. Erst die Verdoppelung des Preisgeldes durch den englischen Millionär Jim Slater und ein Telefonanruf des damaligen Sicherheitsberaters von US-Präsident Nixon, Henry Kissinger, der ihm laut Ohrenzeugen mit „Amerika wünscht sich, dass Sie da hinfahren und die Russen schlagen!", Mut machte, brachten Fischer praktisch 5 nach 12 ans Schachbrett. Es war eine politische Partie, die mitten im Kalten Krieg gespielt wurde. Denn auch Spassky war in dem von den Medien zum Wettkampf der Systeme hochstilisierten Match dazu auserkoren, die grundsätzliche Überlegenheit der sowjetischen Gesellschaft über den kapitalistischen Westen zu demonstrieren. Alle führenden sowjetischen Großmeister wurden verpflichtet, zur Unterstützung Spasskys Analysen abzuliefern, in denen sie die Stärken und Schwächen Fischers beleuchten mussten.

In Reykjavik angekommen, gingen Fischers Proteste weiter: Die Beleuchtung war ihm zu grell, das Brett zu wenig kontrastreich, die Fernsehkameras zu laut, die Zuschauer zu unruhig, der Stuhl zu unbequem. In der ersten Partie stellte Fischer (absichtlich?) einen Läufer ein

Die Kontrahenten in voller Konzentration

und verlor, zur zweiten Partie erschien er aus Protest gegen die surrenden Fernsehkameras im Spielsaal nicht, sodass Spassky kampflos gewann und bereits 2-0 führte.

Vor der dritten Partie stand der Wettkampf am Rande des Abbruchs. Gespielt sollte in einem Nebenraum hinter der Bühne werden. Fischer wie Spassky standen zunächst unentschlossen herum. In diesem Moment ergriff Hauptschiedsrichter Lothar Schmid die Initiative, nahm beide Großmeister bei den Schultern, drückte sie mit sanfter Gewalt in ihre Stühle und sagte: „So und jetzt spielt!" Tatsächlich setzten sich die beiden lammfromm ans Brett und machten wie automatisch ihre Züge, und der Wettkampf des Jahrhunderts begann jetzt erst so richtig.

Schon nach der 6. Partie ging Fischer in Führung und baute den Vorsprung auf drei Punkte aus, doch Spassky kam durch einen Sieg in der 11. Partie wieder heran und schöpfte noch einmal Hoffnung.

Wie eine rätselhafte Sphinx

Die 13. Partie entwickelte sich zur dramatischsten und entscheidenden des ganzen Wettkampfes. David Bronstein: „Vom gesamten Match gefällt mir besonders die 13. Partie. Womöglich deshalb, weil ich auch heute noch, da ich sie schon zum x-ten Mal nachspiele,

Die Kontrahenten tief in Gedanken

die inneren Antriebsfedern dieses oder jenes Planes oder einzelnen Zuges nicht verstehen kann. Sie ist buchstäblich wie eine rätselhafte Sphinx, die bis zum heutigen Tag meine Phantasie erregt."

Spassky – Fischer

Reykjavik 1972, 13. WM-Partie

1.e4 Sf6 Schon die erste unangenehme Überraschung für Spassky – noch nie hatte Fischer zuvor gegen einen Weltklassegegner Aljechins Verteidigung gespielt. **2.e5 Sd5 3.d4 d6 4.Sf3 g6** Riskanter und anspruchsvoller als 4...Lg4. **5.Lc4 Sb6 6.Lb3 Lg7 7.Sbd2?!** Nach langem Überlegen fand Spassky diesen neuen Zug, der ihm aber kein Glück brachte. Besser 7.Sg5 d5 8.f4 mit etwas besserer Stellung für Weiß. **7...0-0 8.h3?!** Ein überflüssiger prophylaktischer Zug. **8...a5!** **9.a4?!** Dieser Bauer wird schwach. Vorsichtiger war 9.c3 Lf5 10.0-0 a4 11.Lc2 Lxc2 12.Dxc2. **9...dxe5 10.dxe5 Sa6!** Die unangenehme Drohung Sc5 unterstreicht die fehlerhafte weiße Strategie. **11.0-0** Denn 11.Se4 Dxd1+ 12.Kxd1 Lf5 13.Sg3 Ld7 bringt Schwarz in Vorteil. **11...Sc5 12.De2 De8** Nun übt Schwarz unwiderstehlichen Druck auf den Ba4 aus und erobert ihn. **13.Se4 Sbxa4 14.Lxa4 Sxa4 15.Te1** Spassky verzichtet auf den Rückgewinn des Bauern mit 15.Dc4 Ld7 16.Dxc7, weil er damit das Spiel vollständig Weiß überlassen hätte müssen und hofft auf sein Figurenspiel. **15...Sb6 16.Ld2 a4 17.Lg5** Die einzige Möglichkeit Schwarz etwas unter Druck zu setzen, 17.Lb4 Sd5 war zu wenig. **17...h6 18.Lh4 Lf5?!** Ein klarer Plan war 18...Ld7 nebst Lb5 und Sc4 nebst eventuell f7-f5, was Weiß auf Dauer kaum überleben konnte. **19.g4!?** Denn 19.Sd4 Lxe4 20.Dxe4 bringt Weiß nicht weiter. **19...Le6?!** Sicherer war 19...Lxe4 20.Dxe4 c6, denn jetzt zentralisiert Weiß seinen Springer. **20.Sd4 Lc4 21.Dd2 Dd7** Der Be5 ist tabu. Es scheitert 21...Lxe5? an 22.Dxh6 und 23.Sg5. **22.Tad1 Tfe8! 23.f4!** Ergreift seine Chance. **23...Ld5 24.Sc5 Dc8 25.Dc3?!** Gefährlicher ist 25.e6! Sc4 26.De2 Sxb2 27.Sf5! mit unklaren Verhältnissen. **25...e6!** Um den gefährlichen e-Bauern zu stoppen. **26.Kh2 Sd7 27.Sd3** Überlässt Schwarz die Initiative. Mit 27.Sb5 konnte Weiß kämpfen. **27...c5! 28.Sb5 Dc6 29.Sd6 Dxd6** Gut war auch 29...Teb8 30.Dc2 b5. **30.exd6 Lxc3 31.bxc3 f6 32.g5** Der Kampf um die schwarzen Felder. **32...hxg5** Schwarz sollte den Zwischenzug 32...c4! 33.Sb4 hxg5 einschieben. **33.fxg5 f5 34.Lg3 Kf7** Laut Wassili Smyslow war 34...a3! 35.Se5 Sxe5 36.Lxe5 Ted8 37.Tf1 Ta4 38.Kg3 a2 mit großem schwarzem Vorteil genauer. **35.Se5+ Sxe5 36.Lxe5** Weiß geht in ein Endspiel mit ungleichen Läufern und Remischancen. **36...b5 37.Tf1** (Diagramm 1)

37...Th8!! Tiefgründige Strategie! Um den Preis der Qualität wehrt Fischer die Drohung Tf4-h4 ab. **38.Lf6** Weiß hütet sich das Opfer anzunehmen, da der Ld5 zu stark wird. **38...a3 39.Tf4 a2 40.c4!** Das passive 40.Ta1 war nicht im Sinne Spasskys, der allmählich in Zeitnot geriet und aktives Spiel durch ein Bauernopfer sucht. **40...Lxc4 41.d7 Ld5 42.Kg3** Der Abgabezug. Weiß droht 43.Th4 Txh4 44.Kxh4 nebst Gewinn des zweiten Turms

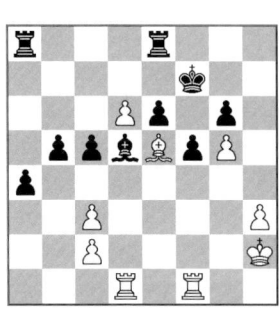

Diagramm 1

durch d7-d8. **42...Ta3+ 43.c3 Tha8!** Der untätige Turm kehrt ins Spiel zurück. Andere Fortsetzungen führen nur zum Ausgleich, z. B.: 43...Tb8 44.Le5 Td8 45.Th4 oder 43...a1D? 44.Txa1 Txa1 45.Th4!! Tg1+ 46.Kf2 Tg2+ 47.Kf1 Txh4 48.d8D Tf4+ 49.Ke1 Tg1+ 50.Kd2 Tf2+ 51.Ke3 Tf3+ 52.Ke2 Tg2+ 53.Ke1. **44.Th4 e5** Hieb und Gegenhieb – ein Luftloch für den König verhindert ewiges Schach. **45.Th7+ Ke6 46.Te7+ Kd6 47.Txe5 Txc3+ 48.Kf2 Tc2+ 49.Ke1** Alles erzwungen. **49...Kxd7 50.Texd5+ Kc6 51.Td6+ Kb7!** Kalkuliertes Risiko! Fischer erkennt, dass drei Bauern stärker sind als die Figur. **52.Td7+ Ka6 53.T7d2 Txd2 54.Kxd2 b4 55.h4!** Ergreift den rettenden Strohhalm. 55.Kc2 Kb5 56.Kb2 c4 57.Ka1 c3 war hoffnungslos. **55...Kb5 56.h5 c4!** Jetzt zählt jedes Tempo. **57.Ta1** Es drohte 58...c3+, z. B. 57.h6 c3+ 58.Kd3 a1D 59.Txa1 Txa1 60.h7 Td1+! 61.Kc2 Th1 62.h8D Txh8 63.Lxh8 Kc4 und die Freibauern gewinnen. **57...gxh5 58.g6** Entschließt sich den schwarzen Turm einzusper-

Postkarte von Halvór Peturssón;
Bobby Fischer setzt sich selbst
die Krone auf; FIDE-Präsident Max
Euwe – auf dem Sockel mit dem
Motto „Gens una sumus" (Wir sind
eine Familie) stehend – muss von
Harry Golombek gestützt werden;
links der ratlose Spassky mit den
Sekundanten Geller und Krogius;
im Hintergrund William Lombardy
(im Priestergewand); Hauptschiedsrichter Lothar Schmid überwacht die
Krönungsszene

der Geschichte – verhielt es sich umgekehrt: Eher war Spassky ein Individualist, ein Bonvivant, der nicht gerne trainierte und auf stetem Kriegsfuß mit den Funktionären und dem politischen System lebte. Der Künstler unterlag dem Kämpfer. Doch nie zuvor war Schach öffentlicher, nie zuvor politischer.

Kurz danach verpuppte sich der amerikanische Traum zum Mythos: Fischer verschwand. Über 20 Jahre lang hörte man nichts von ihm, spielte er keine einzige ernsthafte Partie. 1975 trat er gegen den neuen Herausforderer Anatoli Karpow nicht an, der kampflos zum Weltmeister ernannt wurde. Fischers Hass auf das Sowjetsystem transformierte sich in dieser Zeit in einen veritablen Antisemitismus und Antiamerikanismus. Er fühlte sich vom KGB und vom FBI verfolgt, trat in Pasadena einer obskuren „Church of God" bei und emigrierte schließlich im Zorn. Nach Aufenthalten in Budapest und auf den Philippinen lebte er viele Jahre unerkannt in Japan. 1992 trat er, angelockt durch einige Dollarmillionen im serbischen Sveti Stefan und in Belgrad noch einmal gegen Boris Spassky an und gewann wieder mit teilweise brillantem Spiel. Dass ihm die US-Regierung ein Spielverbot wegen des Handelsembargos mit Serbien auferlegt hatte, störte ihn nicht. Bei einer Pressekonferenz spuckte Fischer demonstrativ auf das Dokument. Seitdem lebte er auf der Flucht vor den amerikanischen Behörden, die seinen Besitz in den USA konfiszierten. In Japan wurde er im Juli 2004 in Abschiebehaft genommen und stand kurz vor der Auslieferung in die USA, als ihn die rettende Einladung nach Island verbunden mit der isländischen Staatsbürgerschaft, erreichte. Trotz aller Weltflucht, trotz aller Verschrobenheit blieb Fischer auch im Verborgenen nicht untätig. Er entwarf eine eigene elektronische Schachuhr, die heute bei allen internationalen Turnieren verwendet wird und eine Variante des Schachspiels, „Fischer Random", bei der die Aufstellung der Figuren auf der Grundreihe ausgelost wird. Heute gibt es in dieser Schachvariante sogar hochdotierte Weltmeisterschaften.

Was bleibt von ihm, wenn die äußere Geschichte der narzisstischen Kränkungen, seiner monströsen Wut und der wirren politischen Rochaden bedeutungslos geworden ist? Ganz eindeutig: Seine wunderbaren Partien und sein Buch „My 60 Memorable Games". Ein Werk ohne Eitelkeiten und von unerreichter Präzision, das nicht nur Siege, sondern auch Remisen und Verlustpartien enthält, kurz eines der besten Bücher der Schachgeschichte. Reykjavik und die Karriere des Bobby Fischer war auch mehr als eine politische Partie. Es ist heute für viele ein mythischer Ort der Erinnerung wie die Gitarrensoli von Jimi Hendrix oder die einprägsamen Songs der Doors.

Literatur

Alexander, Conel Hugh O'Donel: Spassky – Fischer. Das größte Schachduell der Geschichte München, Wilhelm Heyne Verlag 1972

Euwe, Max/Timman, Jan: Fischer – World Champion! Alkmaar, New in Chess 3. Auflage 2009

Gligoric, Svetozar: Fischer Spasskij. Schachmatch des Jahrhunderts. Zürich, Droemer Knaur Verlag 1972

Kasparow, Garri: Meine großen Vorkämpfer. Band 6: Robert James Fischer. Oetwil am See 2007

Olafsson, Helgi: Bobby Fischer Comes Home. The final years in Iceland, a saga of friendship and lost illusions. Alkmaar, New in Chess 2012

WETTKAMPF DES HASSES

Die Weltmeisterschaft 1978 ist als die hässlichste in die Schachannalen eingegangen. Das Klima war von vornherein vergiftet, das Misstrauen der beiden Parteien, hier der regimetreue Anatoli Karpow, dort der Dissident Viktor Kortschnoi, bis zur absurdesten Paranoia gesteigert. Ein Wettkampf des Hasses!

Karpow – Kortschnoi, Baguio City 1978

Anatoli Karpow (*1951)

Die Weltmeisterschaft 1978 war die erste in der Geschichte, bei der das Schachgeschehen auf dem Brett nicht im Vordergrund stand. War man von Bobby Fischer einiges an Eskapaden gewohnt, so sollte der WM-Kampf 1978 diesbezüglich alles noch übertreffen. Es standen sich in unversöhnlichem Hass gegenüber: der sowjetische Weltmeister Anatoli Karpow (27), ein regimetreuer „Muster-Proletarier", der „Bannerträger der Sowjetreaktion", der 1975 den WM-Titel kampflos zugesprochen bekommen hatte, nachdem Fischers überzogenen Wettkampfbedingungen nicht stattgegeben worden war. Auf der anderen Seite stand der Herausforderer Viktor Kortschnoi (47), sowjetischer Dissident, „staatenloser Vaterlandsverräter und Abtrünniger", der sich zwei Jahre zuvor anlässlich eines Turniers in den Westen abgesetzt hatte, weil er sich durch das Sowjetregime benachteiligt fühlte. Wie 1972 trat also wieder ein Individuum gegen ein System an, bei dem es um nationales und politisches Prestige ging; doch diesmal standen die Karten des Herausforderers schlecht. Kortschnois Frau und sein Sohn waren in der Sowjetunion geblieben und hatten einen offiziellen Ausreiseantrag gestellt. Kurz vor Beginn des WM-Kampfes wurde Igor Kortschnoi wegen Wehrdienstverweigerung verhaftet, was Viktor Kortschnoi als politische Geiselnahme sah: „In Karpows Tasche höre ich das Rasseln der Ketten, die meine Familie an das Gefängnis Sowjetunion fesseln".

Psychokrieg

Die Stimmung war von vornherein vergiftet, das Misstrauen der beiden Parteien bis zur absurdesten Paranoia gesteigert. Ein Psychokrieg begann, zu dem sich noch organisatorische Pannen gesellten. So begrüßte der Bürgermeister des Austragungsortes Baguio City, ein Gebirgskurort ca. 200 Kilometer nördlich von Manila, bei der Eröffnungsfeier Karpow mit „Welcome Mr. World Champion from the United States of Russia" und ließ dazu die „Internationale" statt der sowjetischen Hymne spielen. Vorsorglich protestierte die sowjetische Delegation, dass Kortschnoi nicht unter Schweizer Flagge antreten dürfe. Nach langen Verhandlungen kam man überein, ohne die üblichen Tischfähnchen zu spielen. Die Sowjetdelegation ließ Kortschnois Stuhl, den dieser aus der Schweiz mitgebracht hatte, röntgen. Kortschnoi seinerseits war stets mit einem Geigerzähler ausgerüstet, um eventuellen Strahlenangriffen der Sowjets vorbeugen zu können. Karpow war mit einem riesigen Team angereist, darunter ein eigener Koch und ein Parapsychologe. Kortschnoi protestierte und erklärte, dass die sowjetische Delegation mit zahlreichen KGB-Agenten durch-

Anatoli Karpow – Viktor Kortschnoi

setzt sei, vor allem der Delegationsleiter Viktor Baturinsky solle „für seine Vergangenheit als Ankläger während der Stalin-Ära aufgehängt, gestreckt und geviertteilt" werden. Über den Weltmeister äußerte er sich im Vorfeld ebenfalls abschätzig: Er sei „ein geradliniger Spieler mit einfachen Gedankengängen, der nichts riskiere". Er selbst sah sich als „einsamen Kämpfer gegen die Sowjet-Macht" und wollte in diesem Wettkampf beweisen, dass man „in Freiheit besser Schach spielen kann als in Unfreiheit". Es ist kaum verwunderlich, dass die Qualität von Kortschnois Spiel durch diesen von ihm inszenierten antikommunistischen Kreuzzug litt und er nicht zur Ruhe kam.

Dennoch begann der Wettkampf plangemäß. Das Reglement sah zum ersten Mal vor, dass derjenige, welcher zuerst sechs Siege erreicht, den Titel gewinnen solle; Remispartien zählten nicht. Somit war auch die Anzahl der Partien nicht begrenzt. Die ersten sieben Begegnungen endeten nach vorsichtigem Abtasten unentschieden. Doch schon während der zweiten Partie entstand wieder eine Kontroverse, als Karpow Joghurt serviert bekam. Kortschnoi befürchtete, dass durch den Zeitpunkt der Übergabe und die Farbe des Joghurts seinem Gegner versteckte Botschaften mitgeteilt werden könnten. So wurde festgelegt, dass Karpow künftig nur zu einer bestimmten Zeit „violettfarbenes" Joghurt verspeisen dürfe, während für andere Speisen und Getränke eine eigene Erlaubnis eingeholt werden müsse. Der nächste Konflikt zeichnete sich ab, als der Parapsychologe der Sowjetdelegation, Wladimir Suchar, in der ersten Reihe Platz nahm und offensichtlich die Aufgabe hatte, Kortschnoi stundenlang anzustarren und ihn in seiner Konzentration zu stören oder gar zu hypnotisieren. Nach Kortschnois erboster Reaktion – „Wenn der Kerl wieder dasitzt, komme ich von der Bühne und schlage ihm den Schädel ein." –

verbannte Hauptschiedsrichter Lothar Schmid Suchar in die siebente Reihe. Fortan spielte Kortschnoi mit einer verspiegelten Sonnenbrille, wodurch sich wiederum Karpow gestört fühlte. Ab der achten Partie verweigerte Karpow den Handschlag wegen „unsportlicher Angriffe" und meinte: „Meine Antwort bekommt Kortschnoi am Schachbrett."

Karpow verweigert Kortschnoi vor der 8. Partie den Handschlag

Außerdem wurde der Spielsaal auf radioaktive Strahlung untersucht, nachdem Karpows Delegation vermutete, Kortschnois Brille sende schädliche Strahlen aus. Es wurde jedoch nichts Auffälliges gefunden. Ab der 19. Partie befanden sich zwei Mitglieder der Ananda Marga Sekte, Didi und Dada, in auffälliger Kleidung im Spielsaal, die Kortschnoi durch Meditation unterstützen sollten. Die sowjetische Delegation protestierte und so wurden die Gurus nach der 20. Partie aus dem Saal entfernt. Dies sind nur einige bizarre Splitter eines durch und durch paranoiden Wettkampfes. Für tägliche Schlagzeilen in der Weltpresse war jedenfalls gesorgt.

Bittere Entscheidung

Inzwischen hatte Karpow einen respektablen Vorsprung herausgearbeitet, er führte nach der 27. Partie mit 5-2 und benötigte nur mehr einen Gewinn, um den WM-Titel zu behalten. Da geschah das Unerwartete: Kortschnoi agierte angesichts der bevorstehenden Niederlage plötzlich unbefangen, spielte befreit auf und gewann drei der vier nächsten Partien, wonach es plötzlich 5-5 stand. Nun musste nach fast drei Monaten Spieldauer die nächste Gewinnpartie über den WM-Titel entscheiden.

Kortschnoi beim Yoga mit Didi und Dada

Karpow – Kortschnoi

Baguio City 1978, 32. WM-Partie

1.e4 d6 Nach dem sensationellen Ausgleich in dem für Kortschnoi hoffnungslos stehenden Wettkampf ist die Wahl dieser schwierigen Eröffnung eigentlich unbegreiflich. Wollte Kortschnoi seinen vermutlich psychologisch angeschlagenen Gegner sofort hart unter Druck setzen? Dies wäre eine falsche psychologische Kalkulation. Nach dem Ausgleich war Geduld dringend geboten. Am schwersten hätte der Weltmeister zwei, drei ruhige Remispartien ertragen können! (Pachman) **2.d4 Sf6 3.Sc3 g6 4.Sf3 Lg7 5.Le2 0-0 6.0-0 c5** Diese Variante führt zu einem kompromisslosen Kampf, und das ist es, was Kortschnoi wollte. Im Rückblick wäre es umsichtiger gewesen, mit Schwarz eine ruhigere Verteidigung zu spielen mit der Aussicht, diese Partie Remis zu halten und dann mit Weiß in Partie 33 zu gewinnen. Aber kann man es Kortschnoi verdenken, dass er nach dem jüngsten Zusammenbruch Karpows versuchte den Wettkampf mit dieser Partie zu beenden? (Keene) Kortschnoi weicht von der 18. Partie ab, wo er 6...Lg4 7.Le3 Sc6 spielte und durch 8.Dd3 überrascht wurde. Wie sich zeigen wird, führt Kortschnois Fortsetzung zu einem sehr schwierigen und eigentlich perspektivlosen Spiel. (...) Aber in der letzten Konsequenz wurde durch diese falsche Wahl einer schwierigen Eröffnung das Schicksal des Wettkampfes entschieden! (Pachman) **7.d5** Vielleicht hoffte Kortschnoi, dass Karpow mit 7.Lg5 cxd4 8.Sxd4 Sc6 9.Sb3 in eine sizilianische Drachenvariante einlenken würde. **7...Sa6 8.Lf4** Weiß bereitet bereits den Vorstoß e4-e5 vor. **8...Sc7 9.a4 b6 10.Te1 Lb7** Dass Schwarz so unnatürliche Züge wählen muss, spricht deutlich gegen die ganze Variante. Hier geht es darum, durch die Bedrohung des Bd5 den Vorstoß e4-e5 zu erschweren. Auf die Dauer gelingt es jedoch nicht. (Pachman) **11.Lc4 Sh5?** Dieser Zug verliert wertvolle Zeit. Notwendig war 11...Dd7, um nach 12.e5 dxe5 13.Sxe5 Df5 irgendwie zu taktischen Komplikationen zu kommen. (Karpow) Auch nach dem stärkeren Plan 11...a6 12.h3 Dd7 13.Dd3 Tad8 14.Tad1 Dc8 15.De3 Tfe8 16.Lh6 e6 17.Lxg7 steht

Weiß etwas besser. **12.Lg5 Sf6 13.Dd3 a6 14.Tad1 Tb8 15.h3** Ich wollte hier nichts riskieren. Der Stellung entsprechend sollte mit 15.e5! und der möglichen Folge 15...dxe5 16.Sxe5 b5?! 17.axb5 axb5 18.Lxb5! Scxd5 19.Sxd5 Lxd5 (19...Dxd5 20.Dg3 Da2 21.Lc4 Dxb2 22.Sxf7 mit großem weißen Vorteil) 20.c4 La8 (20...Le6 21.Sc6 Dxd3 20.Sxe7+ wieder mit großem weißen Vorteil) 21.Sd7 fortgesetzt werden. (Karpow) **15...Sd7 16.De3** Die ruhige Vorbereitung künftiger Aktionen ist für Schwarz viel unangenehmer als z.B. 16.Lf4, wonach 16...Se5 17.Lxe5 dxe5 18.d6 exd6 19.Dxd6 Dxd6 20.Txd6 b5 folgt, so dass seine Stellung verteidigungsfähig wäre. Karpow will vor allem den Lg7 abtauschen und im Figurenspiel Drohungen am Königsflügel schaffen. (Pachman) **16...La8 17.Lh6 b5 18.Lxg7 Kxg7 19.Lf1 Sf6 20.axb5 axb5** Schwarz hat seine Pläne realisiert, doch mit dem Vorstoß b6-b5 hat er nicht viel erreicht. **21.Se2!** Bereitet den Schwenk auf den Königsflügel vor mit der Absicht, den König direkt zu bedrohen. **21...Lb7** Zu einer ernsten Schwächung der Bauernstruktur würde 21...e5 oder 21...e6 wegen 22.dxe6 Sxe6 23.Sg3 führen. (Karpow) **22.Sg3 Ta8 23.c3 Ta4 24.Ld3 Da8** Nur 24...Kh8 konnte den folgenden Vorstoß noch aufhalten. (Diagramm 1)

25.e5! Mit einer taktischen Finesse verbunden: Falls 25...Sfxd5, so 26.Sh5+! gxh5 (oder 26...Kh8 27.Dh6 Tg8 28.Sg5 und Ende) 27.Dg5+ Kh8 28.Df5 und gewinnt. **25...dxe5 26.Dxe5** Nicht 26.Dc5? wegen 26...Scxd5. **26...Scxd5 27.Lxb5 Ta7 28.Sh4!** Der wunde Punkt der schwarzen Stellung ist der ungenügend gesicherte König. **28...Lc8** Falls 28...Db8 so 29.c4 Dxe5 30.Txe5 Sc7 31.Txc5 Tc8 32.Shf5+ gxf5 33.Sxf5+ Kf8 34.Txc7; falls 28...Ta5, so 29.Shf5+ gxf5 30.Sxf5+ Kh8 31.Txd5

Diagramm 1

Lxd5 32.Sxe7 und falls schließlich 28...Lc6, so 29.Lxc6 Dxc6 30.c4 Sb4 31.Td6! exd6 32.Sh5+! gxh5 33.Dg5+ Kh8 34.Dxf6+ Kg8 35.Sf5 und Weiß gewinnt in allen Fällen. (Karpow) (Diagramm 2)

Diagramm 2

29.Le2! Mag sein, dass dieser Zug etwas Faszinierendes hat. Er koordiniert das Spiel der weißen Figuren, die nunmehr alle handelnd mitwirken. (Karpow) Es droht 30.Lf3 mit Figurengewinn. **29...Le6 30.c4 Sb4 31.Dxc5** Weiß hat jetzt einen Bauern mehr bei besserer Stellung. Normalerweise würde Kortschnoi eine derartige Stellung hier aufgeben, aber unter diesen Umständen zieht er es vor, bis zum bitteren Ende weiterzukämpfen. Die letzten paar Züge bilden einen tragischen Höhepunkt in Kortschnois Ringen um den Weltmeistertitel. Glücklicherweise hatte er zu wenig Zeit, um das Pathos der Situation zu reflektieren. (Keene) **31...Db8 32.Lf1 Tc8** Notwendig war 32...h6. **33.Dg5 Kh8 34.Td2 Sc6 35.Dh6!** Droht 36.Sxg6+ fxg6 37.Txe6. Auf 35...Kg8 folgt 36.Sf3 nebst Sg5 und S3e4 und auf 35...Sg8 36.De3. **35...Tg8? 36.Sf3 Df8 37.De3! Kg7?** Der entscheidende Fehler. Mit 37...Tb7 könnte der Kampf noch etwas hingezogen werden. (Karpow) Ein typischer Zeitnotfehler – nun kommen die weißen Bauern des Damenflügels gleich in Bewegung. 37...Db8 wäre notwendig gewesen. (Pachman) **38.Sg5 Ld7 39.b4 Da8 40.b5 Sa5 41.b6** Mein letzter Zug im Wettkampf. Das Sprichwort „Alle Wege führen nach Rom" entspricht dieser Stellung. Kortschnoi schrieb den Zug 41...Tb7 auf, aber am folgenden Tag teilte sein Sekundant mit, dass er die Partie aufgibt. (Karpow) 42.Ta2 gewinnt eine Figur. 1–0

Eine tragische Niederlage mit dem Weltmeistertitel in Sichtweite und zudem eine der schlechtesten Partien, die Kortschnoi je spielte. Der Wettkampf war damit zu Ende, doch der Nervenkrieg ging weiter. Kortschnoi forderte vergeblich eine Neuaustragung der 32. Partie und die Fortsetzung des Wettkampfes. Auf Kortschnois Scheck war sogar vermerkt, dass er durch die Einlösung Karpows Sieg anerkenne. Karpow sandte ein Telegramm an den Parteichef der KPdSU und Staatschef Leonid Breschnew, in dem er von „unserem Sieg" sprach. Neben Anatoli Karpow wurden zehn Funktionäre und Großmeister der sowjetischen Delegation, die „wesentlich zum Sieg des Weltmeisters" beigetragen hatten, von der Sowjetführung mit einem Orden ausgezeichnet, darunter auch Suchar und Baturinsky.

Nach dem Ende des Wettkampfes strengte Kortschnoi vor einem Gericht in Amsterdam einen Prozess gegen die FIDE und Karpow wegen unfairer Bedingungen an. Obwohl FIDE-Präsident Max Euwe zugeben musste, dass die Bedingungen Kortschnoi benachteiligt hätten, wurde die Klage auf Annullierung der 32. Partie abgewiesen, und so Karpows Titel endgültig bestätigt.

Viktor Kortschnoi (*1931)

Schicksalhaftes Ende

Viktor Kortschnoi verlor zwar diesen schicksalhaften Wettkampf, rettete aber dadurch womöglich sein Leben. Denn wie aus Unterlagen aus den Archiven des KGB hervorgeht, hatte man geplant, ihn kaltblütig zu ermorden, falls er Karpow besiegen würde.

1981 hatte sich Kortschnoi erneut als Herausforderer Karpows qualifiziert. Doch diesmal hatte er keine Chance gegen den immer stärker werdenden Weltmeister und verlor in Meran nach 18 Partien glatt mit 6-2. Der tragische Held Viktor Kortschnoi ist damit einer der stärksten Spieler der Schachgeschichte, der nie Weltmeister wurde.

Literatur

Baturinsky, Viktor/Karpov Anatoly: From Baguio to Merano. The World Championship Matches of 1978 and 1981. Oxford, Pergamon Press 1986

Beyersdorf, Peter/van Fondern, Manfred: Schachweltmeisterschaft 78 Karpow – Kortschnoi. Hollfeld. Joachim Beyer Verlag 1978

Edmondson, Edmund B./Tal, Michail: Chess Scandals. The 1978 World Chess Championship. Oxford Pergamon Press 1981

Felschtinski, Juri/Gulko, Boris/Kortschnoi, Viktor/Popow, Wladimir: Der KGB setzt matt. Wie der sowjetische Geheimdienst die Schachwelt manipulierte. Exzelsior, Berlin 2009

Keene, Raymond: Karpov – Kortchnoi 1978. The Inside Story of the Match. London B.T., Batsford Ltd 1978

Kortschnoi, Viktor/Pachman Ludek: Schach WM '78 Kortschnoi/Karpov. Düsseldorf, Walter Rau Verlag 1979

Kortschnoi, Viktor: Antischach. Weltmeisterschaftskampf 1978 in Baguio City. Wohlen, Eigenverlag 1980

Stolze, Raymund: Umkämpfte Krone. Die Duelle der Schachweltmeister von Steinitz bis Kasparow. Berlin, Sportverlag 1986

DER SPRUNG IN DEN ABGRUND

*Im Jahr 1980 schuf Nikita Plaksin eine Schach-
komposition, die als eine der schwierigsten aller
Zeiten gilt. Wer sich in Plaksins Tiefen vorwagt,
sollte Mut haben. Warnungen gibt es viele: „Es kostet
die Gesundheit, über die Lösung dieses Problems
nachzudenken", schreibt der bekannte holländische
Schachforscher Tim Krabbé.*

Die schwierigste Schachkomposition aller Zeiten, 1980

Der Schriftsteller Vladimir Nabokov, der auch ein Problemkomponist von Bedeutung war, verglich einmal das Komponieren von
Schachproblemen mit dem „Kartographieren gefährlicher Meere".
Monate, mitunter Jahre vergehen, bis nach einer zündenden Idee
an der Wasseroberfläche die darunter liegende Landschaft einer
Problemwelt genau erforscht ist. Ein solcher tiefer Abgrund im Pro-
blemmeer stammt von Nikita Michailowitsch Plaksin (*1931). Der
medienscheue Moskauer Hydrotechniker gilt seit vielen Jahrzehnten als Spezialist der Retroanalyse, mit mehr als tausend Publikationen, von denen über zweihundert eine Auszeichnung erhielten. Bei

dieser Aufgabenart fließt die Zeit in eine andere Richtung als im orthodoxen Schachproblem. Nicht vorwärts wird gespielt, sondern die Vergangenheit einer Stellung wird untersucht, mit Fragestellungen, wie etwa, wer in einer bestimmten Stellung gerade am Zug ist, oder es wird der Standort einer verschwundenen Figur gesucht. Die auf den ersten Blick paradoxe Aufgabe ist es also, im gedanklichen Rückwärtsgang im Dschungel der Varianten den einzigen Weg zu finden, wie eine gegebene Stellung erreicht werden konnte.

Tanz auf der Klippe

Plaksin-Retro

Im Jahr 1980 schuf Plaksin eine Retro-Aufgabe, die als eine der schwierigsten Schachkompositionen aller Zeiten gilt. Denn dieses Schachproblem zeigt die Realisierung einer unglaublichen, ja geradezu unwahrscheinlichen Idee, wie in Nabokovs Werk „Fahles Feuer". Welche Seite steht unrettbar auf der Klippe?

Nikita Plaksin, Schachmaty v SSSR, Juli 1980

Weiß zieht und hält remis

Eine auf den ersten Blick geradezu absurd scheinende Forderung, denn Weiß droht Gefahr von allen Seiten. Er hat keine rettenden Schachgebote, ja er ist sogar in wenigen Zügen matt, entweder sofort durch 1...Dxa1 oder durch den Abzug des Tf2 mit 1...Txg2+, gefolgt von 2...Tf1 matt.

Dennoch gibt Nikita Plaksin lakonisch als Lösung nur einen einzigen Zug an: **1.0-0-0!?** Was soll das, denkt man, denn jetzt setzt ja 1...Da1 sofort matt.

Doch hier beginnt die geniale Idee Plaksins. Die „schrecklich" fordernde Analyse fängt nämlich erst an. Versuchen wir gemeinsam, diese Tour de force zu bewältigen. Die Regeln des Schachspiels besagen, dass der Spieler, der am Zug ist, Remis verlangen darf, wenn er nachweisen kann, dass 50 Züge ohne Schlagen und ohne einen Bauernzug gespielt worden sind, das also der Zug Da1 matt nicht mehr ausgeführt werden darf. Und genau diesen Nachweis führt Weiß, indem er lang rochiert und gleichzeitig beweist, dass weißer Turm und König noch nicht gezogen haben. Also müssen wir einen tiefen Blick in die Vergangenheit dieser Stellung wagen.

Schwarz hat noch alle seine Steine, Weiß hingegen hat Dame, Springer und einen Bauern eingebüßt. Diese drei weißen Steine müssen auf den Feldern b4, f5 und g6 geschlagen worden sein. Dann fällt die Stellung einiger Figuren auf: Wie kam der schwarze Läufer von c8 nach g8, wie der weiße Springer auf h8? Schwarz hat h7xg6 gespielt, und ebenso g6xf5. Der schwarze Läufer ist über h5-g6-h7 auf g8 gelangt; der weiße Springer ist über g6 nach h8 gekommen. Erst danach konnte g7-g6 gespielt werden; und damit wird auch klar, dass die schwarzen Schlagzüge nicht g7xf6 und h7xg6 gewesen sein können, und auch, dass g7-g6 der letzte schwarze Zug dieser Figuren-konstellation gewesen sein muss.

Wie kam nun der Lf8 nach g3? Jedenfalls erst nach Beendigung der vorher beschriebenen Phasen, denn erst nachdem der g7-Bauer auf g6 stand, konnte der Läufer über h6 herauskommen. Der Weg des Läufers muss danach über f4 oder e3/g1 geführt haben. In beiden Fällen ist f2-f4 ein wichtiger Zug. Dieser weiße Bauernzug scheint jener zu sein, der die Zählung entsprechend der 50-Züge-Regel ausgelöst hat. Weiß darf noch rochieren, denn der weiße Turm kann wegen der weißen Bauernstruktur nicht über den Damenflügel nach f8 gekommen sein, sondern die Tür nach draußen war für den auf h1 stehenden Turm vielmehr das Feld f3. Der weiße Turm ging also von f1 aus über f3 nach f8. Auf dem Weg nach f8 muss dieser weiße Turm an den beiden schwarzen Türmen vorbeigegangen sein. Diese wiederum konnten aufgrund der Bauernstellung nur über die h-Linie eindringen, der weiße Turm konnte nur über die gleiche Linie nach f8 kommen. Daraus folgt, dass sich alle Türme auf der h-Linie, der a-Linie und der achten Reihe aneinander vorbeiquetschen mussten. Letztlich ist dies nur möglich, wenn die schwarzen Türme bis weit auf den weißen Damenflügel ausweichen – und all diese Manöver dauern mindestens die geforderten 50 Züge! Weit in der Vergangenheit, vor 50 Zügen, muss die Stellung so ausgesehen haben:

1.f4! Der letzte Bauernzug. Damit öffnet sich das Nadelöhr für den weißen Turm. **1...Dd6 2.Tf3 De6 3.Tg3 Dd6 4.Tg5 De6 5.Th5 Dd6 6.Th7 De6 7.Tg7 Lh7 8.Tg8 Dd6 9.Tb8 De6 10.Tb7 Dd6 11.Lb8 De6 12.Ta7 De5 13.Ta3 Dd4 14.Tb3** Der weiße Turm ist angekommen, die schwarzen Türme können ihre Reise Richtung Königflügel beginnen. **14...Ta7 15.Ld5 Tb7 16.La7 Tb8 17.Lc4 Tg8 18.Lb8 Ta2 19.Ld5 Ta7 20.Tba3 Tb7 21.La7 Tbb8 22.Lc4 Tg7 23.Ld5 Lg8 24.Lc4 Th7 25.Ld5 Th5 26.Lc4 Lh7 27.Ld5 Tg8 28.Lb8 Tg7** Hinter den beiden schwarzen Türmen kann der weiße Turm wieder bequem nach h6 reisen. **29.Ta7 Lg8 30.Tb7 Tgh7 31.La7 Tg5 32.Tb8 Thh5 33.Lb3 Lh7 34.Tg8 Tg3 35.Tg7 Lg8 36.Th7 Tf3 37.Th6** Der weiße Turm musste hierher, damit der schwarze König über die achte Reihe auf sein Zielfeld b7 gelangen kann. **37...Kg7 38.Th7+ Kg8 39.Tg7 Ke8 40.Lc4 Kd8 41.Lb8 Kc8 42.Lb3 Kb7 43.Lc4 Lh7 44.Tg8 Tf2 45.Tf8** Endlich ist der Turm am Ziel. **45...Lg8 46.Lb3 Tg5 47.La2 Tg3 48.Lc4 Tgf3 49.Lb3 Lg3 50.La4 Dg7** Voilá! Damit haben wir wieder die Ausgangsstellung erreicht – in der kürzest möglichen Zeit.

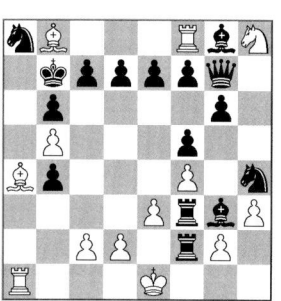

Mit **51.0-0-0!!** darf nun Weiß das wohlverdiente Remis reklamieren – diesmal zu Recht mit Doppelrufzeichen versehen. Ein Sprung in den Abgrund ist es in der Tat, in die Tiefen Plaksins einzutauchen.

Die letzte Frage

Eine letzte Frage bleibt noch offen: Hätte Weiß nicht irgendeinen anderen Zug als die Rochade machen können? Nein, keineswegs. Denn nur durch die lange Rochade wird gezeigt, dass der Turm auf a1 und der König auf e1 vorher noch nicht gezogen haben. Hätten sie nämlich gezogen, wäre die Grundreihe des Weißen für die Türme frei gewesen und sie hätten sich in weniger als 50 Zügen aneinander vorbeischlängeln können. Der deutsche Wissenschaftsjournalist Jürgen Kaube, der Plaksins Kunstwerk mit Nabokovs Roman „Fahles Feuer" vergleicht, zeigte sich begeistert: „Das grandioseste Schachproblem aller Zeiten. (...) Sinnlos, aber in seiner Art abgeschlossen, eines der größten Kunstwerke menschlicher Kombinatorik."

Literatur

Kaube, Jürgen: Das Rätsel des pädophilen Exilkönigs. Für Literaturproblemknacker: Nabokovs „Fahles Feuer" In: Frankfurter Allgemeine Zeitung, 12.03.2008, Nr. 61/Seite L9

Keym, Werner: Eigenartige Schachprobleme. Treuenhagen, Nightrider Unlimited 2010

Krabbé, Tim: Schach-Besonderheiten. Kuriose, intelligente und amüsante Kombinationen. Band 1, Düsseldorf, Econ 1987

DER MOUNT EVEREST DER SCHACHKOMPOSITION

Drei Generationen von Problemkomponisten befassten sich mit der ungemein kniffligen Suche nach der Lösung für eine „unmögliche" Aufgabenstellung. Vergebens! Und dann ging plötzlich eine sensationelle Schlagzeile um die Welt der Schachkomposition, verpackt in die kurze Frage: „Ist das der Babson-Task?"

Der Babson-Task, 1983

Seit den Anfängen der Schachkomposition faszinieren die „janusköpfigen" Bauern. Sie haben durch ihre Fähigkeit der Umwandlung in eine höherwertige Figur einen ganz besonderen Stellenwert. So findet man schon im Manuskript Alfons des Weisen Umwandlungsaufgaben; allerdings durfte sich im alten Schach der Bauer nur in einen kurzschrittigen Wesir verwandeln. Im modernen Schach seit Ende des 15. Jahrhunderts kann sich ein Bauer, erreicht er die gegnerische Grundreihe, alternativ in vier Figuren – Dame, Turm, Läufer oder Springer – verwandeln. Schon früh entstanden daher Probleme, die diese Umwandlungsmöglichkeit als Überraschungseffekt einsetzten. Die erste Unterverwandlung eines Bauern (in einen Springer) findet sich in einem Schachproblem bereits in Stammas „Essai sur le jeu des échecs" von 1737 – und wurde im 19. Jahrhundert zu einem gängigen Kunstgriff.

Es lag nahe zu versuchen, die vier Umwandlungsmöglichkeiten in ein einziges Problem zu verpacken, die sogenannte „Allumwandlung" zu kreieren. Das können grundsätzlich Umwandlungen eines oder mehrerer weißer oder schwarzer Bauern sein, doch war die Idealvorstellung, dass sich derselbe Bauer in vier Varianten im gleichen Zug in Dame, Turm, Läufer und Springer umwandelt. Es dauerte bis zum Jahr 1905, bis dem Dänen Niels Hoeg (1876–1951) erstmals eine solche optimale Darstellung gelang.

Niels Hoeg, Nordiske Schackbund 1905

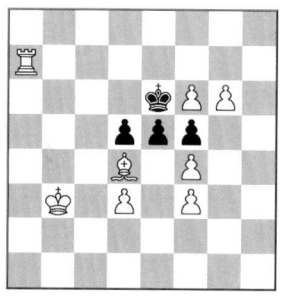

Weiß zieht und setzt in drei Zügen matt
1.f7! **Kd6** **2.f8D+** Die erste Umwandlung. **2...Kc6 3.Dc5** matt. Falls **1...exf4**, so **2.f8T** Zweite Umwandlung. **2...Kd6 3.Tf6** matt; falls jedoch **1...exd4**, so **2.f8L** Dritte Umwandlung. **2...Kf6 3.Ta6** matt, und wenn schließlich **1...Kf6**, so **2.f8S** Vierte Umwandlung. **2...exd4 3.Tf7** matt. Gerechtfertigt werden diese Umwandlungen, wenn man sich folgende Varianten ansieht: Nach **1...exf4** oder **1...exd4** ist **2.f8D?** patt und nach **1...Kf6 2.f8D? Kxg6** gibt es kein Matt.

Der Däne benötigte zur perfekten Umsetzung dieser komplexen Idee nach seinen eigenen Angaben 12 Jahre.

Im Jahr 1913 kam der amerikanische Problemkomponist Joseph Ney Babson (1852–1929) auf die Idee, schwarze und weiße Allumwandlungen in der Form zu vereinen, dass ein schwarzer und ein weißer Bauer sich jeweils in die gleiche Figur umwandeln müssen: Weiß macht den Schlüsselzug, Schwarz wehrt sich mit einer Bauernumwandlung, die wahlweise Springer, Läufer, Turm oder Dame sein

kann. Weiß muss als Antwort ebenfalls einen Bauern umwandeln, und zwar in exakt die gleiche Figur, die zuvor Schwarz gewählt hat. Umwandlungen, die nicht symmetrisch wären, müssen von Schwarz widerlegt werden können. Damit war ein neuer, unerhört komplexer Task geboren, der viele Problemkomponisten anzog. Babson widmete den Großteil seines Lebens der selbstauferlegten Suche nach dieser doppelten synchronen Allumwandlung, doch sie gelang ihm nur im Selbstmatt. Hier ist sein bester Versuch, dem durchaus problemhistorische Bedeutung zukommt:

Joseph N. Babson, American Chess Bulletin 1925

Selbstmatt in drei Zügen

Im Selbstmatt erzwingt Weiß, dass Schwarz ihn mattsetzt, wobei Schwarz dies um jeden Preis zu vermeiden versucht. Die Lösung lautet **1.f8L!** und jetzt a) **h1D 2.h8D Dxg2/Dh6 3.Dxc3+ Sxc3** matt. b) **1...h1T 2.h8T Th6 3.Txh6** und matt durch **3...c2, 3.Sd2** oder **3.Sa3.** c) **1...h1L 2.a8L Lxg2 3.Lxg2** und matt wie in b). Zuletzt d) **1...h1S 2.a8S Sg3 3.Lxg3** und matt wie in b). Die Schwächen dieses Problems lagen auf der Hand – die weiße Allumwandlung wurde von zwei Bauern ausgeführt und nicht von einem.

Ein übermenschliche Aufgabe

Als Babson selbst nach jahrzehntelangen verzweifelten Versuchen eine derartige symmetrische Allumwandlung in einem orthodoxen Problem trotz mönchischer Hingabe nicht gelang, setzte er Geldpreise für eine gelungene Darstellung dieses Themas aus, das nach ihm benannt wurde.

Zwei Generationen von Problemkomponisten befassten sich mit der ungemein kniffligen Aufgabenstellung, eine Lösung schien jedoch nicht möglich. Sogar André Chéron, einer der größten Künstler unter den Schachkomponisten, musste 1934 zugeben, dass dieser Task „der größte von allen, ja übermenschlich ist".

Eine besonders tragische Figur war der französische Problemkomponist Pierre Drumare (1913–2001). Der Pariser Metallurgie-Ingenieur wurde 1960 durch seinen Kollegen und Freund Jean Bertin auf die Idee gebracht, sich an diesem Task zu versuchen. „So", schreibt er in seinen Memoiren „wurde in mir ein Gedanke geboren, der bald zur fixen Idee wurde. (...) 22 Jahre wurde mein Verstand durch diesen Task vergiftet (...), der mich fast wahnsinnig gemacht hat." Bis 1982 widmete er sich jeden Tag bis zu sechs Stunden dieser Aufgabe, die zu seinem Lebensziel wurde, und analysierte Millionen von Stellungen, um dieses größte aller Werke zu vollenden. Doch vergeblich, das Monster ließ sich nicht zähmen.

Im Jahr 1982 erschien in Thémes-64 ein resignativer Artikel Drumares mit dem apokalyptischen Titel „Mein letzter Schritt in Richtung auf das Unmögliche – 22 Jahre erschöpfende Arbeit am Babson-Task". Er beschreibt darin alle seine Versuche und entschließt sich zu einem finalen Schritt, um von diesem Task loszukommen. Sein enttäuschtes Fazit lautete: „Nach 22 Jahren erschöpfender Arbeit habe ich jetzt die Gewissheit, dass die vierfache Echo-Umwandlung niemals in einem orthodoxen Problem realisiert werden wird. Ich möchte noch nicht einmal mehr über diesen spektakulären Task nachdenken: Heute bin ich meinen letzten Schritt auf dem Weg zum Unmöglichen gegangen!" Die tiefe Tragik: Trotz der über mehr als zwei Jahrzehnte gezeigten Akribie sollte Drumare das Wort „unmöglich" zu früh in den Mund genommen haben.

Leonid Jarosch (*1957)

„Ist das der Babson-Task?"

Kaum in halbes Jahr später geschah das Unfassbare: Ein 26-jähriger sowjetischer Fußballtrainer namens Leonid Jarosch, bis dahin nicht einmal Insidern bekannt, veröffentlichte im März 1983 in „Schachmaty v SSSR" einen Vierzüger mit der berühmten Fragestellung „Ist das der Babson-Task?" („Est li task Babsona?"). Wenn auch der Schlüsselzug ein im Problemschach unerwünschter Schlagzug war, so hatte Jarosch den Gordischen Knoten mit einem Hieb durchschlagen und konnte schon wenige Monate danach eine veredelte Version dieser Aufgabe präsentieren.

Leonid Jarosch, Schachmaty v SSSR 1983

Weiß zieht und setzt in vier Zügen matt

Lösung: **1.a7!!** Der geniale Schlüssel zum scheinbar ewig versperrten Tor, und nun folgt: a) **1...axb1D 2.axb8D Dxb2** Wenn 2...De4 3.T/Dxf4 Dxf4 4.D/Txf4 matt. **3.Dxb3 Dxa1 4.Txf4** matt. b) **1...axb1T 2.axb8T Txb2 3.Txb3 Kxc4 4.Da4** matt. Wenn 2...Te1, dann 3.Txf4+ Te4 4.Txe4 matt. c) **1...axb1L 2.axb8L Le4 3.Lxf4 Lxa8 4.Le3** matt. d) **1...axb1S 2.axb8S Sxd2 3.Dc1 Se4** Auf jeden anderen dritten Springerzug folgt 4.Txf4 matt. **4.Sc6** matt.

Doch erst die zahlreichen Nebenvarianten erschließen die erstaunliche Tiefe dieses Wunderwerks. Alle anderen Damenzüge nach 1.a7! führen ebenfalls zum Matt: a) 1...Dxa8 2.Txf4+ De4 3.a8D Dxf4 4.Dd5 matt oder b) 1...Dxd8+ 2.Kg7 Dg8+ (wenn 2...Dxa8 3.Txf4+ De4 4.d8D matt oder 2...Dc7 3.d8D+ Dxd8 4.Txf4 matt) 3.Kxg8 und 4.d8D matt. c) 1...De5 2.Lxe7 Dd6 3.Sxd6 Ke5 4.Sd3 matt. d) 1...Dd6 2.Te1 De5 3.Sxe5 fxe5 4.Te4 matt. Turm-Unterverwandlung: Nach 1...axb1T 2.axb8D Txb2 3.Dxb3 ist die Stellung patt! Auf 3.Dxb2+ kann der König nach d3 ziehen, wo er nicht mehr in 4 Zügen mattgesetzt werden kann. Läufer-Unterverwandlung: Falls Weiß 2.axb8D(T) spielt, folgt 2...Le4 3.D(T)xf4 patt! Springer-Unterverwandlung:

Daran war der unglückliche Drumare jahrelang gescheitert. 2.axb8D Sxd2 (gibt dem König das Feld c3) 3.Txf4+ Se4 und matt ist nicht möglich.

Da war er plötzlich, der orthodoxe Babson, die Lösung des Jahrhunderttasks, schöner, als man es sich je hätte erträumen lassen. Nach beinahe einem Dreivierteljahrhundert intensivster For-

Tim Krabbé und Leonid Jarosch 2002

schung der besten Problemkomponisten hatte ein völlig Unbekannter Problemgeschichte geschrieben. Tim Krabbé meinte: „Verglichen mit Drumare, Lindgren und Geyerstam hatte Jarosch nicht nur den Weltrekord über 100 Meter gebrochen, sondern er hatte ihn auf glatte 8 Sekunden heruntergeschraubt.“

Pierre Drumare selbst bekannte überwältigt: „Ich habe mich geirrt, und ich freue mich für die Kunst des Schachproblems! Über 20 Jahre habe ich an den falschen Aufstellungen gearbeitet. (...) Es gab Millionen von Sackgassen (...). Und der Autor kannte keine der vorangegangenen Arbeiten: Das war ohne Zweifel der Schlüssel zu seinem Erfolg! (...) Alle Problemkomponisten können Leonid Jarosch gratulieren, der das Problem des Jahrhunderts kreiert hat.“ Drumare schrieb Jarosch sogar persönlich, um ihm zu gratulieren: „Ihr Problem wird in Zukunft bewundert werden, wie wir die Meisterstücke unserer Vorfahren in Museen und Kathedralen bewundern.“ Und schließlich gab es doch noch ein Happy End für Drumare: 1985 schaffte er es, einen eigenen korrekten Babson zu komponieren.

Babson-Mania

Doch damit ist die Geschichte um den Babson-Task noch lange nicht zu Ende. Man begann ihn zu perfektionieren, und mit Computerhilfe ist es heute viel leichter geworden, die vielen Fallstricke in der Konstruktion schneller zu vermeiden. Mittlerweile wurden mehr als 20 korrekte „Babsons“ komponiert. Als der Babson-Spezialist schlechthin gilt heute der Schweizer Peter Hoffmann, der mit zweien seiner Komponistenfreunde den folgenden perfekten Babson schuf:

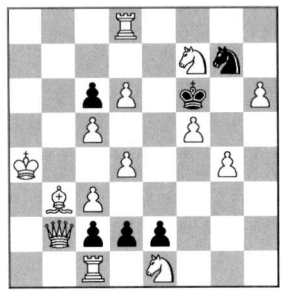

Peter Hoffmann/Karlheinz Bachmann/Martin Hoffmann, Die Schwalbe 1988

Weiß zieht und setzt in vier Zügen matt

Dieser Babson ist nicht nur einer, der mit erstaunlich wenig Material auskommt, darüber hinaus schaffen beide Seiten die Umwandlung ohne Schlagzug. Der bemerkenswerte Schlüsselzug **1.hxg7!!** gibt dem schwarzen König noch dazu ein Fluchtfeld, was bisher im Babson als unmöglich galt. Die thematischen Varianten sind: a) **1...d1D 2.g8D Dxd4+ 3.c4 Dxb2 4.Dg6** matt. b) **1...d1T 2.g8T! Txd4+ 3.c4 Kxf7 4.Tdf8** matt. c) **1...d1L 2.g8L! Kg7 3.c4 Kf6 4.d5** matt. d) **1...d1S! 2.g8S+!! Kg7 3.f6+ Kg6 4.Dxc2** matt. Zu diesen vier thematischen Varianten kommt noch das unthematische **1...Kxg7 2.Sg5!! Kh6 3.Tg8 dxc1D 4.Tg6** matt.

Diese Konstruktion ist kaum mehr zu überbieten. Preisrichter Klaus Wenda schrieb: „Der synergetische Effekt des deutsch-schweizerischen ,brain-trust' hat einen weiteren Meilenstein auf dem Weg zur Perfektionierung des stets faszinierenden Babson-Tasks gesetzt."

Peter Hoffmann arbeitet ständig weiter am Babson-Task und gilt als der kreativste Babson-Komponist. 2005 schuf der Schweizer das schlicht Unmögliche, den zyklischen Babson ohne Umwandlungsfiguren:

Peter Hoffmann, Schach 2005

Weiß zieht und setzt in vier Zügen matt

Die Lösung beginnt mit **1.Lxc6!** und den vier Varianten a) **1...d1D 2.gxf8L!! Dd4+ 3.exd4 Kxf6 4.d5** matt. b) **1...d1T 2.exf8S+!! Kd6 3.c8S+! Kc7 4.Se6** matt. c) **1...d1L 2.gxf8T!! Kd6 3.Dd2+ Kc5 4.Dd4** matt. d) **1...d1S 2.gxf8D!! Sc3+ 3.Kxa5 Ke5 4.De7** matt.

Damit wurde wieder ein neues Kapitel in der fast hundertjährigen Geschichte des Babson-Tasks aufgeschlagen. Trotz Computerhilfe benötigte Hoffmann zweieinhalb Jahre für die Komposition des zyklischen Babson. Nach wie vor gibt es weiße Flecken auf der Babson-Landkarte, aber für sie interessieren sich nur mehr hochspezialisierte Komponisten.

Allerdings bleibt noch ein großes ungelöstes Problem, der Babson-Task in der Endspielstudie. Obwohl Henri Rinck schon zur Frage der Allumwandlung in der Endspielstudie meinte, dass dieser Himalaya sogar dann niemals erklommen werden könnte, wenn man eine Million Dollar als Belohnung aussetzen würde, erschien bereits 1927 die erste Allumwandlung in der Endspielstudie. Doch der Babson Task wurde in dieser Kompositionsart noch nicht gemeistert. Vielleicht eine Herausforderung für unsere Leserinnen und Leser?

Literatur

Drumare, Pierre: Mon dernier pas vers l'impossible. 22 ans d'epusants travaux sur le Babson-Task. In Thèmes–64 1982, Nr. 107, 2094–2097

Ehn, Michael/Kastner, Hugo: Schachkompositionen. Die besten Aufgaben und Komponisten der Schachgeschichte. Mit über 500 Rätseln und Lösungen. Hannover, Humboldt 2013

Hoffmann, Peter/Zierke, Erik: 100 Jahre Babson-Task im orthodoxen Direktmatt – 100 Years: Babson Task in the Orthodox Directmate. In: www.berlinthema.de/Babson_20130523.pdf

Keym, Werner: Eigenartige Schachprobleme. Treuenhagen, Nightrider Unlimited 2010

Krabbé, Tim/Gubbels, Klaas: De man die de Babson task wilde maken + De problemen. Arnhem, Nova Zembla 1986

DAS POLGÁR-EXPERIMENT

Man wird in der Sportgeschichte vergeblich nach Vergleichbarem suchen: 2004 schaffte es Judit Polgár als erste Frau in die Top Ten der Schachrankings und belegte mit 2728 Elopunkten Rang 8 der FIDE-Weltrangliste. Im Jahr darauf spielte sie im Weltmeisterschaftsturnier der Männer.

Erziehbare Genies, ab den 1980er-Jahren

Von Beginn an erregte ihr Plan die Gemüter. Die Ehe László Polgárs und seiner Frau Klara diente einem pädagogischen Experiment: Ihre drei Töchter Zsuzsa (*1969), Zsófia (*1974) und Judit (*1976) sollten zu Genies erzogen werden. Durch frühe Förderung, baldige Spezialisierung auf ein Fachgebiet und hartes Training, so László Polgárs Hypothese, könne er aus jedem Kind ein Genie machen; Genialität sei nur eine Frage der Erziehung. Die Wahl fiel auf Schach, und so wurden den Schwestern schon im zartesten Alter Schachbretter über die Wiege gehängt, damit ihnen der Anblick des Brettes vertraut würde. Ein bis auf die Minute geplanter Tagesablauf, der mit Trainingseinheiten ausgefüllt ist, dominierte das Leben der drei Polgárs. Viele Jahre später schilderte Judit einen für sie und ihre Schwestern typischen Tagesablauf: „Wir stehen um sechs auf. Um sieben gehen wir in einen Tischtennis-Klub, wo wir zwei bis drei Stunden Tischtennis spielen. Dann gehen wir nach Hause, spielen Schach, empfangen Gäste, Journalisten. Und danach hören wir Musik, lesen ein bisschen. Normalerweise spielen wir sechs bis acht Stunden Schach am Tag."

Zsuzsa – Zsófia – Judit, um 1990

Bei einer weiteren Idee des Vaters schritten die Behörden ein, sie wurde nicht in die Tat umgesetzt: Polgár wollte noch eine Kontrollgruppe von drei Waisenkindern adoptieren, um auch an ihnen seine These zu belegen, dass Schachgenialität anerzogen werden könne. Nicht einmal für die Schule blieb Zeit. Weil auch Mutter Klara Lehrerin war, ertrotzte das Ehepaar von den Behörden die Erlaubnis, den Nachwuchs zu Hause erziehen zu dürfen, da sie der Ansicht waren, die Schule würde Kinder nicht in ausreichendem Maß fördern.

Ziel: Weltmeister im Schach

Das Ziel war von Anfang an absurd hochgesteckt: die Eroberung des Weltmeistertitels der Männer. Dazu muss man wissen, dass Schach eine der letzten Männerdomänen ist. Gerade 4 % aller Schachspieler sind Frauen und nur 1 % der Großmeister. Das hat natürlich einerseits kulturhistorische Ursachen: Über Jahrhunderte wurden Frauen vom öffentlichen Leben und der ernsthaften Betätigung am Schachbrett ferngehalten – so gab es bis ins 20. Jahrhundert Aufnahmeverbote für Frauen in Schachklubs. Andererseits ergeben sich daraus rein statistische Schlussfolgerungen: Bei einer so geringen Anzahl weiblicher Spieler ist es unwahrscheinlich, dass viele, oder sogar nur einige von ihnen die Spitze erreichen können. Doch die Ansicht, Frauen spielten von Natur aus schlechter Schach, hielt sich hartnäckig und wurde von vielen Weltmeistern, darunter noch 1990 von Garri Kasparow vertreten, als er über Judit Polgár sagte: „Es ist unvermeidlich, dass die Natur gegen sie arbeitet, und das sehr bald. Sie besitzt phantastisches

Judit Polgár (*1976), um 1988

Schachtalent, aber sie ist trotz allem eine Frau. Das liegt alles an den Unvollkommenheiten der weiblichen Psyche. Keine Frau kann einen längeren Kampf durchhalten. Sie kämpft gegen die Gewohnheit von Jahrhunderten und Jahrhunderten, seit Anbeginn der Welt."

Direkte Vergleiche seiner Töchter mit der Frauen-Weltspitze hielt Vater László für unnütz. Er ließ sie ausschließlich bei Männerturnieren starten, um sie für höchste Ansprüche zu drillen. Einzige Ausnahme waren die Schacholympiaden 1988 in Saloniki und 1990 in Novi Sad, wo Judit und ihre Schwestern Zsuzsa und Zsófia sowie Ildiko Madl beide Male Gold für Ungarn holten. Judit Polgár hat nie versucht, Frauenweltmeisterin zu werden, obwohl sie als die mit Abstand beste Schachspielerin der Welt damit leicht zu Ruhm und Reichtum gelangt wäre. Dazu Johannes Fischer: „Ihre Weigerung in Frauenturnieren zu spielen, bricht ein Tabu. Schließlich sollte es zu denken geben, wenn die beste Frau der Welt Frauenturniere vermeidet. Vielleicht verführen die leichteren Frauenturniere, in denen schneller und mit viel weniger Einsatz Erfolge zu erzielen sind, talentierte Frauen, ihr Talent nicht zu entfalten? Diese Überlegung wiederum gefährdet die Nische Frauenschach."

In der Schachwelt brachten Judit Polgárs Erfolge die Ansicht ins Wanken, Frauen spielten schlechter Schach, denn die Ungarin schien genug Talent und Energie zu haben, um den Weltmeisterthron der Männer erobern zu können. Doch die Fachwelt war entzweit. Bejubelte man Polgár einerseits wegen der Resultate seiner Arbeit, hinterlässt seine überzeugend vertretene Ideologie vom „erziehbaren Genie" einen seltsamen Nachgeschmack. Ebenso steht die Frage im Raum, ob harte Arbeit, kein Freundeskreis, ja sogar Beziehungsverbote für die damals 20-jährige Zsuzsa die schachlichen Erfolge je aufwiegen haben können. Andererseits zeigte das Experiment aber auch, wie schlecht es um die Erziehung von Kindern in unserer Gesellschaft bestellt ist, wie viel Potenzial bei fast jedem und jeder verloren geht, weil er oder sie nicht richtig gefördert wird. Doch die generalstabsmäßige Planung der Eltern hatte tatsächlich frappierenden Erfolg. Jede der drei Schwestern erreichte bisher noch nie Dagewesenes. Zsuzsa, die älteste, war von 1996 bis 1999 Schachweltmeisterin. Sie gewann den Titel durch einen Wettkampfsieg mit 8,5–4,5 gegen die Chinesin Xie Jun. Zsofia, die mittlere, gewann im Alter von 14 Jahren ein Turnier in Rom, bei dem etliche starke Großmeister mitspielten, mit 8,5 aus 9 Punkten. Ihre Elo-Performance von 2980 war für eine 14-Jährige ein einzigartiges Ereignis der Schachgeschichte.

Zsuzsa Polgár (*1969), Weltmeisterin der Frauen 1996–1999

„I krraashed them"

Doch Judit, die jüngste, war die vielversprechendste. Sie kam dem Traum ihres Vaters am nächsten, indem sie in die männliche Phalanx der absoluten Weltspitze einbrach. Schon mit elf Jahren beeindruckte sie bei Turnieren mit einem Teddybär am Brett sitzend durch Siege über international erfahrene Spieler. Nach fast jedem Zug warf sie ihren Gegnern einen Killerblick zu. „I krraashed them", stellte sie nach diesen Partien fest. 1992 schrieb sie erneut Schachgeschichte. Nachdem sie schon im Alter von zwölf Jahren zum jüngsten internationalen Meister aller Zeiten wurde, schaffte die 15-Jährige mit dem Gewinn der ungarischen Supermeisterschaft ihre letzte männliche Großmeisternorm und erreichte damit um einen Monat früher als der legendäre Bobby Fischer Großmeisterreife.

Man wird in der Sportgeschichte vergeblich nach Vergleichbarem suchen: 2004 schaffte sie es als erste Frau in die Top Ten des Schachspiels und belegte mit 2728 Elopunkten Rang 8 der Weltrangliste. Polgárs Ansturm auf die Top Ten setzte allerdings erst etwa 2002 ein, als sie ihren messerscharfen taktisch geprägten Stil mit strategischen

Elementen anreicherte – eine Notwendigkeit, um tatsächlich in den engsten Kreis der Weltelite vorzudringen. Sie spielte nun etwas pragmatischer, wenngleich sie nach wie vor weniger Remisen machte als die meisten ihrer Kollegen.

Kampf um die Weltmeisterschaft

Nach vielen gescheiterten Versuchen bestand nach dem Rücktritt von Garri Kasparow 2005 erstmals die Chance, im Turnier der acht besten Spieler der Welt in San Luis (Argentinien) einen legitimen Weltmeister des Weltschachbundes zu bekommen und die Spaltung der Verbände zu überwinden. Die Favoriten waren Anand, Topalov und Lékó, doch viele blickten auf Judit Polgár. Als erste Frau hatte sie in San Luis die historische Chance, Weltmeister zu werden – Weltmeister der Männer, wohlgemerkt. Doch die Ungarin kam über den achten und letzten Platz nicht hinaus. Nach ihrer 15-monatigen Babypause zeigten sich in San Luis strategische Schwächen und Mängel in ihrer ansonsten perfekten eröffnungstheoretischen Vorbereitung. Sie gewann nur eine einzige Partie, diese aber grandios:

Polgar, J. – Kasimdschanow

FIDE-WM San Luis 2005

1.e4 c5 2.Sf3 d6 3.d4 cxd4 4.Sxd4 Sf6 5.Sc3 a6 6.Le3 e6
Dieser Zug in der sizilianischen Verteidigung wird von der Weltelite weniger geschätzt als Kasparows 6...Sg4 oder das alte 6...e5. **7.g4!?** Der wilde Perényi-Angriff, vom früh verstorbenen Ungarn Bela Perényi propagiert, garantiert Hochspannung. **7...e5** Die prinzipielle Antwort. 7...h6 oder 7...Sc6 führt in den von Schwarz gefürchteten Keres-Angriff. **8.Sf5 g6** Notwendig, denn es droht g4-g5. **9.g5** Trotzdem! **9...gxf5 10.exf5** Opfert eine Figur für schnelle Entwicklung und Angriff. Nach 10.gxf6?! f4 hat Schwarz einfach einen Bauern mehr. **10...d5 11.Df3 d4 12.0-0-0 Sbd7** Stets das Prinzipiellste. Die Stellung hat sich taktisch extrem zugespitzt. **13.Lxd4!?** Mit dem Zug 13.Ld2 und der Folge 13...dxc3 14.Lxc3 Lg7 15.Tg1 0-0 16.gxf6 Dxf6

17.De3 Kh8 18.f4 gewann Judit Polgár eine berühmte Zugzwang-
partie gegen Anand in Dos Hermanas 1999. Diesmal schlägt sie einen
anderen, irrationaleren Weg ein. **13...exd4 14.Txd4** Schwarz hat
nun zwei Figuren mehr, aber seine Entwicklung lässt sehr zu wün-
schen übrig, zudem ist sein König permanenten Gefahren ausgesetzt.
14...Lg7?! Ein neuer Zug, aber kaum ein glücklicher. In früheren
Partien versuchte man mit Erfolg 14...Lc5 15.Td2 Dc7 16.gxf6 Sxf6
17.Lc4 Le7 18.Lb3 0-0 19.Te1 Kh8. **15.Tg1!** Material ist in dieser
Stellung sekundär. Zunächst mobilisiert Judit Polgár alle Kräfte.
15...Kf8 Nicht vertrauenerweckend sieht 15...0-0 16.gxf6 Dxf6
17.Tdg4 oder 15...Dc7 16.gxf6 Lxf6 17.Sd5 Dd6 18.Sxf6+ Dxf6 19.Dc3
aus. **16.De3** Ein starker Zug, die Dame wirkt schwarzfeldrig noch
bedrohlicher. **16...De7 17.Dd2** Den Damentausch lehnt Weiß dan-
kend ab: 17.Dxe7+?! Kxe7 18.gxf6+ Lxf6 19.Sd5+ Ke8 20.Te4+ Kd8
21.Lh3 mit unklaren Verhältnissen. **17...h6** Schwarz will gern eine
Figur zurückgeben, um endlich die lästigen Bauern f5+g5 loszuwer-
den. Nach 17...Tg8 18.Tg3 Se4 19.Txe4 Lxc3 20.De3 Dc5 21.Te8+
Kg7 22.f6+ Kh8 23.bxc3 Dxe3+ 24.Tgxe3 kann sich Schwarz aus dem
Würgegriff nicht mehr befreien. **18.gxf6 Sxf6** Nach 18...Lxf6 19.Sd5
De5 20.Sxf6 Dxf6 muss Weiß nicht auf d7 nehmen,
sondern verstärkt langsam und entscheidend den
Druck mit 21.Tg3. Nach 18...Dxf6 19.Td6 De7 20.Tg3
ist es fraglich, ob sich Schwarz halten kann. **19.Td8+**
Se8 (Diagramm 1)
    20.Lb5!! Ein herrliches Räumungsopfer, um
den Turm von g1 mit Tempo nach e1 zu bringen.
20...axb5 21.Te1 b4 Was tun? Kasimdschanow
muss die Dame geben, doch konnte dies auch mit
21...Lf6 22.Txe7 Lxe7 23.Dd4 f6 24.Sxb5 Lxd8

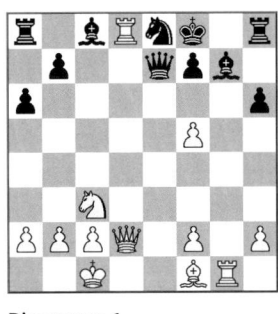

Diagramm 1

25.Dxd8 Kf7 geschehen. Danach ist Schwarz zwar materiell im Vorteil, seine Figuren entbehren allerdings jeglicher Koordination, und
er wird früher oder später (weißer h-Bauer!) wieder Material ein-
büßen. **22.Sb5?** Erweckt Schwarz wieder zum Leben. Judit Polgár

musste den Sack mit **22.Txe8+! Kxe8** (noch schlimmer ist 22...Dxe8 23.Dd6+) **23.Txe7+ Kxe7 24.Sd5+** zumachen. **22...Lxb2+?** Nach diesem scheinbar befreienden Rückopfer ist für Weiß wieder alles in Ordnung. Das hartnäckige 22...Le5! bremst den weißen Angriff, und nach 23.Kb1 (23.f4 geht nicht wegen 23...Txa2!) 23...Kg7 ist es nicht klar, ob er zwei Figuren wert ist, z.B. scheitert 24.f4? an 24...Lxf4. **23.Kxb2 Df6+ 24.Dd4** Die richtige Entscheidung – das Endspiel ist für Weiß in höherem Sinn gewonnen. **24...Kg7 25.Texe8 Txe8 26.Txe8 Dxd4+ 27.Sxd4** (Diagramm 2)

Diagramm 2

Die Nebel haben sich gelichtet. Um seinen Damenflügel zu entwickeln, muss Schwarz den Turmtausch zulassen, wonach der Springer dem Läufer überlegen ist und der weiße König die Bauern des Damenflügels einsammeln wird, während sein Gegenüber nur zusehen kann. **27...Kf6** Oder 27...b6 28.Kb3 Ta3+ 29.Kxb4 Ta4+ 30.Kxa4 Ld7+ 31.Kb4 Lxe8 32.c4 Kf6 33.f4 Ld7 34.a4 und gewinnt. **28.f4!** Sperrt die schwarze Majestät von den Futtertrögen aus. **28...b6 29.Td8 Lb7 30.Txa8** Am einfachsten. Auch 30.Td6+ Kg7 31.Txb6 Ld5 32.Tb5 Lxa2 33.Txb4 gewann. **30...Lxa8 31.Kb3 Ld5+ 32.Kxb4 Lxa2 33.Kb5 Lb1 34.c3!** Sehr fein – Schwarz bekommt nicht die geringste Chance. In Zeitnot waren die Folgen von 34.Kxb6? Lxc2 35.Sxc2 Kxf5 36.Kc6 Kxf4 nicht abschätzbar. **34...Ke7** Oder 34...Lxf5 35.Sxf5 Kxf5 36.Kxb6 Kxf4 37.c4 f5 38.c5. **35.Kxb6 Kd6 36.c4 Ld3 37.c5+ Kd5** (Diagramm 3)

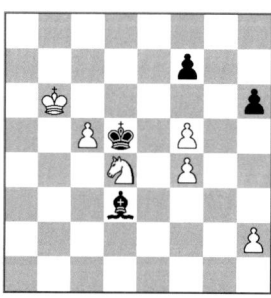

Diagramm 3

38.Sc6! Der Gewinnzug! Der Springer beschützt wegen der Gabel auf e7 indirekt den wichtigen f5-Bauern und beschränkt den Läufer in seinen Verteidigungsmöglichkeiten. **38...Ke4 39.Se7 Lc2 40.c6 La4** Er versucht noch den Bauern von d7 aus zu stoppen. **41.c7 Ld7 42.Kc5** Das hübsche Finale. Nach 42...Kxf4 43.Kd6 kann sich der Läufer nicht einmal mehr für den c-Bauern opfern. **1–0**

Nachhaltige Wirkung

Tatsächlich geht es bei der Diskussion über das Phänomen Polgár um weit mehr als nur um Schach: Das Selbstverständnis von Mann und Frau, gesellschaftliche Rollen und scheinbar nicht hinterfragbare Normalitäten, mit denen man aufgewachsen ist, stehen zur Diskussion, alte Denkmuster werden aufgebrochen. Auch der Versuch, so etwas wie einen weiblichen oder männlichen Stil anhand ihres Spiels konstruieren zu wollen, ist lächerlich. Aber es ist so lange nicht her, dass ernsthaft über die Existenz geschlechtsspezifischer Begabungen im Schachspiel diskutiert wurde. Judit Polgárs Partien beweisen das

Judit Polgár (*1976), um 2003

Gegenteil. Auch diesbezüglich haben die drei Polgár-Schwestern die Schachwelt nachhaltig verändert.

Die beste Schachspielerin aller Zeiten will allerdings die Pläne ihres Vaters nicht fortsetzen. Ihre beiden Kinder werden nicht zu Schachgenies erzogen, sie sollen nicht einmal professionelle Schachspieler werden. Für Judit Polgár ist Schach nicht mehr alles, sie wünscht sich, dass ihre Kinder viele Sprachen lernen und die Vielfalt des Lebens erfahren; und dass sie sich früh in Toleranz üben.

Literatur

Fischer, Johannes: Judit Polgar: Anmerkungen zu einem Phänomen. In Karl 3/2004, 38–39

Gershon, Alik/Nor, Igor: San Luis 2005. Glasgow, Quality Chess 2007

Geuzendam, Dirk Jan ten: Interview with Judit Polgar. In New in Chess 8/1989

Obrdlík, Rostislav: Fenomén Polgár. Oloumuc, Šachová agentura Caissa-90 2000

Polgár, Judit: Judit Polgar teaches chess 1 – How I beat Fischer's Record. Glasgow, Quality Chess 2012

Polgár, László: Nevelhetsz zsenit ... Budapest, Kossuth Kiadó Zrt. 2008

Polgár, Susan/Truong, Paul: Breaking through. How the Polgar Sisters changed the Game of Chess. London, Everyman Chess 2005

200 MILLIONEN ZÜGE PRO SEKUNDE

Mensch gegen Maschine! Der ultimative Zweikampf wurde in aufgeheizter Stimmung ausgetragen, der Wettkampf zu einem Jahrhundertereignis hochstilisiert, das jeden Tag tausende Zuschauer zum Austragungsort in das Equitable Center in Manhattan lockte. Auf der einen Seite der Weltmeister Garri Kasparow – ihm gegenüber das „Monster" Deep Blue!

Deep Blue – Kasparow, Philadelphia 1997

Man nannte ihn schlicht „das Monster". Er schlief nicht, er träumte nie, weder Bewusstsein noch Zweifel bremsten seine Berechnungen. „Deep Blue", der mit bürgerlichem Namen auf IBM RS/6000 SP hörte, war das Ergebnis eines fast zehn Jahre dauernden Experiments mit dem einzigen Ziel, den Weltmeister im Schachspiel zu schlagen. Deep Blue wirkte im Vergleich zu den kleinen handelsüblichen Schachrechnern wie ein Relikt aus der Steinzeit des Computers, einige hundert Kilo schwer und wenig innovativ. Seine Rechenleistung war allerdings furchterregend: Durch massives, also gleichzeitiges Rechnen der 32 parallel geschalteten Prozessoren vom Typ

Power-2 Superchip konnten bis zu 200 Millionen Schachstellungen pro Sekunde geprüft werden. Ein Mensch schafft vergleichsweise vielleicht fünf.

Ein ständiges Team von fünf Programmierern, unter ihnen Murray Campbell und Hsu Feng-hsiung, entwickelte unter Aufsicht von Schachgroßmeistern das Gerät, das 1996 in einem ersten Wettkampf der Routine und Intuition Kasparows noch mit 2-4 Punkten unterlag. Im Revanchekampf im Jahr darauf sollte nun endgültig die Stunde der Wahrheit schlagen. IBM hatte viel Geld und Prestige in „Deeper Blue" investiert, der mit Millionen Partien gefüttert und täglich von US-Großmeister Joel Benjamin trainiert wurde – und noch viel schneller geworden war.

Deep Blue – „das Monster"

Die Stimmung war aufgeheizt, der Wettkampf zu einem Jahrhundertereignis hochstilisiert, das jeden Tag tausende Zuschauer zum Austragungsort des Wettkampfs in das Equitable Center in Manhattan lockte. Campbell gab sich selbstbewusst: „Letztes Jahr war Deep Blue ein Baby. Diesmal werden wir Kasparow zerquetschen wie einen Käfer."

Der Champion hingegen war vorsichtiger, fühlte er doch das Gewicht der Welt auf seinen Schultern: „Ich bin hier, um zu zeigen, dass menschliches Wissen, Intuition und Kreativität den gewaltigen Rechenleistungen der Maschine nach wie vor überlegen ist. Ich spiele um die Ehre der Menschheit." Und so nebenbei ging es um einen Preisfonds von

Garri Kasparow (*1963), hochkonzentriert

1,1 Millionen Dollar. Der Wettkampf bot alles an Tragik, Komik und Verwirrung, was großes Theater ausmacht. Kasparow stand in der ersten Partie unter erheblichem Druck, dann blitzte jedoch Kreativität im Spiel des Homo sapiens auf und zwang die Maschine in die virtuellen Knie. Jubel reihum, die Kritiker von Deep Blue sahen sich bestätigt.

Der erste Schritt zum Waterloo

Es bestand eine gewisse Hoffnung und Zuversicht, dass noch einmal der menschliche Geist dem brutalen Rechentempo der Maschine trotzen könnte. Doch vergebens, das Waterloo ließ nicht lange auf sich warten.

Deep Blue – Kasparow

New York 1997, 2. Partie

1.e4 e5 2.Sf3 Sc6 3.Lb5 a6 4.La4 Sf6 5.0-0 Le7 6.Te1 b5 7.Lb3 d6 8.c3 0-0 9.h3 h6 Eine alte und gut erforschte Variante der Spanischen Partie, die den Namen des Weltmeisters des Jahres 1957, Wassili Smyslow, trägt. Der strategische Plan von Weiß besteht darin, d4 und anschließend Sbd2-f1-g3 zu spielen, womit die Bauernstruktur im Zentrum gesichert und gleichzeitig die anderen Figuren entwickelt werden können. **10.d4 Te8 11.Sbd2 Lf8 12.Sf1** Möglich, weil nach 12...exd4 13.cxd4 Sxe4 Weiß mit 14.Ld5 Material gewinnt. **12...Ld7 13.Sg3 Sa5 14.Lc2 c5 15.b3 Sc6 16.d5** Deep Blue schließt das Zentrum. Alles wurde bisher brav nach bekannten großmeisterlichen Vorbildern gespielt. **16...Se7 17.Le3 Sg6** Ein unüblicher Zug. Oft sah man 17...Dc7 oder 17...Dc8. Ein anderer gut spielbarer Plan ist 18...g6 19.Dd2 Kh7 nebst Lg7, was auch gegen spätere weiße Aktivität mit f2-f4 gerichtet ist. **18.Dd2 Sh7?** Das kostet viel Zeit. Besser war 18...Dc7 oder 18...Dc8. **19.a4 Sh4** Kasparow unterschätzt den Computer. Vielleicht hat er aus den Erfahrungen der ersten Partie geschlossen, dass der Computer keine direkten aggressiven Aktivitäten entfalten würde, aber diesmal verfolgt Deep Blue seine Ziele mit bewundernswerter Genauigkeit und Geradlinigkeit. **20.Sxh4 Dxh4 21.De2!** Droht 22.Ld3, was Schwarz zwingt, seinen b5-Bauern festzulegen oder die a-Linie aufzugeben, außerdem muss die Dame zurück. **21...Dd8** Oder 21...bxa4 22.bxa4 Teb8 23.Ld3 mit weißem Vorteil. **22.b4 Dc7 23.Tec1 c4?!** Diesen Zug sollte Schwarz meiden. Weiß kann nun die a-Linie für seine Schwerfiguren öffnen, während Schwarz wenig Raum und kein Gegenspiel hat. 23...Db7 war vorzuziehen. **24.Ta3 Tec8 25.Tca1 Dd8** (Diagramm 1)

26.f4! Ein erstaunlicher Zug für einen Computer! Durch die zutiefst menschliche Strategie der Öffnung einer zweiten Front wird die Verteidigung von Schwarz sehr erschwert. **26...Sf6** Schwächer wäre 26...exf4 27.Lxf4 g5 28.Le3 Lg7 29.Ld4 mit Druckspiel. **27.fxe5 dxe5 28.Df1** Noch stärker war 28.Df2. **28...Se8 29.Df2 Sd6 30.Lb6 De8 31.T3a2 Le7 32.Lc5 Lf8?** Danach geht es weiter bergab. Die beste Chance war mit 32...a5! einen

Diagramm 1

Befreiungsversuch zu wagen. **33.Sf5 Lxf5 34.exf5 f6 35.Lxd6!** Eine einfache Abwicklung, die Weiß großen Vorteil sichert. **35...Lxd6 36.axb5!** Verführerisch war 36.Db6 Td8 37.axb5 Tab8 38.Dxa6 e4 und Schwarz hat auf Kosten zweier Bauern gutes Spiel. **36...axb5 37.Le4** Ein grausamer Zug, der Schwarz um sein einziges Gegenspiel e5-e4 bringt. **37...Txa2** Innere Resignation. Kasparow gibt die a-Linie auf, die mit 37...Dd8 gehalten werden konnte. **38.Dxa2** Die Stellung zerfällt: Der schwarze Läufer darf d6 nicht verlassen, weil sonst der Bd5 Flügel bekommt. Andererseits muss der schwache Bb5 verteidigt werden. Weiß hat dazu noch alle Zeit der Welt, seine Invasion auf der a-Linie vorzubereiten. **38...Dd7 39.Da7 Tc7** Oder 39...Dxa7+ 40.Txa7 Td8 41.Ta5 Tb8 42.Ta6 Td8 43.Tb6 und ein Bauer geht verloren. **40.Db6 Tb7 41.Ta8+ Kf7 42.Da6 Dc7 43.Dc6 Db6+** (Diagramm 2)

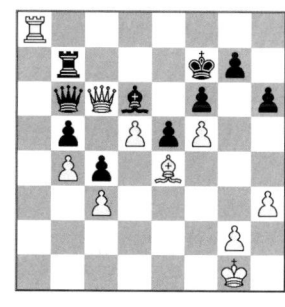

Diagramm 2

Garri Kasparow (*1963),
tief in Gedanken

Der spannendste Moment der Partie, der schicksalhaft über den weiteren Verlauf des ganzen Wettkampfs entschied. **44.Kf1?** Ein unglaublicher Fehler der Maschine! 44.Kh1! Tb8 45.Ta6 De3 (oder 45...Df2 46.Dxd6 Te8 47.Ta1) 46.Dxd6 Te8 47.Ta1 Dxe4 48.Ta7+ Kg8 49.Dd7 sicherte den Gewinn für Weiß. **44...Tb8 45.Ta6** Und Kasparow gab auf. Zu seinem grenzenlosen Erstaunen war der Champion positionell an die Wand gespielt worden und „glaubte", wie er sagte, dem Rechner, dass nach 45...De3 kein ewiges Schach möglich sei, sonst hätte dieser ja nicht 45.Ta6 gespielt. Ein einmaliges Versehen in seiner ganzen Karriere! Nachträglich stellte sich heraus, dass nach 45...De3! 46.Dxd6 Te8! 47.h4 h5! 48.Lf3 Dc1+ 49.Kf2 Dd2+ 50.Le2 Df4+ die Partie unentschieden ist. Das mögen Menschen übersehen, selbst ein Kasparow, aber wie konnte Deep Blue das drohende ewige Schach von Schwarz nicht erkennen? Auf diese Frage fand Kasparow keine Antwort und agierte die ganze Woche frustriert und lustlos, erging sich in Schmerz und wilden Verdächtigungen. Die Programmierer erklärten cool, dass es sich um einen „Bug", also einen Programmfehler der komplexen Maschine handelte.

Die Wirkung einer griechischen Tragödie

Nach drei Remisen kam die alles entscheidende 6. und letzte Partie. Sie sollte als eine der unglaublichsten Fehleinschätzungen Garri Kasparows Geschichte schreiben.

Deep Blue – Kasparow

New York 1997, 6. Partie

1.e4 c6 2.d4 d5 3.Sc3 dxe4 4.Sxe4 Sd7 Kasparow auf Karpows Spuren! Die Caro-Kann-Verteidigung kennt der Champion gut, denn er hat sie in zahlreichen Begegnungen mit seinem alten Rivalen Karpow gespielt – allerdings auf der anderen Seite des Brettes. **5.Sg5** Das schärfste. So spielte auch Kasparow gegen Karpow. **5...Sgf6 6.Ld3 e6 7.S1f3 h6?** (Diagramm 3)

Über die Hintergründe dieses unglaublichen Zuges wird noch Jahrzehnte gestritten werden. Es war sicher der schlechteste in Kasparows ganzer Karriere! Unmöglich, dass der Weltmeister die Variante nicht kannte. Er hat sie 1987 selbst gegen Karpow vorbereitet. Ein Fingerfehler? Unwahrscheinlich bei der bekannten Coolness Kasparows in Entscheidungspartien, und er hatte in seiner Karriere schon brenzligere Situationen zu bestehen. Ein hilfloser Protest gegen unfaire Spielbedingungen?

Diagramm 3

Oder gar ein absichtlicher Verlustzug? Es muss natürlich 7...Ld6 8.De2 und dann erst h7-h6 geschehen. Der Textzug zwingt Weiß, eine Figur zu opfern, der danach entstehende Angriff ist aber so gefährlich, dass niemand sich freiwillig darauf einlassen wird. Und besonders nicht gegen einen Computer, weil offene Stellungen entstehen, in denen Rechenkunst in langen taktischen Varianten gefragt ist. **8.Sxe6!** Selbst bei mittelmäßigen Klubspielern bekannt und stark. Der schwarze König bleibt in der Mitte, die Entwicklung lässt sich nicht mehr vernünftig abschließen. **8...De7?** Danach ist die Partie auch schon zu Ende. Die letzte Chance für Schwarz ist 8...fxe6 9.Lg6+ Ke7 10.0-0 Dc7 11.Te1 Kd8 und es gibt noch keinen forcierten Gewinn. **9.0-0 fxe6 10.Lg6+ Kd8 11.Lf4** Das Beste. Deep Blue hatte dieses tödliche Abspiel noch in der Eröffnungsbibliothek. **11...b5** Ein neuer Zug, der aber kaum geeignet ist, das schwarze Spiel wiederzubeleben. Schwarz will das Feld d5 für seinen Springer sichern, aber jetzt kann Weiß die a-Linie öffnen. **12.a4** Trocken und effektvoll. **12...Lb7** Oder 12...bxa4 13.Txa4 Sd5 14.Lg3 mit der Drohung c2-c4. **13.Te1 Sd5 14.Lg3 Kc8** Auch 14...Db4 15.Txe6 Le7 16.c3 Dxb2 17.c4 S5f6 18.Se5 Sxe6 19.dxe5+ Sd7 20.Lf5 verliert. **15.axb5 cxb5 16.Dd3 Lc6** Nun verliert 16...Sc7 wegen

Garri Kasparow, fassungslos nach der 6. Partie

17.Dc3 Sf6 18.Txe6 Dd8 19.Lf5 Kb8 20.Se5 Sfd5 21.Sc6+ Lxc6 22.Dxc6 und auf 16...a6 hat Weiß die angenehme Wahl zwischen 17.Lf5 und 17.c4. **17.Lf5 exf5** Gibt noch die Dame her, aber 17...Sb4 18.Dc3 Kb7 19.Txe6 Dd8 20.d5 Lxd5 21.Te8 verliert ebenfalls. **18.Txe7 Lxe7** Oder 18...Sxe7 19.Dc3 Sb8 20.Se5 mit vernichtendem Angriff. **19.c4** Aufgegeben. Etwas früh, aber zu Recht wie die Fortsetzung 19...bxc4 (oder 19...Sb4 20.Dxf5 bxc4 21.Se5) 20.Dxc4 Sb4 21.Te1 Te8 22.Sh4 Sb6 23.Df7 S6d5 24.Sxf5 Kd8 25.Sxg7 zeigt.

Ein furchtbares Desaster! „Ich weiß nicht, was da passiert ist, ich schäme mich", bekannte ein geschockter Kasparow, der zum ersten Mal in seinem Leben einen Wettkampf verloren hatte. Und er beschuldigte das Computerteam, unfair gehandelt zu haben, sprach sogar davon, dass es während der Partien menschliche Interventionen gegeben haben müsse. Anders, mit klassischen Worten, kommentierte der Vorsitzende der *Association for Computing*, Monty Newborn, in einem Zeitungsartikel diese Schicksalsstunde für die Menschheit: „Es hatte die Wirkung einer griechischen Tragödie."

Eine Filmversion der Walt Disney Studios, aufbauend auf Matthew Charmans Theaterstück „The Machine", dessen Uraufführung im Juli 2013 in Manchester stattfand, wird womöglich diese Schicksalsstunde in neues mediales Licht rücken.

Zukunft Silikonmonster?

So zweifelhaft auch der wissenschaftliche und sportliche Wert des Events war, so war es für die Veranstalter doch ein Riesengewinn. Der Werbewert betrug über 250 Millionen Dollar, am Tag nach dem Sieg kletterte die IBM-Aktie von 168,5 auf fast 172 Dollar. Kasparow forderte grimmig Revanche, doch er bekam sie nicht. Deep Blue wurde demontiert und ist jetzt im Computer History Museum in Mountain View in Kalifornien zu bewundern. Viele spannende Fragen tauchten im Zusammenhang mit dem Wettkampf auf. War die Einzigartigkeit des Homo sapiens damit abgetan? Offenbar konnte Geschwindigkeit Qualität kompensieren, und in vielen Momenten wirkte die Maschine tatsächlich intelligent. Laut Künstlicher Intelligenzforschung wird das dahin führen, dass auch auf anderen Gebieten der Computer bessere Resultate als der Mensch erreichen wird, und schon bald werden die Silikonmonster unseren Alltag dominieren. Wird die Evolution über den Menschen hinauswachsen ins gelobte Land des Siliziums?

Feststeht, dass zum ersten Mal ein Computer den Schachweltmeister in einem Wettkampf unter Turnierbedingungen besiegen konnte. Dieser Wettkampf zog einen Schlussstrich unter die Auseinandersetzung von Mensch und Maschine. Eine weitere Steigerung der Rechenleistung macht eine Begegnung von humaner und digitaler Intelligenz am Schachbrett sinnlos und ohne Spannung. Deep Blue war nach Galilei, Darwin und Freud die vierte narzisstische Kränkung des Menschen.

Literatur

King, Daniel: Kasparow gegen Deep Blue. Die Auseinandersetzung Mensch gegen Maschine. Hollfeld, Beyer Verlag 1997

Keene, Raymond/Buzan, Tony: Man Versus Machine: Kasparov versus Deep Blue. Buzan Centres 1997

Newborn, Monty: Kasparov versus Deep Blue: Computer Chess Comes of Age. New York, Springer 1996

Feng-hsiung Hsu: Behind Deep Blue: Building the Computer that Defeated the World Chess Champion. Princeton, Princeton University Press 2002

Pandolfini, Bruce: Kasparov and Deep Blue: The Historic Chess Match Between Man and Machine. New York, Touchstone; 1997

JENSEITS DES VORSTELLBAREN

Keine Partie charakterisiert den Stil Magnus Carlsens besser als die Schlüsselpartie zum Sieg in Wijk aan Zee 2013, die dazu führte, dass man über Carlsen sagte, er könne „Wasser aus Steinen pressen". Lange völlig im Lot, beginnt dort, wo andere mit Remis einverstanden gewesen wären, eine neue Partie. Magnus Carlsens Weg ist einzigartig in der Schachgeschichte!

Magnus Carlsen, 2010

Wunderkinder sind gleichermaßen unheimlich wie unberechenbar. Man weiß nicht wie es zugehen kann, dass ein Siebenjähriger komponiert oder schwierige mathematische Formeln nachvollzieht; zugleich kann der göttliche Blitz des Genies aber jederzeit jeden an jedem beliebigen Ort treffen.

Von mozarthafter Wunderkindlichkeit ist auch die Schachkarriere des Magnus Carlsen. 1990 im südnorwegischen Tønsberg geboren, wuchs Carlsen im idyllischen Städtchen Lommedalen in der Nähe von Oslo – einer schachlichen Wüste – auf. Magnus lernte die Schachregeln im Alter von fünf Jahren von seinem Vater Henrik, einem guten Schachamateur. Aber das Spiel interessierte ihn nicht besonders, viel interessanter schien es ihm, schwierige Puzzles zu lösen oder die Hauptstädte aller Länder der Erde auswendig zu lernen. Bereits hier fiel sein enormes Gedächtnis auf. Am liebsten spielte Magnus Fußball und Tischtennis mit seinen drei Schwestern. Erst im Alter von neun Jahren begann er sich wieder intensiver mit Schach zu beschäftigen und spielte sein erstes Turnier. Im Jahr 2000 gewann er die norwegische Meisterschaft der Unter-11-Jährigen. Nach einem Einstiegsjahr in die internationale Turnierszene mit etwa 2000 Elopunkten begann sein atemberaubender steiler Aufstieg 2001. Innerhalb von nur

Magnus Carlsen (*1990) am Beginn seiner Karriere

etwas mehr als drei Jahren hatte er die Stärke eines Großmeisters erreicht und eine Elozahl von über 2500. Alle drei Großmeisternormen sicherte sich Carlsen innerhalb von vier Monaten zu Jahresbeginn 2004 in einer Serie hervorragender Turnierergebnisse, wobei seine erste Norm mit einem überragenden Sieg in der Gruppe C in Wijk aan Zee besonderes Aufsehen erregte. So wurde er mit 13 Jahren Großmeister, viel früher als Fischer, Kasparow oder Weltmeister Anand. Und ab diesem Zeitpunkt galt Carlsen als das größte Schachtalent des Planeten.

Klug trainiert und vorbereitet wurde und wird Carlsen von Simen Agdestein, Norwegens erstem Großmeister und ehemaligem Fußballnationalspieler. Er achtete darauf, das unglaubliche Talent des Magnus Carlsen zu entwickeln und nicht zu überfordern. Carlsens Merkfähigkeit schien schon als Kind grenzenlos und seine Leistungskurve zeigte steil nach oben. Über sein enormes Potential waren sich alle Experten einig und auch an produktiver Selbstkritik fehlte es Carlsen nicht. Wer aber hätte geglaubt, dass so bald nach dem Jahrhundertspieler Garri Kasparow, der über 20 Jahre lang die

Magnus Carlsen, der kommende Star

Schachszene dominiert hatte, jemand aus einem Land, das nur über eine bescheidene Schachtradition verfügt, kommen und die Leistungen dieses Riesen übertreffen und alle seine Rekorde brechen würde?

Magnus Carlsen bricht alle Rekorde

Beim Schachweltcup in Khanty-Mansisk 2005 qualifizierte sich Carlsen mit 15 Jahren erstmals für das Kandidatenturnier zur Weltmeisterschaft, traf aber in der ersten Runde der Kandidatenkämpfe auf einen der Favoriten, den Armenier Levon Aronian und verlor knapp mit 5-7 nach Stichkampf. Ab dem Jahr 2007 und nach zahlreichen Erfolgen gehörte Carlsen der erweiterten Weltspitze an, und seine Elozahl bewegte sich nun schon im Bereich von 2700. Eine weitere Stufe des Aufstiegs für den jungen Norweger bedeutete das Training mit Garri Kasparow in den Jahren 2009 und 2010. Dies trug bald Früchte: Im Oktober 2009 gewann Carlsen das Superturnier in Nanjing ungeschlagen mit 2,5 Punkten Vorsprung vor dem restlichen Feld und einer unglaublichen Elo-Leistung von 3002. Im November belegte er beim Tal-Memorial in Moskau den zweiten Platz und gewann die im Anschluss ausgetragene Blitzschachweltmeisterschaft. Im Dezember schließlich siegte er bei den London Chess Classic. Im Januar 2010 erreichte Carlsen nach diesen Erfolgen als bisher jüngster Spieler die Spitzenposition der Weltrangliste mit einem Rating von 2810, und er war damit auch der jüngste Spieler aller Zeiten, der solch eine hohe Elozahl aufweisen konnte.

Doch noch immer ging sein Aufstieg weiter. Drei große Turniere gewann er im Jahr 2010 und nach weiteren Siegen in den wichtigsten Eliteturnieren 2011 und 2012 triumphierte Magnus Carlsen im Januar im Superturnier in Wijk aan Zee 2013, und katapultierte sein

Rating auf unfassbare 2872 Punkte. Dies war die bisher höchste Ratingzahl in der Geschichte, und Carlsen brach damit auch den bisher für unüberwindlich gehaltenen Rekord von Kasparows 2851 Punkten vom Juli 1999.

Carlsens großes intuitives Spielverständnis und sein natürliches Talent erinnern in vielem an José Raúl Capablanca und Anatoli Karpow. Die Eröffnung ist bisher sein schwächster Punkt, doch verfügt er über die Gabe, die optimale Position der Figuren weit im Voraus zu erkennen. Er spielt mutig, aber kontrolliert, rechnet effizient und fast fehlerlos, meidet ausanalysierte Varianten und strebt eher Stellungen an,

Magnus Carlsen auf dem Weg zur Nummer 1

in denen er seine Gegner langfristig unter Druck setzen kann. Sein Kampfgeist und seine besonderen Fähigkeiten im Endspiel sind mittlerweile legendär. Doch es gibt noch einen weiteren wichtigen Aspekt: Am Ende des 20. Jahrhunderts erlebten die Schachspieler durch die Herrschaft des Computers den tiefsten und vielleicht schmerzhaftesten Einschnitt in der Geschichte des Spiels. Es entstand eine besondere Form des prometheischen Gefälles zwischen Mensch und Maschine. Selbst Weltmeister müssen die Überlegenheit der Rechner anerkennen und damit verändert sich das Spiel. Seitdem zählen die bessere Vorbereitung und der größere Fundus an Stellungsbildern und Varianten, das Niveau selbst des Durchschnittsspielers steigt ins Ungeahnte. Es endet aber der Streit um Prinzipien. Wahr ist fortan, was im Konkreten nützt. Magnus Carlsen ist bereits im Bewusstsein aufgewachsen, dass die Welt des Schachspiels in vielem schalt- und berechenbar geworden ist. Sein Spiel reagiert auf diese narzisstische Kränkung flexibel und pragmatisch. Der Norweger wird keine große Schule begründen, es wird keinen Streit mehr um Absolutes und Wahrheit im Schach wie noch zu Beginn des 20. Jahrhunderts geben. Es geht um konkrete Varianten, Abspiele und winzige Innovationen. William James „whatever works" scheint auch die Devise von Carlsens Weg: bescheiden, konkret, aber im Konkreten bärenstark.

„Wasser aus Steinen pressen"

Keine Partie charakterisiert den Stil Carlsens besser als die folgende, die eine Schlüsselpartie zum Sieg Carlsens in Wijk aan Zee war und die dazu führte, dass man über Carlsen sagte, er könne „Wasser aus Steinen pressen". In einer ersten Phase bis knapp vor dem 40. Zug ist die Partie völlig im Lot und scheint mehr oder minder in Richtung Unentschieden dahinzuplätschern. Doch wo andere mit Remis einverstanden gewesen wären, beginnt eine neue Partie. Carlsen verschärft plötzlich den Druck, bis er nach etwa 70 Zügen endlich greifbaren Vorteil erhält, ohne dass sein Gegner einen groben Fehler begangen hätte. In der Endphase wird dieser Vorteil mit Rubinsteinscher Präzision und Laskerscher Energie verwertet und trotz des geringen Materials in einen ganzen Punkt verwandelt. Eine wunderbare Transsubstantiation, die sich ihren magischen Rest bewahrt. Man möchte nicht an Karjakins Stelle sein und nach solch einer Partie Schlaf suchen müssen.

Carlsen – Karjakin

Wijk aan Zee 2013

1.Sf3 Sf6 2.g3 d5 3.Lg2 c6 4.0-0 Eine Überraschung Carlsens, die hypermoderne Réti-Eröffnung, die er in dieser Form noch nie anwendete. **4...Lg4 5.c4 e6** Karjakin kontert mit einem klassischem Aufbau im Zentrum. **6.d3 Sbd7 7.cxd5 exd5 8.Dc2 Le7 9.Sc3 Lxf3** Ein kleines Zugeständnis. Schwarz gibt das Läuferpaar, erobert aber viel Raum im Zentrum. Zu überlegen war 9...0-0. **10.Lxf3 d4 11.Se4 0-0 12.Sxf6+ Sxf6 13.Ld2 a5 14.a3** Weiß scheint nichts aus der Eröffnung herausgeholt zu haben. **14...Sd5** Der prächtige Zentralspringer hält das Läuferpaar im Zaum. **15.Tab1 Dd7 16.Tfc1 Tfe8 17.Dc4 Sc7** Sonst tauscht Weiß zweimal auf d5 mit isoliertem Doppelbauer für Schwarz. **18.h4 a4 19.Lb4 Sb5 20.Kg2 h6 21.Lc5 g6 22.Db4 Lf6** Weicht dem Tausch aus, da der weißfeldrige Läufer dem Springer überlegen wäre. **23.Dd2 Kg7 24.Tc4 Ta6 25.Dd1** Durch den Angriff auf a4 lockt Weiß die schwarzen Bauern nach vorn. **25...b6 26.Lb4 c5 27.Ld2 Sc7 28.Tcc1 Sd5 29.Dh1** Ganz im Sinne Rétis werden die Zentralfelder beobachtet. **29...Le7 30.Kg1 Td8 31.Tc2 De6 32.Dg2 Ta7 33.Te1 Tad7 34.Kh2 Tc8 35.Dh3** Damentausch. Worauf will Carlsen eigentlich hinaus? **35...Dxh3+ 36.Kxh3 h5 37.Tb1 Ta8 38.Kg2 Ta6** (Diagramm 1)

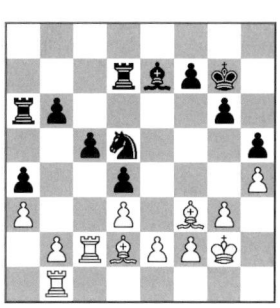

Diagramm 1

39.b3! Öffnet die Stellung für die Läufer, der Bb6 ist genauso schwach wie der Ba3. **39...axb3 40.Txb3 Lf6 41.Tc4 Td6 42.Kf1 Kf8 43.a4 Sc3** Wehrt sich nach Kräften: Ba4 droht zu fallen. **44.Lf4 Te6 45.e3!** Die Stellung wird weiter geöffnet. **45...Sxa4** Obwohl Schwarz damit die Qualität nur vorübergehend opfert, war 45...Le5 zu überlegen. **46.Ld5 Te7 47.Ld6 b5?!** So gelingt die Befreiung nicht ganz. Gleiche Chancen hat Schwarz nach 47...Sc3 48.Lb7 Ta1+ 49.Kg2 dxe3 50.Lxe7+ Lxe7 51.fxe3 Ta2+ 52.Kf3 Sd1. **48.Lxe7+ Lxe7 49.Txb5 Sb6** Gewinnt die Qualität zurück, die Stellung bleibt schwierig. **50.e4?!** Schließt die Stellung. Klaren Vorteil versprach 50.exd4 Sxd5 (50...Sxc4 51.dxc4 cxd4 52.c5) 51.dxc5. **50...Sxc4 51.Tb8+** Nicht 51.dxc4?! d3 52.Ke1 Lf6. **51...Kg7 52.Lxc4 Ta7 53.f4** Weiß hat einige Vorteile gesammelt: Aktiver Turm, besserer Läufer (Ziel Bf7), beweglicherer König. Doch die ungleichen Läufer nivellieren all diese Vorteile. **53...Ld6 54.Te8 Tb7 55.Ta8 Le7 56.Kg2 Tb1 57.e5** Öffnet den Weg für den König. Der schwarze Turm muss eingreifen. **57...Te1 58.Kf2 Tb1 59.Te8 Lf8 60.Tc8 Le7 61.Ta8 Tb2+ 62.Kf3 Tb1 63.Ld5** Droht Ta7 nebst Le4. **63...Te1 64.Kf2 Td1 65.Te8 Lf8 66.Lc4 Tb1** Das Remis scheint trotz offensichtlicher weißer Vorteile unausweichlich, aber „Not yet!" scheint Carlsen mit seinem nächsten Zug dem Gegner zuzurufen. (Diagramm 2)

Diagramm 2

67.g4!? Carlsen ist des Manövrierens müde und knackt plötzlich mit einem doppelten Bauernopfer den Königsflügel Karjakins. **67...hxg4 68.h5 Th1?** Karjakins einziger wirklicher kleiner Fehler in dieser Partie. Das Läuferopfer 68...gxh5 69.f5 h4 70.f6+ Kg6! 71.Txf8 Kf5 hielt das Remis. **69.hxg6 fxg6** Jetzt hat Weiß den starken Freibauern e5, Schwarz einen schwachen Doppelbauern. **70.Te6 Kh6 71.Ld5** Droht neben Lxh1 auch Le4. **71...Th2+** Beflügelt den weißen König. Zäher war 71...Ta1. **72.Kg3 Th3+ 73.Kxg4 Txd3 74.f5!** Die weißen Bauern sind gefährlicher. **74...Te3 75.Txg6+ Kh7 76.Lg8+ Kh8 77.Kf4 Tc3** Es verliert auch 77...Te1 78.Lc4 Kh7 79.Tc6. **78.f6 d3 79.Ke3** Der aktive König gibt den Ausschlag. **79...c4 80.Le6 Kh7** (Diagramm 3)

81.Lf5! Mit dieser schönen Stellung ist die Partie entschieden; Carlsen droht Matt beginnend mit 82.Tg1+ und ist für das Läuferendspiel bereit. **81...Tc2** Andere Fortsetzungen, wie 81...Kh8 82.f7 verlieren sofort. **82.Tg2+ Kh6 83.Txc2 dxc2 84.Lxc2 Kg5** Noch immer hofft Schwarz. **85.Kd4 La3 86.Kxc4 Lb2 87.Kd5 Kf4 88.f7 La3 89.e6** Wie von Zauberhand geht sich alles punktgenau aus. **89...Kg5 90.Kc6 Kf6 91.Kd7 Kg7 92.e7** Nun wird sich ein Bauer in die Dame verwandeln. 1–0

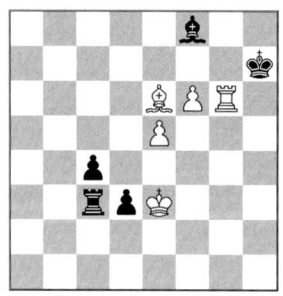

Diagramm 3

Sexiest Man Alive

Doch Carlsen punktet nicht nur am Schachbrett, sondern auch in der globalen Kulturindustrie. Nachdem er 2010 für die Firma G-Star Raw modelte und so auch für Nichtschachspieler zum Begriff wurde, reihte die Zeitschrift „Cosmopolitan" 2013 den Norweger in die Liste der „sexiest men alive" und empfahl ihren Leserinnen: „Check this hottie out!" Das Schachwunder wäre in der Lage, sämtliche Leserinnen zum Schach zu bekehren. Ganz neu ist solche Prominenz nicht.

José Raúl Capablanca, Bobby Fischer und Garri Kasparow waren jeweils zu ihrer Zeit Stars von popkultureller Bedeutung. Ebenfalls 2013 wurde Carlsen vom US-Magazin „Time" auf die Liste der hundert einflussreichsten Persönlichkeiten des Planeten neben Papst Franziskus, Kate Middleton oder Beyoncé gesetzt. Der 23-Jährige wurde in die Kategorie „Titanen" aufgenommen; nominiert wurde er von keinem Geringeren als Garri Kasparow. Carlsen sei, so Kasparow in seiner Begründung, ebenso charismatisch und unabhängig wie talentiert. Durch seine Intuition bewahre er die Mystik des Schachspiels in Zeiten des alles bestimmenden Computers. „Wenn Carlsen es schafft, die Faszination für das königliche Spiel wiederzubeleben", prophezeite der ehemalige Champion im Hinblick auf die Weltmeisterschaft 2013, „werden wir bald in der Ära Carlsen leben."

Mit nur 22 Jahren wurde Magnus Carlsen im November 2013 durch einen Sieg über Viswanathan Anand Schach-Weltmeister. Ein begnadetes, außergewöhnliches Talent hat in kürzester Zeit die höchste Stufe der Meisterschaft erreicht.

Literatur

Agdestein, Simen: Wunderjunge: Wie Magnus Carlsen der jüngste Schachgroßmeister der Welt wurde. Alkmaar, New in Chess 2004

Mikhalchishin Adrian/Stetsko Oleg: Kämpfen und Siegen mit Magnus Carlsen: Seine besten Schachpartien. Oetwil am See, Edition Olms 2011

http://magnuscarlsen.com/

http://time100.time.com/

http://www.cosmopolitan.co.uk/love-sex/cosmo-centerfolds/cosmopolitan-sexiest-men-of-2013?page=1

TRIUMPH UND TRAGÖDIE

Dramatik pur am Schachbrett! In dem von den Medien als „Londoner Tragödie" apostrophierten Kandidatenturnier 2013 sah am Ende das Schicksal – jederzeit für eine kleine Ironie zu haben – vor, dass die beiden Führenden am Ende punktegleich mit Niederlagen ins Ziel stürzten. Sieg und Niederlage lagen nur einen Atemzug auseinander.

Vladimir Kramniks Enttäuschung, London 2013

Es gibt Turniere, bei denen das Spiel zum tödlichen Ernst wird, Niederlagen werden lebensentscheidend, lebensgefährlich. Das Kandidatenturnier in London im März 2013 war ein solches Turnier, es war die heimliche Weltmeisterschaft. Gekämpft wurde um das Recht gegen Weltmeister Viswanathan Anand anzutreten. Alle acht Teilnehmer konnten sich sehr gute Chancen gegen den alternden Weltmeister aus Indien ausrechnen, zumindest bessere, als das Kandidatenturnier zu gewinnen. Denn nur der Sieg zählte in London. Bereits der zweite Platz war tragisch, da er gemessen an den Folgen des Gewinnens von entsetzlicher Bedeutungslosigkeit war. Psychologisch standen die Elitegroßmeister vor einer fast unlösbaren Aufgabe. Jeden Tag begegneten sie zwei Wochen lang einer Sphinx, im Bewusstsein selbst eine zu sein. Zugleich weiß jeder einzelne Spieler, dass jede der 14 Partien lebenslang in seinem Gedächtnis gespeichert sein wird, und zwar aufgrund eines biologischen Skandals, den uns Mnemosyne beschert: Es ist unmöglich bewusst zu vergessen, und die Demütigungen bleiben bekanntlich besser in der Erinnerung haften als die Triumphe. Wenn man also fast alles richtig macht und das Ziel trotzdem nur knapp verfehlt, wird alles noch schlimmer und in noch dunklere Erinnerungsfarben getaucht werden. Höchster Respekt also vor allen, die sich diesem Turnier stellten.

Magnus Carlsen, Nr. 1 der Weltrangliste und mit 22 Jahren der jüngste Teilnehmer, vor Vladimir Kramnik (38) und Levon Aronian (31) sagten die Buchmacher voraus. Und so stürmte der favorisierte Magnus Carlsen anfangs erwartungsgemäß an die Spitze, nur der armenische Riese Levon Aronian konnte in der ersten Turnierhälfte mit dem Norweger Schritt halten. Kramnik begann verhalten, wenngleich unangreifbar. Trotz brillanten Spiels reihte sich Remis an Remis, doch gegen Mitte des Turniers startete Kramnik mit einer bedingungslosen Aufholjagd, die ihn zwei Runden vor Schluss sogar an die Spitze brachte. Carlsens Miene verdüsterte sich, doch er schlug gegen Radjabow in einer langen und harten Kampfpartie zurück.

Die letzte Runde

Punktegleich lagen Carlsen und Kramnik vor der letzten Runde voran, der Russe stand durch das schlechtere „Torverhältnis" (nach Londoner Reglement weniger Gewinnpartien) unter Zugzwang. Würde Carlsen in der letzten Runde gewinnen, war für Kramnik nichts mehr zu machen, spielte Carlsen unentschieden, musste Kramnik gewinnen, verlöre hingegen Carlsen, was als die unwahrscheinlichste Möglichkeit angesehen wurde, genügte Kramnik ein Unentschieden, um im Stuhl gegenüber Anand Platz zu nehmen. Unter diesen Auspizien begann die letzte Runde zwischen Carlsen und Svidler sowie Iwantschuk und Kramnik.

Carlsen – Svidler

London 2013, 14. Runde

1.e4 e5 2.Sf3 Sc6 3.Lb5 a6 4.La4 Sf6 5.0-0 Le7 6.d3 Ein typischer Carlsen-Zug in der geschlossenen Variante der Spanischen Partie, der auf ruhige Weise die Entwicklung der Kräfte anstrebt und erst später die Stellung öffnet. **6...b5 7.Lb3 d6 8.a3 0-0 9.Sc3 Lb7 10.Ld2 Dd7 11.a4 Sd8** Beide Seiten spielen betont vorsichtig. Der Springer soll über e6 nach f4 geführt werden. **12.axb5 axb5 13.Txa8 Lxa8 14.Se2** Dieser Springer will nach f5. **14...Se6 15.Sg3 c5 16.Sf5 Ld8 17.c4 bxc4 18.Lxc4** Nach der Eröffnung ist eine ausgeglichene Stellung entstanden. Jetzt heißt es weitermanövrieren, zumal auf Kramniks Brett ebenfalls noch alles offen ist. **18...Lc7 19.Te1 Te8 20.Dc1 Sh5** Ja nicht 20...Sd4? 21.S3xd4 cxd4 22.Sxg7! und Weiß gewinnt. **21.g3** Ein angenehmes, wenn auch aufgrund der identischen Bauernstruktur remisliches Spiel hat Weiß nach 21.b4 cxb4 22.Lxb4. **21...g6** Danach bekommt Weiß Spiel am Königsflügel. **22.Sh6+ Kg7 23.Sg5 Sxg5 24.Lxg5 d5!** Der Gegenstoß im Zentrum. **25.exd5 Lxd5 26.Sg4 Lf3** Es wird taktisch kompliziert. Svidler überschätzte die Wirkung dieses Zuges und übersah in weiterer Folge einiges, so wie auch Carlsen. **27.Lf6+ Kg8 28.Sh6+ Kf8 29.De3** Denn 29.Sxf7!? Sxf6 30.Dh6+ Kg8! ist nur remis. Weiß kann wegen seiner schwachen Grundreihe nicht auf e5 nehmen: 31.Sxe5+? Ld5! 32.Sxd7 Txe1 matt. Svidler wollte in seinen Vorausberechnungen jedoch 30...Ke7? ziehen und übersah 31.Sg5! **29...Lb7 30.Lh4 Dh3** Plötzlich droht Matt auf g2. (Diagramm 1)

Diagramm 1

31.f3? Der Anfang vom Ende. Nach der taktischen Finesse 31.Ld5! Lxd5 32.Dxc5+ Kg7 33.Dxd5 Kxh6 34.Dxf7 La5 35.Dxe8 Lxe1 36.Dxe5 sind die weißen Bauern so stark, dass Schwarz die Notbremse ziehen muss: 36...Lxf2+ 37.Kxf2 Dxh2+ 38.Ke1 mit weißen Gewinnchancen. Am Nachbarbrett stand Kramnik inzwischen schon etwas schlechter. **31...Sf4! 32.gxf4 Dxh4 33.Sxf7 Lxf3 34.Df2 Dg4+ 35.Dg3?!** Die allerletzte Chance war 35.Kf1 Dh3+ 36.Kg1 exf4. **35...exf4** Schwarz steht mit Läuferpaar und Mehrbauer klar auf Gewinn. **36.Txe8+ Kxe8 37.Dxg4 Lxg4 38.Sg5 h6** Ein Katz-und-Maus-Spiel beginnt. **39.Sf7 h5 40.Sh6 Ld1 41.Kf2 f3 42.h3 Lf4 43.Sf7 g5 44.Ke1 g4!** Die Bauern sind unwiderstehlich. **45.hxg4 hxg4 46.Kxd1 g3 47.Ke1 g2 48.Kf2 Lh2** 0-1, aber das Glück hatte Carlsen noch nicht verlassen.

Iwantschuk – Kramnik

London 2013, 14. Runde

1.d4 d6 2.e4 Sf6 Die Pirc-Verteidigung gilt unter den Elite-Spielern als wenig vertrauenswürdig. Kramnik wählte sie, weil er gegen Iwantschuk alles riskieren musste, um zu gewinnen. Hätte er gewusst, dass Carlsen verlieren würde, hätte er sicher eine andere Verteidigung gespielt. **3.Sc3 g6 4.Sf3 Lg7 5.Le2 0-0 6.0-0 a6 7.h3** Ein ruhiger, nachhaltiger Aufbau von Weiß, der die Partie weg von jenen Bahnen führt, in die sie Kramnik so gern gelenkt hätte, nämlich in wilde Verwicklungen. **7...Sc6 8.Lg5 b5 9.a3 h6 10.Le3 e5 11.dxe5 dxe5 12.Dc1!** Iwantschuk bleibt seinem eingeschlagenen Weg treu und spielt das für Kramnik Unangenehmste. **12...Kh7?!** Ein selbstverständlicher Zug und doch bereits der erste Fehler. Schwarz musste sofortiges Gegenspiel mit 12...Sd4 13.Lxh6 Lb7 14.Lxg7 Kxg7 15.Td1 c5 16.De3 De7 anstreben, obwohl er dann nur etwas Kompensation für den Bauern hat, aber nicht mehr. **13.Lc5 Te8 14.Td1 Ld7 15.b4 Dc8 16.De3** Die Situation wird immer unangenehmer für Kramnik. Iwantschuks perfektes Spiel hat nicht nur Raumvorteil gebracht, sondern auch die Option, den Punkt d5 zu besetzen, Schwarz hat hingegen kein Gegenspiel. **16...Sd8 17.a4 bxa4 18.Sxa4 Se6 19.Lc4 Sh5** Der einzig vernünftige Plan; ein Springer wird auf dem Vorposten f4 installiert. **20.Sc3 Shf4 21.Sd5 Lb5 22.Lb3 Lc6 23.Ta5** Immer weiter dringen die weißen Figuren am gegnerischen Damenflügel vor. **23...Db7 24.g3!** Ein starkes Bauernopfer. Nicht nur, dass der Vorposten f4 verschwindet, die h-Linie wird geöffnet und eine zweite Front entsteht am Königsflügel. So kann Weiß Druck am Damenflügel, im Zentrum und am Königsflügel machen. **24...Sxh3+ 25.Kg2 Shg5 26.Th1 Kg8 27.Sxg5 Sxg5 28.f3 Lxd5 29.Lxd5 c6 30.Lc4 Dc8** Schwarz verteidigt sich heroisch, doch der Druck wächst und ist selbst durch Abtauschzüge kaum zu mildern. **31.Db3 h5 32.Le3 Se6 33.Tha1 h4!** Die beste Chance! Damit gibt Kramnik den Bauern zurück, um Gegenspiel zu bekommen. **34.gxh4 Dd8 35.Txa6** (Diagramm 2)

Diese Stellung wird Kramnik sein Leben lang nicht vergessen. **35...Tc8?** Mit diesem einen Zug vergibt Kramnik die Chance, um den WM-Titel zu spielen. Nach 35...Txa6 36.Txa6 Sf4+! hätte er den Weg für seine Dame zum ewigen Schach freigemacht, was allerdings mit einem Turmopfer verbunden gewesen wäre: 37.Lxf4 (oder 37.Kg3? Dd1! 38.Lxf7+ Kh8 39.Lxe8 De1+ 40.Lf2 Dh1 und Weiß

Diagramm 2

wird matt) 37...exf4 38.Lxf7+ Kh8! 39.Lxe8? Dd2+ 40.Kh1 De1+ 41.Kg2 Ld4 und wieder mit baldigem Matt. Einzig nach 39.Dd3! Dxh4! 40.Lxe8 Dg3+ 41.Kf1 Dh3+ ergibt sich ewiges Schach. Natürlich sah Kramnik diese Varianten, aber das Remis erschien ihm in diesen Minuten, in denen die Partie Svidler – Carlsen noch ohne Entscheidung lief, zu wenig. In Wahrheit hätte es aber angesichts der parallelen Niederlage von Carlsen zur Qualifikation gereicht. So versuchte Kramnik mit 35...Tc8 die Bälle in der Luft zu halten und verlor. Alles richtig gemacht und dennoch falsch, eine antike Tragödie mitten in London! **36.Th1 Tc7 37.Lxe6 Txe6 38.b5!** Lässt Schwarz die zweifelhafte Wahl, entweder seinen König völlig zu exponieren oder einen gefährlichen Freibauern auf b6 zuzulassen. **38...Tb7** Oder 38...cxb5 39.Txe6 fxe6 40.Dxe6+ Tf7 41.Dxg6 mit Verluststellung. **39.b6 c5 40.Tb1 Lf8 41.Dd5 Db8 42.Tba1 Td6 43.Ta8!** Die Abwicklung in ein gewonnenes Endspiel. **43...Txd5 44.Txb8 Txb8 45.exd5 Ld6** Der b-Bauer ist zu stark: Auf 45...Txb6? folgt 46.Ta8 mit den unparierbaren Drohungen 47.Lxc5 und 47.Lh6 **46.Ta6 Tb7 47.Kf1!** Nun wird der weiße König bis a6 marschieren. Kramnik gab auf und Magnus Carlsen gewann das Turnier!

Schicksalsstunden, fürwahr

So sah am Ende das Schicksal – jederzeit für eine kleine Ironie zu haben – vor, dass die beiden Führenden ihre Partien verloren, zwei Helden, die am Ende punktegleich ins Ziel stürzen. Vladimir Kramnik spielte vielleicht das beste Turnier seines Lebens, teilte den ersten Rang mit Magnus Carlsen und scheiterte dennoch durch die etwas schlechtere Zweitwertung, die nach Londoner Reglement die größere Anzahl von Siegen vorsah. Trotz dieser gigantischen Enttäuschung über die verpasste WM-Chance gab Kramnik der russischen Fernsehjournalistin Marina Makarycheva kurz nach Ende des Turniers ein kaltblütiges, selbstkritisches Interview, in dem er kein böses Wort über seine Konkurrenten oder den Austragungsmodus verlor. Carlsen erinnere ihn an den jungen Anatoli Karpow, „pragmatisch, kämpferisch und natürlich unglaublich stark". Im bevorstehenden WM-Kampf ist Carlsen für Kramnik jedoch keineswegs der klare Favorit. Gelingt es Weltmeister Anand den Wettkampf in den ersten sechs Partien offenzuhalten, steigen laut Kramnik die Chancen des Titelverteidigers. Für Anand spräche seine exzellente Eröffnungsvorbereitung, ein Vorteil, den Carlsen in den wenigen Monaten bis zum WM-Start nicht aufho-

Vladimir Borissowitsch Kramnik (*1975)

Endstand Kandidatenturnier London 2013

Endtabelle nach 14 Runden

Rg.		Name	Elo	FED	1	2	3	4	5	6	7	8	Pkt.	Wtg1	Wtg2	Wtg3
1	GM	Carlsen Magnus	2872	NOR	***	½ ½	1 0	½ ½	1 1	1 ½	½ 0	½ 1	8.5	1	5	56.25
2	GM	Kramnik Vladimir	2810	RUS	½ ½	***	½ 1	½ 1	½ ½	½ 1	½ 0	½ 1	8.5	1	4	57.75
3	GM	Svidler Peter	2747	RUS	0 1	½ 0	***	½ 1	½ ½	½ ½	½ 1	1 ½	8	1.5	4	52.75
4	GM	Aronian Levon	2809	ARM	½ ½	½ 0	½ 0	***	1 0	½ ½	1 1	1 1	8	0.5	5	49.75
5	GM	Gelfand Boris	2740	ISR	0 0	½ ½	½ ½	0 1	***	½ ½	½ ½	½ 1	6.5	1	2	43
6	GM	Grischuk Alexander	2764	RUS	0 ½	½ 0	½ ½	½ ½	½ ½	***	½ 1	½ ½	6.5	1	1	44
7	GM	Ivanchuk Vassily	2757	UKR	½ 1	½ 1	½ 0	0 0	½ ½	½ 0	***	0 1	6	0	3	43.25
8	GM	Radjabov Teimour	2793	AZE	½ 0	½ 0	0 ½	0 0	½ 0	½ ½	1 0	***	4	0	1	28.25

Magnus Carlsen (*1990)

len könne. Garri Kasparows Angebot, als Helfer in der Not Carlsen beizustehen, sieht Kramnik kritisch und bezweifelt den Nutzen einer solchen Hilfe „Was nützen Varianten", lautet die Frage Kramniks, „wenn sie mehr als 20 Jahre alt sind?" Er selbst sieht sich gemeinsam mit Levon Aronian auf Augenhöhe mit Carlsen.

Er sollte nicht recht behalten, denn Carlsen wurde im November 2013 Weltmeister. Mit einem Remis in der 10. Partie nach 65 Zügen gegen den bisherigen Titelträger Viswanathan Anand eroberte das 22 Jahre alte Wunderkind aus Norwegen im indischen Chennai den Titel. Von insgesamt zehn Partien hat der Herausforderer bei sieben Unentschieden drei gewonnen und den 43 Jahre alten Inder mit 6,5-3,5 Punkten vorzeitig besiegt. In einem der kürzesten WM-Kämpfe aller Zeiten krönte sich Magnus Carlsen zum 16. Weltmeister der Schachgeschichte.

Literatur

http://london2013.fide.com/index.php

http://www.chessbase.de/Home/TabId/176/Default. aspx?Tag=Kandidatenturnier+2013

ANHANG

Kompositionsverzeichnis (chronologisch)

Partienverzeichnis (chronologisch)

Bibliografische Information der Deutschen Nationalbibliothek
Die Deutsche Nationalbibliothek verzeichnet diese Publikation in der Deutschen
Nationalbibliografie; detaillierte bibliografische Daten sind im Internet über
http://dnb.ddb.de abrufbar.

ISBN 978-3-86910-206-1 (Print)
ISBN 978-3-86910-261-0 (PDF)
ISBN 978-3-86910-260-3 (EPUB)

Die Autoren:
Der Soziolinguist Michael Ehn ist Inhaber des größten Wiener Spezialgeschäftes für Schach,
verfügt über eine der umfangreichsten Sammlungen zum Thema und ist Autor zahlreicher
Bücher. Dazu hat er mehr als 2000 Artikel zu Schachthemen publiziert. www.schachundspiele.at
Hugo Kastner ist Lehrer an einem Wiener Gymnasium und Schachtrainer. Als Fachbuchautor
für Spiele hat er sich durch zahlreiche Veröffentlichungen einen Namen gemacht – Standard-
werke wie „Alles über Schach", „Schachkompositionen" (beide mit Michael Ehn) und „Das
große humboldt Schach Sammelsurium" stammen aus seiner Feder. www.hugo-kastner.at

Bei humboldt sind bereits diese Bücher der Autoren erschienen:
Ehn/Kastner, Schachkompositionen (ISBN 978-3-86910-198-9)
Ehn/Kastner, Alles über Schach (ISBN 978-3-86910-171-2)
Kastner, Schachsammelsurium (ISBN 978-3-86910-184-2)

Originalausgabe

© 2014 humboldt
Eine Marke der Schlüterschen Verlagsgesellschaft mbh & Co. KG,
Hans-Böckler-Allee 7, 30173 Hannover
www.schluetersche.de
www.humboldt.de

Lektorat: Eckhard Schwettmann, Gernsbach
Layout: Sehfeld, Hamburg
Covergestaltung: Kerker + Baum Büro für Gestaltung, Hannover
Coverfoto: OGphoto / Getty Images
Abbildungen im Innenteil: Michael Ehn, Hugo Kastner
Satz: PER Medien+Marketing GmbH, Braunschweig
Druck und Bindung: Werbedruck Aug. Lönneker GmbH & Co. KG, Stadtoldendorf

Hergestellt in Deutschland.